Lago Maggiore

Gastronomie ◆ Touren ◆ Landschaft

Wolfgang Abel   Jacky Salamander

5. Auflage 2008

Inhalt

Hier kann man verwirrt und beglückt
ein Stück Bali und Südsee erleben.

Jakob Flach: Ascona, 1960

Leben am See

Der Lago Maggiore ist ein Stimmungsverstärker, das Richtige für ein paar glückliche Tage am Wasser: Jasminduft und Wellenschlag, Promenaden und Bootsanleger, Pasta im Freien. Aber nur am richtigen Ort, 150 Jahre Tourismus bleiben nun mal nicht ohne Spuren. Die wirken am Lago allerdings reizvoller als an mancher Küste nach 10 Jahren. Bis heute gibt es mehr Parks als Parkplätze und Campari Soda und Wildbach kommen sich selten näher zusammen als zwischen *Cannobio* und *Verbania*.

Zum Thema Lago, Monti und Tourismus schrieb Hermann Hesse 1927: „Sobald man die Nähe der Hotels und die paar beliebtesten Ausflugsstraßen hinter sich läßt und in das

Touristisch unterschätzt: Die Ostküste bei Ispra und Ranco

steile, rauhe Bergland eindringt, dann ist man außerhalb Europas und außerhalb der Zeit…"

Außerhalb der Zeit lesen sich auch die Skizzen von Jakob Flach in seinem Band »Ascona«: „Hier kann man verwirrt und beglückt ein Stück Bali und Südsee erleben." Außerdem gab es damals eine „zwar staubige, doch wenig befahrene und noch nicht lebensgefährliche Straße" von Brissago nach Ascona; dazu zaghaft aufkommender Nachkriegstourismus: „Das Geschäft lief schlecht, trotz Bocciabahn und Sprungbrett in den See" (wieder Jacob Flach in »Ascona«). Fünfzig Jahre später und ein paar Bocciabahnen weniger, wäre zu beachten:

Touristisch unterschätzt, besonders von uns Nordländern, wird das südliche Seebecken, die Region um *Arona* am piemonteser Ufer und die Halbinsel zwischen *Ranco* und *Angera* an der lombardischen Seite. Landschaftlich zwar nicht so dramatisch alpin wie der See im Norden. Dafür mehr Italien in jeder Hinsicht, unaufgeregter Binnentourismus, mehr kulinarische Möglichkeiten.

8   **Milde Lage: Spätherbst in der Leventina bei Molare**

Das hohe Tessin, die Leventina links und rechts der Autobahnfahrt nach Süden bietet reizvolle Haltestellen: Wer die oberen Ausfahrten wie Airolo und Faido wählt, wird belohnt: Abseits der Durchgangsroute N 2 erschließen serpentinenreiche Nebenstrecken großartige Sonnenterrassen. Die Geschwindigkeit sinkt, das Panorama verbessert sich. Bedenken Sie: Tessin beginnt gleich nach der Gotthard-Röhre.

Auch Maggia-Tal und Centovalli sind erst etwas für Abweichler. Man kann an der Maggia so eng liegen wie in Rimini. Man kann, muß aber nicht – es gibt ja noch die Felsbadewannen im Seitental. Und ja, es gibt auch noch ein paar Grotti, die auf Cola und Straußenfilet verzichten. Und ein paar Herbergen, denen HESSE das Gastgeberpatent zugestanden hätte. Eine Handvoll, vielleicht.

Tiefe Täler, lange Schatten: Wer im Spätherbst oder Winter in der sogenannten Sonnenstube der Schweiz oder auch am Ostufer des Lago Maggiore unterwegs ist, sollte die Schattenseiten tiefer V-Täler kennen. Die Winter hinten im Tal sind sonnenarm, auch am See wird es abseits der Sonnenhänge klamm. Die Wirte wissen Bescheid, viele öffnen erst wieder im März oder zu Ostern, Saisonende ist spätestens Ende Oktober!

> *„Der 26. Januar ist für Magadino ein Festtag, aber keiner, der im Kalender steht, sondern ein Festtag der Natur. Es ist der Tag, an dem die liebe Sonne, die seit Anfang November hinter den Bergen verschwunden war, zum ersten Male wieder sichtbar wird. Diese Wiederkehr des belebenden Lichts bringt den Frühling. Auch in den Dörfern der Berge kennt jedermann genau den Tag, an dem die Sonne zurückkehrt."*
> ADOLF SCHULTEN, »Idyllen vom Lago Maggiore«, 1922.

Abseits der Gotthardroute: Villa im Bedrettotal

Anfahrt: Valle Leventina

Die Autobahn hat die Talgemeinden der Leventina vom Dauerverkehr befreit, attraktiver sind sie dadurch nicht geworden. Vielerorts gilt: *Bonjour tristesse*. Auf einen Golfplatz läßt sich verzichten, auf den Dorfplatz mit vernünftigem Gasthaus aber nicht. So was fehlt im Tal – bis auf wenige Ausnahmen. Ein paar schmucklose Siedlungen wurden ins enge Tal gebaut, aber was würde wohl RODOLFO STEINER zu ihnen sagen, der Förderer des *Sentiero dei Monti*, des einzigartigen leventiner Höhenwegs?

Mit der jetzigen Situation in der oberen Leventina kann keiner so recht zufrieden sein. In der NZZ-Beilage FOLIO war zum Thema Tessin mal zu lesen: „vor kurzem beklagte sich ein Bordellbesitzer vor Gericht, das Gewerbe floriere sowieso nur, wenn die Autobahn wegen eines Unfalls gesperrt sei. Oder wenn bei Staus die Umfahrungsempfehlung den Verkehr auf die Kantonsstrasse leitet."

Erste Etappe: Albergo Forni, Airolo

Etappenort Airolo – Airolo (1 179 m) am Südportal des Gotthard-Tunnels ist für die meisten Autotouristen nur eine Autobahnausfahrt auf der Reise nach Süden. Feuer im vergangenen und Lawinen in diesem Jahrhundert haben der alten Bausubstanz des Ortes – ursprünglich fast ausschließlich Holzhäuser – arg zugesetzt. Dennoch wäre Airolo ein guter Anhaltepunkt, um Wanderungen in drei unterschiedlichen Regionen anzugehen: im Westen das kühle, eher rauhe *Bedrettotal*; im Osten die baumlos kargen, alpinen Hochflächen um den *Ritomsee* und den *Parco Alpino Piora;* und hoch über der Autobahn – zwischen Quinto und Biasca – die freundlichen, warmen Sonnenterrassen der Leventina, auf denen kleine, freundliche Dörfer schweben.

Handeln mit Bedacht: Airolo ist zudem ein Platz zum Sortieren nach langer Fahrt. Also vielleicht doch eine kleine Pause, zentral im Straßencafé des Albergo Forni, gleich gegenüber vom Bahnhof Airolo. Hier ist immer etwas Binnenbetrieb und das Terrassendach schützt vor Wetter. Sodann die Wanderroute festlegen (gute Kartenauswahl im Bahn-hofskiosk, weitere Informationen im Tourismusbüro etwas oberhalb) und natürlich Proviant bunkern. Die Panetteria *La Butea du pan* ein, zwei Häuser weiter verkauft außer Brot auch noch gute Salametti und Alpkäse aus dem Bedretto-Tal.

Als Standort übernacht eignet sich Airolo allerdings nicht besonders. Charmante Hotels fehlen, im Winter wird's abends schnell schattig und frisch. Bessere Möglichkeiten – allerdings nicht sehr zahlreich und meist nicht sehr komfortabel – gibt es in den Bergdörfern auf der Sonnenseite der Leventina oder im Bedretto-Tal. Wer auf die Schnelle was braucht:

→ Albergo *Forni****, CH-6780 Airolo, via Stazione. Zentral, gegen-über vom Bahnhof gelegen. 19 Zimmer. Ambitionierte Küche, 600 Positionen fassende Weinkarte. Obacht: die alten Skifotografien im Speisesaal („Es staubt!" hätte Luis Trenker darunter geschrieben). **Preise** im Restaurant: mittel (günstiger Tagesteller); im Hotel: hoch (Dozi 100-120 Euro). November geschlossen. Tel. 0041-91-869.12.70, Fax 869.15.23. www.forni.ch.

Caseificio del Gottardo – der Käsetempel ist leicht zu finden, er liegt gerade mal 50 Meter neben der Seilbahn-station: Nur auf den ersten Blick ein moderner, etwas ste-riler Neubau, tatsächlich eine Fundgrube, alle Tage offen, von 8 bis 24 Uhr! Im Restaurant gibt es zu fairen Preisen ordentliche, täglich wechselnde Tagesessen und Vesper (salami und mortadella, risotto oder pasta fatta in casa). Außerdem Kuchen und Nachtisch mit dem frischen Rahm von der Käserei des Hauses.

Die angeschlossene Schaukäserei (Betrieb von 9 bis 11 Uhr) verarbeitet täglich an die 6500 Liter Kuhmilch von Bauern aus dem oberen Leventinatal, das Einzugsgebiet

Alpkäse von 8 bis 24 Uhr – Caseificio del Gottardo

reicht von Airolo bis Quinto. Von Anfang Mai bis Ende Oktober wird täglich frisch angeliefert. Hergestellt werden daraus die halbfesten Sorten *Gottardo, Tremola* und *Lucendro*, außerdem frischer *Robiolo*, kleine formaggini tipo „büscion", grana und frische Butter – sonntags auch Brotverkauf. Alle hier produzierten Käse werden natürlich auch direkt ab Käserei verkauft, außerdem im Käseladen „Negozio Latteria" in Airolo und in den Tessiner Migros-Filialen.

→ *Caseificio del Gottardo*, Ausfahrt Airolo, dann kurz Richtung Bedrettotal. Tel. 0041-91-869.11.80, Fax 869.17.30.

Sonnenterrasse Leventina

Von der Autobahn aus kaum zu glauben: die Leventina, genauer gesagt, die linke, östliche Talseite der mittleren Leventina überrascht mit heiteren Balkondörfern und mit kernigen Osterien! Sonnenterrassen, schier schwebende Dörfer, stille Winkel und das alles nur wenige Kilometer abseits der Autobahntrasse. Hoch über dem Tal – von unten nur zu ahnen – liegen Bergnester wie *Lurengo, Campello, Molare, Carì, Calonico, Anzonico, Sobrio* – Perlen für Landschaftsfreunde.

Wenn dann noch Abendlicht milde auf Granitdächer fällt, ist das schon einen längeren Abstecher wert.

Zwischen Airolo und Biasca gibt es diverse Möglichkeiten, die Balkone der Leventina anzusteuern, selbst für einen faulen Nachmittag fern der Autobahn lohnt ein kurzer Abstecher nach oben. Alle Orte bieten Panorama, Sonne, südalpine Vegetation, beste Wandermöglichkeiten, aber nur vereinzelt (einfache) Unterkünfte.

Heitere Balkondörfer – Altanca

Früher Hochweiden – heute Aussichtsbalkone

Früher lagen hier oben – auf den flachen Trogschultern über dem steilen Haupttal – die besten Weidegründe. Die Zufahrtswege sind schmal und kurvenreich, aber auch winters offen. Die Tiefblicke schon bei der Bergfahrt imposant. Und von hoch oben wirkt dann selbst die Autobahn wieder fast idyllisch. (Das weit sichtbare signalfarben rote Dach im Tal gehört zum Neubau der monumentalen Raststätte *Gottardo Sud*, sie wurde vom Tessiner Architekten MARIO BOTTA gestaltet.)

Gründe genug, von der N 2 Höhe *Faido* oder *Lavorgo* abfahren und die andere, die heitere Seite des Tals kennenzulernen: Die 50 Kilometer lange Sonnenseite reicht über die gesamte Ostflanke des Tals, aber die Gunst der Landschaft wird einem eigentlich erst von oben recht klar. Deshalb bleibt es erstaunlich ruhig und unaufgeregt. Lediglich die klassische und überaus lohnende Wanderroute in dieser Region, die *Strada Alta Leventina,* von den Anwohnern auch

Überflieger: Campello

liebevoll, distanziert „Strada Asphaltina" genannt (vgl. unten), sorgt während der Wandersaison für Auftrieb. Aber auch hier bleibt immer die Möglichkeit, auf höhergelegene und weniger begangene Routen (z.B. die *Strada Steiner,* s.u.) auszuweichen. An Routen herrscht kein Mangel, die kleinen Dörfer sind von einem Netz von Wanderwegen umgeben – vorbildlich unterhalten und markiert, so daß spezielle Routentips überflüssig sind.

Transitregion Leventina Das ausdifferenzierte Wegnetz der Leventina stammt aus Zeiten lange vor „just in time". Früher wurde der Waren- und Personenverkehr aus der mittleren Leventina per Esel über den Gotthard- und Lukmanierpaß abgewickelt, jahrhundertelang der wichtigste Gebirgspaß zwischen der Lombardei und Schwaben. Die Säumerordnung von *Osco* (von 1237) ist die älteste Urkunde, die den Saumverkehr über den Gotthard erwähnt. Die Säumerei ist auch eine Erklärung für die Existenz der vielen Bergnester und das heute noch bestehende dichte Wegnetz.

Am Beginn der Strada Alta bei Altanca

Interessante Ausstellungen über die Säumerei u.a. im *Museo Dazio Grande* in Rodi (s.u.) und im *Museo Casa Stanga* in Giornico.

Strada Alta della Leventina

Ausfahrt Airolo oder **Quinto/Faido:** Von *Altanca* (1 236 m) über *Deggio* (1 194 m), *Osco* (1 157 m), *Calpiogna, Rossura, Tengia, Anzonico* (984 m), *Sobrio* (1 128 m), *Pollegio* (300 m) hinunter nach *Biasca*.

Der 45 km lange Höhenweg zwischen Airolo und Biasca führt in 2 bis 3 Tagen auf der sonnigen Ostflanke der Leventina, meist auf halber Höhe zwischen 1 000 und 1 400 m. Die Strada Alta gehört zu den klassischen Tessiner Wanderrouten, Streckenführung und Landschaftseindruck sind großartig, aber nicht kernig hochalpin. Laufend schöne Ausblicke, aber: in der Hochsaison (September/Oktober) ein stark bewanderter Tummelplatz. Was sonst noch stört: auf langen Passagen wurde der Höhenweg asphaltiert; vor allem zu Beginn bis Ortsausgang Ronco folgt der Wanderweg der geteerten Straße, erst danach geht's abwechslungsreicher auf Saumwegen durch lichte Wälder, Almen und Weiler.

Das Filetstück: Wer nicht die ganze Strada Alta wandern möchte, hat am Abschnitt *Sobrio-Biasca* bestimmt Freude. Er ist besonders reizvoll, außerdem geht es nur bergab, aber mit grandiosem Tiefblick! Dazu mit dem Bus von Biasca nach Sobrio hochfahren und von dort aus in ca. 3 h zurückwandern.

⮑ **Faltblatt Strada Alta** (genaue Wegbeschreibung in drei Tagesetappen – mit Skizzen und Angaben zur Höhendifferenz, Entfernungen, Wanderzeit. Außerdem ein Blatt mit den Übernachtungsmöglichkeiten auf der Strada Alta (mit Telefonnummer und Bettenanzahl). Erhältlich bei: *Leventina Turismo* in Faido und Airolo (Adresse siehe Kapitel ABC). Genaue Wegbeschreibung u.a. auf der homepage www.leventinaturismo.ch und auf www.wandersite.ch

⮑ **Karte**: Landeskarte der Schweiz, 1:50 000, Blatt 266 **T** Leventina (Wanderrouten, darin auch alle Alternativen und mögliche Verlängerungen zur Strada Alta).

Sentiero dei Monti oder Strada Steiner

Ausfahrt Quinto/Faido: Von *Lurengo* (1 225 m) über *Carì* (1 650 m) nach *Molare* (1 448 m), und weiter nach *Sobrio* (1 128 m).

Mehr alpine Stimmung als die Strada Alta, dabei genauso vorbildlich unterhalten und gut markiert, all dies bietet der ein paar hundert Meter höher verlaufende, weniger begangene *Sentiero dei Monti*, auch *Strada Steiner* genannt. Namensgeber RODOLFO STEINER gehörte zu den schärfsten Gegnern der ursprünglich geplanten Trassenführung der Gotthardautobahn quer durch die Piottinaschlucht, mit einer Brücke über Faido. Bei seinem Tode 1973 hinterließ

Etappe an der Strada Steiner: Molare

er 100 000 Franken für die Verschönerung der mittleren Leventina, außerdem Wegskizzen eines künftigen Höhenwegs zwischen 1300 und 1800 m ü.M. – als Ersatz für die über lange Strecken asphaltierte Strada Alta.

Ausgangspunkt der Strada Steiner ist *Lurengo* (1225 m), Postautohaltestelle mit Wanderinformationen, einem einfachen Gasthaus und einer handvoll ursprünglicher Leventinahäusern. Auf der ersten Hälfte ist die Wegstrecke mit Wegweiser »Molare« markiert. Nach knapp vier Stunden ist **Molare** (1405 m) erreicht, wo es nun auch endlich wieder eine Einkehrmöglichkeit gibt (vgl. dort). Hier beginnt die zweite Etappe der Strada Steiner über *Monte Agnone* (1570 m), *Usc* (1474 m) bis hinunter nach *Sobrio* (1145 m) und *Biasca*.

➲ **Karten**: Landeskarten der Schweiz, 1:25000 Ambri-Piotta (Blatt 1252) und Biasca (Blatt 1273); 1:50000 Valle Leventina (Blatt 266 T). Eine genaue Wegbeschreibung finden Sie auf der homepage www. wandersite.ch.

Leventina abgehoben – Campello

Fahren, fahren, fahren – und irgendwann gibt es doch müde Augen. Glücklich, wer auf der Höhe von Faido noch etwas Zeit und Energie übrig hat. Auch Autofahrer auf der Durchreise, ohne ambitionierte Wanderpläne, sollten wenigstens an eine kleine Auszeit denken, auch sie bringt Freude statt Kilometerfressen:

Die kleine Lösung I: Ausfahrt *Faido*, dann noch ca. 10 km streng nach oben Richtung Campello/Carì kurbeln. Die früher bedrohlich schmale Straße wurde in den letzten Jahren laufend verbessert, sie wird auch im Winter immer freigehalten, an ihrem Ende liegt *Carì* (1650 m), eine halbe Autostunde von Airolo entfernt, ein kleines Skigebiet mit Sporthotel und Wochenendhäusern. Dort etwas Mailänder Freizeitschickeria, die das Engadin meidet. Doch unser Ziel liegt bereits davor: Schon wenig über dem Talgrund wird die Sicht mit jeder Kehre besser und bald schrumpft die Autobahn auf Spielzeugformat.

Acht Kilometer von Faido, im kleinen Bergnest **Campello** (1360 m, 53 Ew.) eine erste Etappe:

Steiles Eck – Tre Cervi, Campello

TRE CERVI** – Campello. Adlerblick auf die Leventina und
ein Restaurant mit einfachen Zimmern im ersten Stock: Typ
schlichter Familienbetrieb, dazu eine Herrgottsterrasse nach
Westen, ebenso der panoramisch verglaste Speiseschlauch.
Der etwas dunkle Hauptraum wird gern von Nachbarn und
Ansässigen besucht, die Glaskanzel bleibt den Hausgästen
und Abendgästen vorbehalten. Von der Küche sind keine
besonderen Vorkommnisse zu melden, seit Jahren bleibt es
bei der knappen Standard-Karte – Verpflegung ohne Höhen,
in der Nebensaison auch mal die Tiefen der Dose. Risikolos
rund ums Jahr dagegen die *piatto Ticinese* mit gutem Käse
– dazu ein Glas Merlot und Abendsonne, auch das reicht
zum Genuß.

Die meisten Zimmer bieten bemerkenswerte Sicht – die
ruhigen liegen nach vorne zum Tal, bei Reservierung unbedingt eines mit Sicht verlangen. Leider sind die Zimmer
hellhörig, eine Runde lustige Wandersleut' kann dann also
nerven! Das feine Rauschen des Verkehrs tief unten beruhigt
dagegen eher. ♠ Herrgottsterrasse über der Leventina.

Alte Saumwege, warme Hauswände, eine Osteria – Molare

→ *Albergo Tre Cervi*, CH-6760 Campello, Tel./Fax 0041-91-866.26.61, www.clik.to/3cervi. Die acht Zimmer sind klein und einfach möbliert, aber funktional mit guten Betten, blitzsauber, alle mit Dusche und größtenteils mit schöner Aussicht. Keine Hunde – wg. großem roten Hauskater. **Preise**: mittel. Ganzjährig geöffnet, RT: Mo, Di.

Molare (1 495 m) ist von allem etwas: Außenposten, Ruhebank, Sonnenbalkon, Ausgangspunkt. Auch Etappe zum zweiten Abschnitt der Strada Steiner (Wegzeit nach Sobrio 5.35 h). Das schönste Fotomotiv liefert eine Reihe leventinatypischer, von der Sonne dunkelbraun gebrannter Holzhäuser, Gotthardhäuser genannt. Typisch verwirklicht wurde hier die Blockhausbauweise auf Steinsockel, dazu mit rauhen Granitplatten gedeckte Dächer. Gradwüchsige Tannen und Lärchen waren das Baumaterial, das Verbreitungsgebiet des Gotthard-Haustyps entspricht auch annährend der Vegetationszone des wichtigsten Baustoffes. Ebenso interessant wie die pittoreske Fassaden: in einem der gut zweihundert Jahre alten Gotthardhäuser wird seit Februar 2005 auch gewirtet.

Regioküche am Wochenend: Locanda Chià d'Au, Molare

Locanda CHIÀ D'AU – Molare. Das „Haus der Großeltern"
steht direkt visàvis der Kirche von Molare. Am Wochenende
werden Leventiner Gerichte nach alten Rezepten gekocht.
Besonderes: der erste Gast, der anfangs der Woche einen
Tisch reserviert, bestimmt das Menu fürs Wochenende (das
Procedere ist anfangs der Woche auf der homepage einseh-
bar). Serviert wird à discrétion, hungrig bleibt also keiner.
♠ Sonnenterrasse vor dem Haus, wo auch Vesper und Klei-
nigkeiten serviert werden, somit eine ideale Rast auf der
Strecke.

→ *Locanda Chià d'Au* (Dolly und Andrea), CH-6760 Molare. Geöffnet: Fr 18 bis 24 Uhr, Sa und So 10.30 bis 24 Uhr (Essen nur auf
Voranmeldung). Tel. 0041-(0)91 866 13 06. www.molare.ch

⊃ **Wandermöglichkeiten**: *Campello, Molare* und das höhergelegene *Carì* (1 622 m; Sporthotel), alle drei Orte sind in
ein Netz von Wanderwegen eingebunden, so daß spezielle
Routentips überflüssig sind.

Bilderbuchgrotto: Pro Bell, Calonico

Die kleine Lösung II: Im weiteren Verlauf der Sonnenterrasse noch drei Augenweiden: *Calonico, Anzonico* und *Sobrio* – jeweils mit Gasthaus, zu erreichen ebenfalls ab Ausfahrt Faido oder Biasca. Am südlichen Ortsrand von **Lavorgo**, hinter dem Albergo Elvezia, beginnt die reizvolle Auffahrt: Bei der ersten Gabelung der Kantonsstraße, auf 904 m, geht es links hinüber zum *Grotto Pro Bell* bei Calonico (968 m). Einen Kilometer vor dem Ort unterhalb der Straße wartet das Bilderbuchgrotto im alten Kastanienhain, der Platz für einen Piatto misto an einem der weit verstreuten ♠ Granittische im Kastanienschatten.

→ *Grotto Pro Bell* (Luisella Bandi), CH-5746 Calonico, Tel. 0041-91-865.16.49.150. Plätze im Freien, Kinderspielplatz. Außerdem werden drei einfache Zimmer vermietet. April bis Oktober.

An der ersten Gabelung der Kantonsstraße geht es geradeaus weiter in Richtung Sobrio:

Ristorante/Hotel BELLAVISTA – Anzonico (984 m, ganzjährig ca. 80 Ew., 6 km von Lavorgo). In Ortsmitte und Traumlage das *Bellavista*, ein älteres, bislang nur sehr zurückhaltend renoviertes Hotel. Immerhin, man sitzt auf der mit Windgläsern und Holzverbau geschützten Terrasse, genießt Tiefblick und Erhabenheit des Ortes. Serviert wird Überdurchschnittliches: ein feines Tessiner Plättle mit selbstgemachten Salametti di capra (Ziegensalami), verschiedenen Käslein, dazu gutes Brot; unter den Speisen: Maialino al forno (Schweinebraten aus dem Ofen), Lamm und Roastbeef.

Zum Übernachten raten wir nur in dringenden Fällen. Bellavista heißt auch Nostalgie total, die neun Zimmer wurden zwar renoviert, doch Etagen-Dusche und das einzige Stockwerks-WC liegen zusammen in einem Raum. Die Zimmer sind basic aber in Ordnung, was fehlt ist Herbergs-Geborgenheit. Vielleicht erfährt das Haus beim nächsten Renovierungsschub seine verdiente Aufwertung, allein schon der Lage zuliebe hätte die Liegenschaft noch mehr Zuneigung verdient. ♠ Bellavista!

→ Hotel/Rist. *Bellavista* (Luciano und Rosa Maddalon), CH-6748 Anzonico, Tel./Fax 0041-91-865.11.10. 9 Zimmer, Etagenbad, ganzjährig geöffnet. Di RT. November geschlossen. **Preise:** günstig.

Sobrio (1 128 m, ganzjährig ca. 80 Ew.) – Der nach Süden hin letzte Ort auf der sonnigen Hochterrasse der Leventina besteht fast ausschließlich aus typischen Blockhäusern, den sogenannten Gotthardhäusern – viele stehen zum Verkauf. Auch hier wie andernorts: Aus-der-Welt-Lage, Traumblicke, heiter alpine Stimmung von der besten Art. Der schlanke Kirchturm von S. Lorenzo ist einer der markantesten an der Strada Alta. Hinter Sobrio ist Straßenschluß.

Der Albergo *Pineta*, am schönsten Fleck gelegen, mit großer Aussichtsterrasse, Blick aufs Leventina-Tal – ähnlich wie in Campello und Anzonico. Wir waren hier schon mal ganz zufrieden, mit einem einfachen Zimmer ohne Dusche – doch Leser wurden vom bruttligen Wirt abgeschreckt: Er hätte wenig Lust und keine Zimmer, und überhaupt sei heu-

Einmal Rio de Janeiro und zurück – Sobrio

te – Freitag – also geschlossen. War das die hohe Kunst der Kundenabwehr? Ruhetag ist derzeit Mo und Di, Zimmer werden keine mehr vermietet. Tel. 0041-(0)91 864 15 62.

Einfache Übernachtungsmöglichkeit gibt es dafür im Internetcafé-Ristorante *Ambrogini** oberhalb vom Pineta an der Durchgangsstraße. Die Terrasse ohne großen Blick, dafür in freundlicher Hand einer bemühten Wirtin (pizza e pane fatto in casa), die auch deutsch spricht und bereitwillig Auskunft gibt, über die Strada Alta, das Wetter, Übernachtungsmöglichkeiten etc.

→ Rist. *Ambrogini* (Norma Gasser), CH-6749 Sobrio, Tel. 0041-91-864.13.18, www.ristorante-ambrogini.ch. 10 Zimmer mit Etagenbad, **Preise**: günstig. Rund ums Jahr geöffnet.

➲ **Die Ganzjahreswanderung:** Eine kompakte Wanderung (Abschnitt der Strada Steiner) mit herrlicher Sicht führt von *Sobrio* hinauf zum Weiler *Usc* auf 1472 m; der Weg führt in weiten Schleifen zunächst durch lichten Birken-, später durch Nadelwald. Im Winter gespurt (einfacher Weg 1 h).

Einst Zollhaus, jetzt Treffpunkt – Dazio Grande, Rodi-Fiesso

Haltestellen an der alten Gotthardstraße

DAZIO GRANDE*** – Rodi Fiesso (940 m). Der massive, palastähnliche Bau (Dazio Grande = großer Zoll) stammt aus der Mitte des 16. Jahrhunderts. Die Station am oberen Zugang der Piottinaschlucht war von 1561 bis Ende des 18. Jahrhunderts Urner Zollgebäude für den Transit- und Warenverkehr. Zugleich Pferdewechselstelle, Gasthof, Herberge und Warendepot. Das Gebäude – heute wenig idyllisch an der alten Gotthardstraße, oberhalb der Eisenbahnlinie, an der A 2 und nahe der Baustelle des Alptransit gelegen – stand jahrelang leer. Im Jahr 1989 begann die Stiftung „Dazio Grande" mit der Restaurierung, als Kulturdenkmal, Museum, Tagungsort, Hotel und Restaurant – steht es nun der Öffentlichkeit zur Verfügung. Im Gewölbe des Erdgeschosses eine interessante Dauerausstellung über die Geschichte der Leventina, außerdem temporäre Ausstellungen.

In der *Locanda* werden lokale Gerichte wie Polenta, Gnocchi, coniglio alla Bedretto und regionale Käse serviert. Schön

Etappe an der Gotthard-Strecke: der neue Dazio Grande

zum Draußensitzen sind die Granittische im Garten hinterm Haus. Mit seinen fünf modernen Doppelzimmern ist der Dazio – trotz seiner verkehrsumgebenen Lage – ein solider Ausgangspunkt für Wanderungen in die Piottina-Schlucht, nach Fusio im Vallemaggia oder für den Sentiero di Monti (s.o.). ♠ Freisitz im Garten hinterm Haus.

→ *Dazio Grande*, CH-6772 Rodi-Fiesso, Tel. 0041-(0)91-874.60.66, Fax 874.60.61, www.daziogrande.ch. 5 Doppelzimmer. **Preise**: mittel. Januar und Februar geschl., während der Nebensaison RT: Mo, saisonal auch Di, im Juli, August immer geöffnet. Ferien Mitte Dezember bis Ende März. Anfahrt: Ausfahrt Quinto und auf der alten Kantonalstraße Richtung Rodi-Fiesso. Mit Museum.

Lavorgo (615 m) – Einst Zentrum der Granitgewinnung und bis zum Autobahnbau eines der wichtigen Straßendörfer der Leventina, zudem Bahnstation. Heute ist der Bahnhof für den Regionalverkehr stillgelegt, Durchreisende finden kaum mehr hierher. Dennoch lohnt ein Halt:

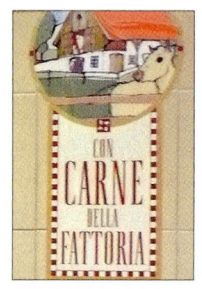

Donato Mattioli in seiner Macelleria, Lavorgo

Der Salamitempel: *Macelleria Mattioli.* Nur eine Häuserzeile oberhalb der Durchgangsstraße, auf Höhe des Bahnhofes von Lavorgo, liegt die Macelleria-Salumeria des ebenso properen wie freundlichen *Donato Mattioli.* Ein Wallfahrtsort für Freunde des Luftgetrockneten: diverse Salami in bester Qualität wie die Hausmarke Nostrano, sowie die kleinen Salametti (darunter solche vom Hirsch, Wildschwein, Gemse – alle zu zivilem Preis). Außerdem, und als Hausspezialität empfohlen, Carne secco vom Pferde, das sind große luftgetrocknete Lendenstücke, die wie Bündnerfleisch dünn aufgeschnitten und angerichtet werden; tief dunkelrot, herrlich frisch und mit einem zarten Hauch von Säure im Geschmack, völlig fettfrei. Die Salumen sind in unterschiedlicher Konsistenz zu haben, frische (weiche) müssen zuhause noch bis zur Schnittfeste gelagert werden.

Grundsolide – Grotto Rodai, Giornico

→ Macelleria Equina/Salumeria *Donato Mattioli*. Tel. 0041-(0)91-865.11.44, Fax 865.18.44, CH-6746 Lavorgo. Ladenzeiten: Di bis Fr 8-12 und 14-18 Uhr; Sa 8-12 und 14-17 Uhr; Mo geschlossen.

Gaststätten nebenan

Direkt gegenüber dem Bahnhof in **Lavorgo** liegt das oft erwähnte, oft gelobte Ristorante *Alla Stazione*. Serviert wird gehobene italienische Küche.

→ *Alla Stazione* (Monica und Ermanno Crosetti), Via Cantonale, CH-6746 Lavorgo, Tel. +41-(0)91.865.14.08; RT: Soabend, Mo.

Ein urtümlicher, bescheidener, aber grundsolider Grotto an der alten Gotthardstraße: *Grotto Rodai* am südlichen Ortsausgang von **Giornico** (vor der Eisenbahnbrücke links abbiegen.) ♠ Feiner Platz am Granit!

→ *Grotto Rodai*, CH-6745 Giornico, Tel. 0041-91-864 21 48. Ende Okt. bis Ostern geschl., RT: Mi.

Strategisch gelegen, gut befestigt: Bellinzona

Bellinzona

Die Kantonshauptstadt liegt am Ausgang jener Täler, die zu den großen Alpenübergängen *Gotthard, Lukmanier* und *Bernardino* führen. Diese Lage war bereits im Römischen Reich von zentraler Bedeutung, hier liefen die Wege zusammen, das Gelände eignete sich für eine Talsperre und so entstand auch das beeindruckende Festungswerk mit den drei Burgen. Die Talfestung Bellinzona hatte es nie einfach, aber auch die heutigen Autobahnreisenden haben ihre Mühe mit ihr. Die Stadt liegt flunderplatt in der Ebene des Ticino (227 m), flankiert von mächtigen Gebirgsketten. Zu den Zielen mit den wohlklingenden Namen ist es ab Bellinzona nicht mehr weit: Lago Maggiore, Maggia- und Verzascatal sind nur Autominuten entfernt. Da kann auch die vielzitierte eindrucksvolle Stadtsilhouette, überragt von *Castello Grande, Montebello, Sasso Corbara* die Fahrt nicht aufhalten. So bleibt es heute meist beim Halt an der Zapfsäule.

Salametti am Samstag: auf dem Markt in Bellinzona

Kraftfahrern mit etwas mehr Zeit empfehlen wir einen etwas größeren Bogen. Bellinzona bietet – gegenüber den nächstliegenden größeren Städten Locarno, Ascona, Lugano – deutlich weniger automobilen Tumult und zumindest die Chance, in Würde einen Parkplatz zu finden. Außerdem eine kulinarisch-soziale Attraktion:

Mercato del Sabato – Der weitbekannte Samstagsmarkt erfüllt hier tatsächlich noch Versorgungsfunktion, er ist jedenfalls nicht zur Touristenkulisse verkommen. Marktort auf der Piazza Nosetto und längs den Arkadengassen der Altstadt.

Marktangebot: Üppiges Käseangebot der Alpensüdseite, von den Bergbauern des Nordtessin und aus dem Mendrisiotto. Formaggini, kleine runde frische Ziegenkäslein, häufig in Olivenöl eingelegt mit Steinpilz/Trüffel/Peperonchino/Kräuter – oder fester und gut gereift. Kuhkäse aus den Südalpentälern sowie der bekannteste Tessiner Alpkäse „Piora" von der Alpe de Piora, dem Hochtal oberhalb Airolo. Unübersehbar ist der Käsestand der Azienda Agricola *Bortolotti-Gianotti* aus Biasca mit einem immens großen und ausgezeichneten Bio-Angebot.

Am Weg nach oben

Wurst & Salami: *Salametti nostrani Leventina* (bei der salame nostrano wurde das rohe Fleisch mit Pfeffer konserviert, im Gegensatz zu salame cotto, Salami aus gekochtem Fleisch). Es gibt fino Mendrisiotto – von *cinghiale* (Wildschwein), *asino* (Esel), *cervo* (Hirsch) und *cavallo* (Pferd). Dann *Carne secca di cavallo* (getrocknetes Pferdefleisch) und die Tessiner Spezialität *Mortadella*. Richtig gelesen, Mortadella ist typisch Tessin. (Die Preise auf dem Foto gegenüber liegen aber leider schon ein paar Jahre zurück).

Dazu Stände mit hausgemachter Pasta, Ravioli und Gnocchi, sehr gutes Obst und Gemüse (im zeitigen Frühjahr z.B. die ersten zartlila Artischocken und den ganzen Herbst über ein Pilzangebot, das Gelegenheitssammler neidisch macht). Außerdem: Schmuck, Kleidung, Eisenwaren.

– **Marktzeiten & Essen & Parken:** jeden Samstagvormittag ab 8 Uhr. Marktende ist Punkt 12 Uhr, dann wird fix abgeräumt! **Parkhäuser** in Marktnähe: *Cervia* und *Piazza del Sole*.

■ Jedes Jahr findet Mitte April der **Tessiner Salami-, Wurstwaren- und Weinmarkt** statt. An einem Wochenende Mitte Oktober der Tessiner **Käsemarkt**: mind. 30 Käsebauern aus dem ganzen Tessin bieten hier ihre Käse an.

■ **Der Käseladen** mit dem größten Angebot an Tessiner Alpkäse (*Formaggio d'Alpe Ticinese*), der begehrten Rarität mit seiner typischen gräulichen Rinde: *Resinelli*, in der Viale Stazione.

Castelgrande, Bellinzona

Castelgrande – Von der *Piazza del Sole* – dem Platz mit den monumentalen, umstrittenen Betonkeilen – schwebt ein Lift hinunter in die Tiefgarage. Ein zweiter Lift, tief im Sockel des massigen Felsen eingeschnitten, fährt hinauf zur Befestigungsanlage der Mailänder Herzöge, die während der Restaurierung 1980-1992 vom Architekt Aurelius Galfetti in ein Gesamtwerk aus Wehrmauern, Fels und Beton verwandelt wurde. Von oben dann grandioser Rundblick über Bellinzona und das vornehme *Ristorante Castelgrande,* das statt Burgenromantik mit viel kühlem Beton, schwarzem Leder und weißen Rosen aufwartet. ♠ Auf der Aussichtsterrasse des zugehörigen *Grotto San Michele*, eine gutbürgerliche Variante, hier geht's deutlich legerer zu. Wir raten in dieser abgehobenen Lage zum Bodenständigen: piatto ticinese et al. Im Grotto durchgehend warme Küche. RT: Mo (Januar, Februar, März abends geschlossen), Tel. 0041-91-826 23 53.

– Alles Weitere auf der homepage: www.castelgrande.ch

Täglich frische Pasta – Osteria Malakoff, Bellinzona

Osteria MALAKOFF – Eine kleine liebenswerte Osteria mit weißgedeckten Tischen. Antonio und Tochter Laura bedienen und Rita steht in der winzigen Küche, wo täglich frische Pasta entsteht. Malakoff war kein Russe, der dannemal als Grottowirt in Bellinzona strandete – die Dinge verhalten sich komplizierter und haben mit Krimkrieg und Käseschnitten zu tun. Die werden im „Malakoff" aber nicht angeboten, dafür stehen knapp 30 Pastagerichte und weitere Spezialitäten auf der Karte wie diverse Grilladen und Bollito misto. Auch vergleichsweise preiswerte Mittagsgerichte und ein auffallend großes Angebot an offenen Weinen. ♠ Terrasse über der Straße.

→ *Osteria Malakoff* (Rita und Antonio Fuso aus Sardinien/Apulien), CH-6500 Ravecchia-Bellinzona, via Bacilieri, 10 (unterhalb des Spitals San Giovanni). Mit Terrasse. RT: Sonn- und Feiertage, Ferien im August und im Januar. Tel. 0041-91.825.49.40. **Preise**: günstig bis mittel (auch halbe Portionen möglich).

I Valli – die Täler

Nördlich Locarno öffnen sich drei Haupttäler fächerförmig: *Verzasca, Maggia, Centovalli.* Für alle drei gilt die beliebte Alpentäler-Legende: die Landschaft pittoresk, die Böden karg. Die Bauernsöhne mußten sich zum Geldverdienen in nahen Städten und weiter Welt verdingen; viele scheitern dort, wenige kommen als Herren zurück. Ein Zitat aus der armen Zeit:

„Die Centovalli vermochten ihre Bewohner nie zu ernähren. Jahrhundertelang verbrachten die jungen Burschen der Talschaft die kalte Jahreszeit in den großen Städten Norditaliens, Frankreichs, Belgiens und Hollands, wo sie sich unter erbärmlichen Bedingungen als Kaminfeger verdingen mußten und ihre Gesundheit ruinierten." Andererseits heißt es auch: „Viele machten ihr Glück. Entlang der Hauptstraße des Dorfes **Someo** im Maggiatal stehen, wie zur Parade nebeneinander aufgestellt, zwei Reihen prachtvoller Palazzi im italienischen Renaissancestil. Deutlich unterscheiden sich

Vom Armuts- zum Luxussymbol – Rustico im Verzascatal

diese herrschaftlichen Baulichkeiten von den bäuerlichen Natursteinhäusern im alten Teil des Dorfes. Die heute noch so genannten »Amerikanerhäuser« sind der sichtbare Ausdruck des Emigrantenglücks.«

Die mühevolle Berglandwirtschaft wird – wie überall im Tessin – immer seltener betrieben. Nur die unverbesserlich Bodenständigen bleiben und ein paar sogenannte Neorurali. Zurück zur Scholle Städter, die erfahren mußten, daß auch das Leben im Neonschein städtischer Bars ziemlich hart sein kann. Mit solcher Erfahrung gerüstet, vielleicht noch mit einem beruhigenden Erbe ausgestattet, lassen sich die Reize des Kaminfeuers sicher entspannter genießen als vor hundert Jahren.

Faxfreie Rustici – Wo die Landwirtschaft nichts mehr bringt, kommt die Freizeit übers Land. Also gerade im warmen Tessin der übliche Funktionswandel, entvölkerte Bergdörfer werden zu schlichtschicken Wochenendsiedlungen. Die liebevoll renovierte Bruchsteinruine verwandelte sich

Akkord im Verzascatal: Ruhe, Schatten, Steinbank

vom Armenhaus in eine emotionale Quelle für Chrampfer, die sich ebenso hart entspannen möchten, wie sie arbeiten: Endlich sms-freie Gemütlichkeit, Kräutergärtle vorm Haus, Solarpaneel auf dem Dach. Der 7. Tag gehört dem Rustico.

Moderne Zeiten: Die alten Berghütten, früher einmal tausendfaches Sinnbild des entsagungsreichen Berglebens, sind zumindest dort, wo sie noch für müde Beine erreichbar sind, zum Luxussymbol mutiert. Von den fast 50.000 Rustici im Tessin, wurden ein paar Tausend – mehr oder minder legal – vom Kapital geküßt. Um die Erlaubnis zur Renovierung mancher Mauer wird verbissen gestritten, der schwerer erreichbare Rest verfällt; es sei denn, man verfügt über die nötigen Mittel für ein Helitaxi. Eine Entwicklung, die nicht nur im Centovalli, sondern an vielen sonnigen Hanglagen des Tessins deutlich wird.

Also wird saniert und gemörtelt und weiter kriechen die Aluminiumprofile – Rustico ja, Korrosion nein – die Berge hinauf. Aber nicht nur am Bau mit Bruchsteinen, auch beim

Ganz weit hinten: Rastplatz im Onsernonetal

lokalen Verkehr offenbart sich mittlerweile eine Spielart sozialer Inversion. Im Pendelverkehr der Postbusse gibt es Fahrgäste mit sehr unterschiedlichen Zielen: die Touristen zieht es hinauf, bis in die hintersten Winkel der Täler. Die dort verbliebene einheimische Bevölkerung fährt zur Arbeit nach Locarno – im schnittigen Alfa.

Geheimtip verzweifelt gesucht

Der Robinson in uns erwacht, sobald das Gebirgswasser über Granit poltert. Einsame Seitentäler sind en vogue, man kommt im Cabrio, gerne auch im zweizonenklimatisierten SUV ex Zürich, Ronco und Locarno, immer auf der Suche nach dem Authentischen. Deshalb, Reisender bedenke: Im Tessin gibt es viel Menschen mit Zeit *und* Geld. Es sind Leute, die nicht im Ruhestand, sondern im Genußstand leben. Über Jahre haben sie die Suche kultiviert, nach dem kleinen netten Gasthaus, nach den letzten Grotti mit der steinernen Bank, nach einem endgültigen Risotto und ehrlichem

Nostrano. Reisender glaub' uns: Es ist wie bei Edelsteinen, man muß immer tiefer graben. Unser Vorsprung: Nicht alle wollen meilenweit gehen, und ziemlich oft macht Wohlstand auch blind. Nicht alle verstehen die kleinen Gesten, das Glück der Pergola im Halbschatten. Allzuviele Glückswinkel erwarten hier aber nur Naive, im besseren Fall bleibt es beim verlässlichen Standard, der Rest gehört zur Kategorie „Melkmaschine".

Vorsicht Sommerwochenende! Warmer Granit, umspült von klarem Wasser, schroffe Hänge und luftige Wege, danach Absitzen und dampfende Pasta. Alles möglich, aber die Nebenwirkungen eines Sommerwochenendes bleiben: schon in der Früh beginnt der farbenfrohe Auftrieb: Hangglider, Fahrradfahrer, Mountain- und Motorbiker, Wanderer und stationäre Picknicker fahren zur Freizeitarbeit, im Corso in Richtung Valli. Das geht schon auf die Täler. Folge: Completto-Syndrom – selbst auf Campingplätzen. Ganz Schlaue haben schon am Abend ihren Schlafsack in den Parkboxen gleich neben der Talstraße ausgerollt. Will man da sein?

■ **Beste Jahreszeit zum Wandern** – Mai/Juni, oft bis Anfang Juli. Den engeren Feriensommer meiden. Dann wieder ab Ende August bis Ende Oktober. Der Winter wird in den steilen, engen Tälern sehr schattig, die meisten Gasthäuser haben dann ohnehin geschlossen.

■ **Karten** – Für die ganze Region: Landeskarte der Schweiz 1:50000 Blatt 276 **T** Val Verzasca (gelb, mit Wanderrouten). Für die Region Locarno-Lugano die sehr nützliche Zusammensetzung der Landeskarten 1:50 000, Blatt 5007. Oder die entsprechenden Landeskarten 1:25.000. Besonders wichtig: Blatt 1292 Maggia (vgl. auch das Stichwort Karten am Buchende).

■ **Busverkehr:** Vorbildlich wie fast überall in der Schweiz, es gibt Ganzjahresverbindungen des Gelben Postautos oder der blauen FART Busse – bis in die hintersten Ecken der drei Täler. Fahrpläne in den Verkehrsämtern und Poststellen.

Verzascatal

Das Verzascatal gehört zum Prospekttessin, Kapitel ur-
wüchsig: Tosender Fluß im tief gekerbten Bett, pittoreske
Steinformationen. Wälder und Reben reichen bis ans Wasser des aufgestauten Lago di Vogorno. Der See wurde in
den Sechzigerjahren gestaut, damals verschwand der Weiler

Vogorno Berzona

Tropino im Wasser. Die gigantische 220 m hohe Staumauer diente auch als Kulisse für einen James-Bond-Film vom Ende der 90er Jahre. (Bei niedrigem Wasserstand werden alte Wege und die Hausruinen sichtbar.) Dann das grünlich schimmernde Wasser der Verzasca (*Verde Acqua* = Grünes Wasser; Grund: im Wasser mitgeführte Glimmerpartikel).

220 Meter hoch, James Bond tauglich – Verzasca Staumauer

Picture-Point: Bei *Lavertezzo* die historische Zweibogenbrücke über dem ausgewaschenen Flußbett. Die einmal mehr einsamen Seitentäler, der Wasserfall, das Backhaus – alles bester Romantik-Stoff. Andererseits, das enge Verzascatal, über weite Teile eigentlich eher eine Schlucht, bietet wenig Auslauf.

Früher war der Weg runter ins Tal nach Gordola und Locarno oft eine im Wortsinne halsbrecherische Unternehmung. Ende des 19. Jahrhundert kam die erste Straße ins Tal, eng und aufwendig vertunnelt. 1965 dann die Talsperre, übermächtig den Taleingang dominierend. Der dazugehörende Stausee kommt einem seltsam eingezwängt vor. Die heute bestens ausgebaute Straße verläuft wie in den Berg reingedrückt, sie wirkt extrem und konstruiert, wie aus einer Betonbauer-Broschüre. Vieles im Verzascatal erscheint ähnlich unorganisch und reingezwängt wie der See: *Vogorno* am östlichen Ufer, mit seinen Sommervillen, jeden teuren Quadratmeter nutzend. Das Bild vom zu knappen Hemd will einem nicht aus dem Kopf.

Picture Point im Verzascatal – Ponte dei salti, Verzascatal

Etwas mehr Platz im Tal gibt es erst bei *Lavertezzo* und dort wieder nicht genug für den saisonalen Ausflugstourismus. Auf die berühmte zweihöckrige Bogenbrücke *(Ponte dei salti)* will keiner verzichten, auf die bequeme Wanderung entlang der Verzasca-Ufer nur die wenigsten und auf die Einkehr danach wieder niemand. Nebenbei, die Brücke stammt nicht, wie vielfach angenommen, aus der Römerzeit, sondern aus dem Mittelalter, genaugenommen aber aus dem 20. Jahrhundert. 1951 wurde sie durch Hochwasser zerstört und vorübergehend durch einen eisernen Steg ersetzt. Gegen den Widerstand der einheimischen Bevölkerung wurde sie 1960 wieder aufgebaut. Gedränge und Geknipse auf der schmalen Ponte bestätigt die Argumente beider Seiten. Weiterer Ausflugstrubel dann wieder vor allem in *Sonogno*, dem obersten Ort im Tal.

Ein Tal kann sicher nichts dafür, aber manchmal ist es einfach überfordert.

Lago di Vogorno, Verzascatal

🏊 **Baden in der Verzasca:** Die bekannteste Badestelle liegt – bei gutem Wetter stets belegt – praktischerweise gleich unter der *Ponte dei Salti* in Lavertezzo. Weiter talaufwärts, zwischen Brione und Sonogno weitere schöne Badplätze. Weniger bekannte, mindestens so spektakuläre Badestellen sind in einem Seitental östlich Vogorno zu finden. Sie liegen am Aufstieg zu den Alpen *Mosciöi* und *Rienza*, mit weiten Felswannen, allerdings früh beschattet (vgl. Tourenbeschreibung Pizzo Vogorno).

→ **Vorsicht** vor den tückischen Strömungen und plötzlichem Hochwasser! Jedes Jahr gibt es tödliche Badeunfälle.

Parkplatznot: Zur Hochsaison kann schon die Parkplatzsuche (Parkuhren!) längs der engen Sträßchen entnervend sein. Angenehm erholsam ist dagegen die Fahrt mit dem **Postauto** von Locarno aus (über Tenero). Fahrzeit von Locarno nach Sonogno: eine gute Stunde – immerhin 700 Höhenmeter Unterschied!

Whirlpool im Verzascatal

Tisch und Bett im Verzascatal

An einem Brennpunkt des Tessiner Natur- und Romantik-tourismus wäre es vermessen, die behagliche Pension in Bestlage zu erwarten. Wir jedenfalls fanden wenig dergleichen, lassen uns aber gerne belehren. Hinweise willkommen! Hier die Standards zunächst eingangs Verzascatal, an der Strecke Tenero Richtung Mergoscia, Corippo):

Tenero (203 m): *Grotto Scalinata.* Oberhalb Tenero in den eigenen Weinbergen gelegen. Das Grotto wird von den drei freundlichen Balerni-Schwestern geführt, es bietet gleich mehrere Gasträume: zum Speisen: ein moderner und ein älterer mit Kamin und Pergola. Es gibt: Salumi, polenta al camino (die „Ur"-Polenta, die über dem Feuer zubereitet wird, siehe dazu auch Grotto Pozzasc, in Peccia, Maggiatal) mit Gams-Ragout oder einen Brasato (coniglio, capretto oder capra) – alles seit Jahr und Tag konstant in guter Qualität und in großer Portion getellert.

→ *Grotto Scalinata* (Sorelle Balerni fu Francesco), CH-6598 Tenero, Tel. 0041-91-745.29.81. RT: Di. Ganzjährig geöffnet.

Contra: *Ticino.* Schlicht, sympathische Osteria mit Zimmern und Terrasse. Guter Affetato nostrano misto. Warme Gerichte gibt es auch, dalla griglia, dalla padella und dal forno.

→ *Osteria Ticino* (Giorgio und Maria), CH-6646 Contra, via Contra, Tel. 0041-91-745.19.49, Fax 745.27.24. 7 Zimmer. Geöffnet von März bis Dezember. **Preise:** mittel.

Gordemo/Gordola: *Osteria Degli Amici.* Am Hang und noch vor dem eigentlichen Taleingang auf sonniger Terrasse gelegen (238 m) mit großzügigem Ausblick auf den Lago Maggiore. Terrasse, Saal mit Cheminé, Tessiner Küche, Risotto mit Steinpilzen. Die ehemaligen Doppelzimmer wurden zu einer Ferienwohnung umgebaut, faire Preise.

→ *Osteria Degli Amici* (Ruedi Raillard und Dore Davis), via Gordemo 51, CH-6596 Gordola. Tel. 0041-91-745.26.43, im Winter ist die

Idylle in Vogorno, Verzascatal

Osteria nur abends ab 17 Uhr geöffnet, sommers auch mittags von 11 bis 14 Uhr und abends ab 17 Uhr. RT: Di.

Vogorno (483 m): erstes Dorf im Tal an der Touristenrennstrecke Richtung Sonogno; fotogerecht über dem See an der Ostflanke des Val Verzasca gelegen. Durch den Bau des Stausees mußte die Talstraße höher gelegt werden. Bei niedrigem Wasserstand ist das alte Teilstück noch manchmal im See zu erkennen. Vogorno-Dorf ist Idylle pur, je nach Saison üblicher Ausflugsbetrieb oder Winterruhe.

→ *Rustici della Verzasca*, CH-6632 Vogorno/Berzona. Tel. 0041-(0)91 745 10 81, Fax 7451683, www.rusticidellaverzasca.ch. 10 Rusticis für 2 bis 7 Personen, von April bis November, Vermietung wochenweise. Sauna, Aufenthaltsraum mit Fernseher und kleiner Bibliothek, Malkurse, Yogakurse. Kleines Restaurant/Grotto (vgl. unten). Zu buchen unter: www.reka.ch, Tel. 0041-31 329 66 33. **Preise**: moderat.

→ *Osteria Grottino da André*. Unterhalb des Feriendorfes über mehrere Ebenen und Terrassen. Die Spezialitäten: Steinpilzrisotto mit Kaninchen und Salat (Mo ist Risottotag); Von März bis November ab 10 Uhr geöffnet, durchgehend warme Küche, Di und Mi geschlossen. **Preise**: moderat.

Frühe Blüte, später Schnee: Magnolien und Pizzo Vogorno

Wanderungen im Verzascatal

Der *Sentierone*, ein leichter, meist eben verlaufender Wander-, besser: Gehweg, führt durch das ganze Tal von *Mergoscia* (731 m) hinauf nach *Sonogno* (916 m), über fast 20 km. Stets kommod, gut ausgeschildert und entsprechend breit ausgetreten. Der Weg führt immer auf der Flußseite entlang, die der Straße gegenüber liegt. Der Sentierone läßt sich in beliebig lange Strecken unterteilen, deshalb bleibt die Hauptstraße mit Postautoanschluß immer in Gehweite. An einem Sommerwochenende ist schon mal mit walk&stop zu rechnen. Die Konzentration auf den Sentierone liegt auch am Mangel an ähnlich komfortablen Alternativen im Tal. Längere, gut markierte Rundwanderungen bleiben die Ausnahme. Möglich sind allerdings diverse, allerdings stets steile Abstecher vom Sentierone (ab Mergoscia/V. di Mergoscia).

➲ Das Val Verzasca ist ein guter Ausgangspunkt für eine Reihe anspruchsvoller Gipfeltouren und Überschreitungen – hierzu sei insbesondere an das neue gute Rotpunkt-Buch von Daniel Anker erinnert, vgl. Literatur. Landeskarte 276 **T.**

Alpine Bergtour: Auf den Pizzo Vogorno

Deutlich weniger Kameraden als auf den Talwegen sind auf der folgenden Bergroute unterwegs, wir beschreiben die Tour ausnahmsweise etwas ausführlicher, zum einen, weil sie – für geübte Bergfreunde – wirklich lohnt. Zudem als Hinweis, wieviel stille Winkel es neben den bekannten Bergbahnen-Gipfeln noch gibt.

In voller Länge eine fordernde, aber extrem aussichtsreiche und lohnende Tages-Wanderung (Aufstieg: 1 900 Höhenmeter, teilweise steiler Abstieg, zuletzt mit Badeoption im Bach). Wegen der vergleichsweise langen und steilen Zustiege – egal aus welcher Richtung – ist der Pizzo Vogorno trotz phantastischer Position und Ausblicke nach wie vor ein vergleichsweise wenig begangener Gipfel. Für ambitionierte Berggänger eben deshalb absolut lohnend, zweifellos eine der schönsten Bergfahrten im Tessin.

Die Route führt anfangs auf gut markierten Wegen durch Wälder, später abwechslungsreich über freie Hochflächen; im Gipfelbereich des *Pizzo Vogorno* (2.442 m) ist etwas Orientierungssinn und Bergerfahrung hilfreich. Der Abstieg über die *Alpe di Locia* ist landschaftlich zumindest ebenso reizvoll wie der Anstieg. Am Schluß der Tour kühle Bademöglichkeit in Granitwannen. Nochmals: die Tour gehört vom gesamten Ablauf – nicht nur vom Gipfeleindruck her – zu den lohnendsten Routen auf einen der großen, dennoch liftfreien Aussichtsberge des Tessins. Wegen der großartigen Sicht und der notwendigen Orientierung beim Abstieg nur bei sicheren Verhältnissen empfohlen. An einer kurzen Stelle ist Trittsicherheit erforderlich, ansonsten ohne größere alpine Schwierigkeiten.

Kurzvariante: *Vogorno – Alpe Bardughè* (1638 m) und zurück nach Vogorno über die *Alpe viciüm, Gana* zum Talort *Pregossa* bei Vogorno.

Wegverlauf: Zunächst noch auf einer schmalen Dorfstraße durch das östliche, höherliegende Vogorno (mit dem PKW möglich fast bis zum Wegbeginn). Am oberen Ortsende zunächst auf den Serpentinenweg Richtung *Alpe Bardughe*. Zuerst steil in lichtem Wald, ab *Cortoi* über Alpen und freies Gelände bis zur Alpe Bardughe. Bald mit herrlicher Sicht auf die Seen und im Westen bis ins Wallis und auf den Monte Rosa. Nach dem steilen Anstieg zur Alpe dort ein Brunnentrog zur Abkühlung.

Weiter Richtung Vogornogipfel: Zunächst mäßig ansteigend im freien Gelände über eine weite Südflanke, der Wegverlauf ist stets weit voraus sichtbar, dann die markante Westflanke des Berges ganz querend – sieht von unten ausgesetzt aus, ist aber problemlos. (An dieser Stelle trafen wir auf ein vergnügtes Paar, dessen ausgelassene Stimmung und sichtbare Altersdifferenz Bergkamerad M. Abel mit einem Klassiker kommentierte: „Das war nicht die Tochter!"). Weiter zum Wegverlauf: Die wunderbare Querpassage führt schließlich auf einen schwach ausgebildeten Grat, der dann weniger steil und unschwierig zwischen Platten und Blöcken zum Gipfelbuckel auf 2.442 m Höhe führt. Steinmann, Gipfelbuch.

Abstieg: Zunächst dem Aufstieg folgen, dann aber strikt nach Süden auf Punkt 2 243 zu halten (Wegspuren). Nahe diesem Punkt liegt der einzig problemlos mögliche, mit diversen Steinmännchen markierte Durchstieg zur schwach kesselförmigen ausgeformten Pianca-Hochfläche. Hier beim Abstieg auch die einzige möglicherweise problematische Stelle (bei Schnee, Regen, Feuchte), für einige Meter muß man eventuell mit Hilfe der Hände weiterkommen, aber wie heißt es: „Wer würdig ist, findet den Weg". Weiter abwärts nun auf meist weglosem Gelände, über Geröll und Platten nach Süden. Den Wasserläufen folgen, die hier *unter* den riesigen Granitplatten bergab gurgeln. Mit der nötigen Achtsamkeit die Platten als Tritte nutzend, wird bald steileres Gelände erreicht, damit beginnende Wegspuren und schließlich ein gut erkennbarer Weg, der direkt zur *Alpe Locia* (1779 m) führt. Diese Alpe liegt aufgelassen, die Gebäude teils noch verfallen in karger Umgebung. Zu den folgenden, tieferliegenden Alpen führt ab hier ein steiler, aber guter Weg.

In begnadeter Lage *Rienza*, eine vergleichsweise ausgedehnte Siedlung mit Kapelle, einige Hütten, mittlerweile edel renoviert. Hier ist beispielhaft und wunderbar zu sehen, wie früher mit dem Land gebaut wurde. Die Hütten und Wege sind förmlich in das Land eingepaßt, die gesamte Siedlung folgt der Landschaftsform. Bauen mit, nicht gegen das Land. Weite Blicke. Nun beginnt der markierte Wanderweg zur *Alpe Mosciöi* (wieder herrliche Tiefblicke, das meiste ist jetzt geschafft!) und weiter abwärts auf steilem Weg, oft über Stufen rapid Höhe verlierend.

Nach einer gestuften Felspassage, am Zusammenfluß zweier Bäche Bademöglichkeit in großen Felswannen (taltypisch leider erst spät Sonne und wieder früh Schatten). Weiter dann über breiten Weg durch dichten Wald, zuletzt entlang heiterer Hausgärten bis zum Ausgangspunkt Vogorno.

⮑ **Zeiten:** Lange, fordernde alpine Tageswanderung, reine Gehzeit je nach Kondition von 7 bis 8 Stunden an aufwärts.

→ **Und noch ein Wandertip** mit Badechancen: Von *Frasco* (885 m) im oberen Verzascatal durch das *Val d' Efra* über *Corte di Cima* (1 836 m) zum *Lago dell'Efra.* Wunderschöne Strecke durch ein Beerenparadies mit unzähligen Wasserfällen. Rückweg wie Hinweg. Rote Route in der Karte Val Verzasca (276 T).

Schmuckkästchen im Maggiatal – Lodano

Valmaggia

Tal mit Gebrauchsspuren, mal wüst, mal wild. Lieblingsziel für alle, die es gerne etwas rauher haben: Auch im heißen Hochsommer, wenn die Maggia zum Rinnsal und Badeufer wird, zeugt das weite Flußbett mit seinen hellen, abgeschliffenen Gneisblöcken vom enormen Potential der Tessiner Wolkenbrüche. Dazu steile Flanken, Kirchturmdörfer, Seitentäler, gute Straßen – das ist der Stoff für die motorisierte Suche nach dem Ursprünglichen, welches folglich immer rarer wird.

Das stört weder All- noch Motorradler, alle sind im Sommer mit von der Partie, wenn die fröhliche Maggia-Safari beginnt, auf guter Straße und immer vergnügt bis Talschluß. Erst im seilbahnbestückten *San Carlo* oder noch weiter oben, in der klotzig betonierten Bergstation *Robiei* dämmert es einigen: Wildes Land, das gleich neben der Autotür beginnt, zeigt Gebrauchsspuren. Das ist nicht weiter schlimm, man muß es nur wissen.

Vom Leben gezeichnet: Pergolakultur in Lodano

Orientierung: Von den Tessiner Tälern ist Valmaggia das größte, das am weitesten verzweigte und jenes, das weit in den zentralen Alpenkern hineinführt. Mit 570 Quadratkilometern Fläche macht das Valmaggia allein ein Fünftel der Kantonsfläche aus. Die Orte direkt im Tal liegen wegen der Hochwassergefahr (die Maggia geht gern fremd) nicht direkt am Fluß, sondern erhöht an der östlichen Talflanke, somit auch abseits der Durchgangsstraße. Diese führt bestens ausgebaut bis Bignasco. Die vorderen Taldörfer wirken bis auf das reizvoll gelegene *Gordevio* nicht sehr behaglich. Aber von ihnen soll hier auch nicht die Rede sein. Eher von den herrlich erfrischenden Bädern zwischen den hellen rundgeschliffenen Murmeln an den Ufern der Maggia – schon hinter Ponte Brolla und um Avegno möglich. Gelobt seien auch die stilleren Seitentäler, die abseits der Maggia-Hauptroute liegen.

Das eigentliche untere Maggiatal, das *Bassa Valle* beginnt bei der stark frequentierten Engstelle *Ponte Brolla*, verläuft zunächst sehr flach und teilt sich nach gut 25 Kilometern ab *Cevio* in Seitenzweige auf. Diese zeigen die Form typischer Hängetäler, die mit steilen Abstürzen in das Maggia Haupttal münden. Erst von hier an gewinnt man Höhe und alpinen Eindruck:

Val di Bosco Gurin	Zunächst reizvolle Auffahrt über *Cerentino,* dann eine doch etwas enttäuschende Ankunft in der herb und recht verquer bebauten Sommer- und Skistation *Bosco Gurin.*
Valle di Campo	Durchweg noch einsam, still und imposant alpin. Gute Wandermöglichkeiten ab Talschluß von der Sonnenterrasse bei *Cimalmotto.* Auch so eine Lieblingsecke von uns.
Val Lavizzara	Die Hauptroute teilt sich in *Peccia* (840 m) nochmals. Dann geht's dramatisch bergan, unvermittelt beginnt alpine Welt und nichts erinnert mehr an den weiten Talgrund des Bassa Valle. Erst mitten in den Bergen und nahe dem Alpenherz, in *Fusio* (1 298 m), ist nördlichster Talschluß.
Val Bavona	Ursprünglich und wild, romantisch und rusticogespickt, eng und wasser(fall)reich, lawinenbedroht und nur im Sommer bewohnt. Dann aber wegen der Postkartendörfer höchst beliebt. So kann in *Foroglio* der Bilderstock im Vordergrund zusammen mit einem dramatischen Wasserfall im Hintergrund abgelichtet werden. Wegen der Seilbahn *San Carlo-Robiei* (1 000 bis 2 000 m, von Juni bis Okt. in Betrieb) und der Tourenmöglichkeiten konstanter Almauftrieb.

Maggia-Flora: Vergleichsweise tiefe Tallagen und die südliche Exposition sorgen für vielfältige, an günstigen Stellen bereits mediterran durchsetzte Vegetation. An den warmen Talseiten Eßkastanienwälder bis auf gut 1 000 m, Laubwald zieht sich an den südlichen Flanken bis über 1 700 m weit nach oben, darüber noch ein Lärchengürtel. Dann beginnen die artenreichen Almen mit reicher Flora.

Die Häuser vor der Betonzeit: Im unteren Valmaggia graue Steinhäuser mit plattengedeckten Dächern aus typischem Maggiagneis, gruppiert um schlank aufragende Kirchtürme. Da und dort charakteristisch im oberen Tal das hölzerne Blockhaus, das aus einer steinernen Rauchküche und einem hölzernen Wohnraum bestand, der über der Küche liegt.

Maggia-Terrassenland: Auch das alte Terrassenland gehört zum (gefährdeten) Kulturbestand des Tals. Jahrhundertelang typisch für das untere Maggiatal waren klein parzellierte Rebflächen mit Kastanienholzpergolen, gestützt von Trockenmauern. Viel von dieser alten Kulturfläche – die einer intensiven landwirtschaftlichen Nutzung entgegensteht – wurde aufgegeben oder vom Wald überwuchert. In Maggia, Lodano und Gordevio wird nun ein Teil der alten Parzellen wieder hergerichtet.

 Baden in der Maggia

Avegno: Sandstrand

Aurigeno: Strand unter der Brücke, mit Kiosk

Maggia: großer Strand mit Kiosk, Liegestuhlverleih

Lodano: Strand unter der Brücke

Giumaglio, Someo: schöne Strände abseits des Rummels

An den Wasserfällen: Maggia, Giumaglio, Bignasco

Ein guter Platz im Maggiatal: Casa Ambica, Gordevio

Tisch und Bett im Maggiatal

Gordevio. Für stillere Naturen ein reizvoll gelegener Ausgangspunkt, um das Maggiatal zu erkunden – zudem noch nahe bei, aber eben nicht im Rummel von Locarno.

CASA AMBICA GARNI – Gordevio. Die Adresse im unteren Tal. Das historische Patrizierhaus mitten im alten Dorfkern wurde erst unlängst total renoviert. Es liegt ruhig und ein wenig über dem Tal erhöht, am Ende der engen Ortsdurchfahrt. Nach dem jüngsten Eigentümerwechsel wartet hier eine kleine, gediegene Pension mit vier komfortablen und geschmackvoll eingerichteten Doppelzimmer und einer Suite. Die Zimmer im ersten Stock haben Südlage und Zugang zum umlaufenden, schmalen Granitbalkon, der abends einen wunderbaren Platz für das erste Glas abgibt nach langer Tour. Sehr ansprechend auch der Innenhof, im Stil der Region mit Granittischen und schattenspendendem Laubengang. Ein sommerliches Frühstück unter freiem Himmel wird hier zum Erlebnis.

Obacht gleich bei der Anfahrt: die erste Abzweigung hinter dem Ortsschild nehmen (ausgeschildert). ♠ Laubenbeschatteter Innenhof vor dem Haus.

→ *Casa Ambica Garni* (Silvia Beerli), CH-6672 Gordevio. Tel. 0041-91-753.10.12, www.casa-ambica.ch. Ab April bis Oktober. Faire Preise (Doppel ab 114 Euro).

⮑ **Rundwanderungen ab Gordevio** – Direkt ab der Pension Casa Ambica beginnen wunderbare, freilich auch fordernde Wandermöglichkeiten auf die sonnigen Höhen über dem Tal: z.B. die lange Runde *Gordevio – Alpe Pizzit* (1 713 m) – *Alpe Nimi* (1 718 m, Weg dort steil). Ab Alpe Nimi entweder Abstieg nach Gordevio, oder die lange, meist abschüssige Querung über *Aiarlo* und Abstieg nach *Maggia* (332 m) – im Bus zurück nach Gordevio. Gut als Ganztagestour, durch botanisch abwechslungsreiches, wasserreiches Gebiet, warmer Laubwald, besonnte Alpen, steile alpine Hänge und Flanken.

- **Gesamtzeit** der oben beschriebenen Route: 6½ bis 7 h. Teilstrecken: Gordevio–Alpe Pizzit 3 h; Pizzit–Alpe Nimi 1 h; Alpe Nimi–Gordevio/bzw. Maggia um 3 h.

- **Abkürzung**: Eine stark abkürzende, dennoch lohnende **Variante** – bequem an einem halben Tag zu machen – mit vielen, ansprechenden Raststellen: Auf der oben beschriebenen Rundwanderung nach ca. 1 h Anstieg in Richtung *Chimoi* (883 m) nach links abzweigen und weiter über *Archeggio* (707 m) wieder nach *Gordevio* absteigen. Zeit ca. 3 h.

Drei Einkehren im Tal

Gordevio: Grotto *Ca'Rossa*. Seit Frühjahr 2006 wirten Marlen Frey und Vittorio Lenzi in der früheren Pferdewechselstation für die Postkutsche. Auffallendes rotes Haus direkt an der Durchgangsstraße zwischen Gordevio und Roncchini.

Campana Graniti in Riveo

♠ Terrasse. Tel. +41-(0)91.753.28.32, www.grottocarossa.ch.
RT: Mi, Ferien von Ende Nov. bis Mitte März.

Riveo (vor Cevio): Am Ortseingang, gleich neben der Campana Graniti an der Kantonsstraße, ein einfaches, aber sehr ordentliches Straßengasthaus: *Soladino*. Mittags kehren hier die Arbeiter und Angestellten auf ein unkompliziertes Mittagsgericht ein – abends auch eine Auswahl von 22 guten Pizzen! RT: So. **Preise**: günstig.

Maggia: Hier wäre das Ristorante *Poncini* neben dem Dorfplatz der ideale Ort für ein Tessiner Plättle, sowie zum Wanderkarten studieren. Zwei, drei Tischchen stehen draußen an der Straßenecke. Schräg gegenüber verkauft die *Bäckerei* und *Konditorei Poncini* selbstgemachtes Eis, an Ostern die süße Colomba-Spezialität und rund ums Jahr Panettone und hervorragendes Vallemaggia-Brot. Bäckerei Poncini, 6673 Maggia, www.panetteria-poncini.ch (Filiale in Ascona an der Via Borgo 32).

Schlicht schön – Ca' Serafina, Lodano

Lodano – Zweifellos das Schmuckkästchen unter den Maggiatalorten. Abseits der Talstraße freundlich, ruhig und sonnig gelegen, ein auffallend geschmackvoll und rundumerneuertes Tessiner Dorf, dabei nicht überrenoviert oder neureich rausgeputzt. Irgendwie scheinen hier die richtigen Leute zu wohnen, wofür auch die bemerkenswerte Unterkunft spricht und der stimmungsvoll, einfache *Dorfgrotto* aus der beliebten Klasse „Minestrone am Steintisch".

☼ **CA' SERAFINA*** – Lodano.** Die schönste Unterkunft im Tal, ideal geeignet als ruhiger und stilvoller Ausgangspunkt zur Erkundung der Bergregion. Das granitgedeckte Haus aus dem 19. Jahrhundert liegt am Rande der kleinen Maggiatalgemeinde Lodano. Aufwachblick auf Kirchturm und Bergwälder. Die geschmackssicher renovierte Casa Ticinese aus dem 19. Jahrhundert wirkt innen unaufgeregt und gediegen, mit granitsteinernen Treppen, kleinem Aufenthaltsraum und insgesamt fünf schlicht- schön möblierten Zimmern. In dieser Klasse, mit dieser Stimmung ohne Konkurrenz im Tal, möglichst rechtzeitig reservieren. ♠ Frühstücksplatz unter Weinlaub.

→ *Hotel Garni Ca' Serafina* (Alexa Thio), CH-6678 Lodano, Tel. 0041-91-756.50.60, Fax 756.50.69, www.caserafina.com. 4 Doppel, 1 Dreibettzimmer mit Dusche, WC, Tel., TV. **Preise**: mittel bis gehoben.

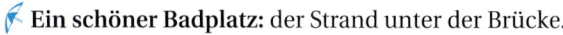 **Ein schöner Badplatz:** der Strand unter der Brücke.

Cevio – Der Hauptort (418 m) liegt gemütlich mitten im Tal, am Eingang ins enge *Val Rovana*, das sich später wiederum in zwei alpin anmutende Seitentäler teilt, an deren Ende die Ganzjahressiedlungen *Bosco Gurin* und *Cimalmotto* liegen. Von all den Sonnenterrassen (Cimalmotto), Schluchten, Abgründen (dito Cimalmotto) und Liften (Bosco Gurin) ist aber am schönen, großen Dorfplatz Cevios noch wenig zu ahnen. Die historischen Fassaden stammen aus der Zeit der Landvögte, die bis Ende des 18. Jahrhunderts das Tessin regieren, heute ist der zentrale Platz auch ein touristischer Angelpunkt. Einkaufen, den Gasfuß vertreten oder den Bus wechseln, Geld ziehen, beim Espresso die nächste Etappe festlegen.

Das Dorf hat alles Nötige für Wanderungen in den Seitentälern: Lebensmittelladen (mit Wanderkarten), Bäckerei, Metzgerei, zwei Banken. Leider fehlt es an charmanten Unterkünften. Leser waren vom *Albergo Basodino***, einem von außen stattlichen Haus (Zimmer mit Etagenbad) mitten im Ort am zentralen Platz von Cevio enttäuscht: „die mit Abstand übelste Nacht!“ Aber vielleicht ist heute alles anders… Der Albergo *La Posta* gleich auf der anderen Straßenseite ist keine Alternative: Eine Leserin: „genauso laut, Zimmer mit Etagenbad“. Tessin, bitte aufwachen!

■ **Talmuseum in Cevio** – Im *Palazzo Franzoni* und in der *Casa Respini-Moretti*. Das Museum dokumentiert mit Arbeitsgerät, Kunsthandwerk und Fotos die traditionelle Lebensweise im Tal. (Öffnungszeiten des Museums: April bis Oktober Di-Sa 10-12 und 14-18 Uhr. So 14-18 Uhr, www.pietraviva.ch)

Cerentino, eingangs Valle di Campo

Cerentino – Das enge Bergsträßchen in das *Val Rovana* wurde in den vergangenen Jahren mit Schweizer Nachhaltigkeit ausgebaut. Spitzkehre um Haarnadelkurve dem Steilhang abgetrotzt, mit Aufwand befestigt und mit lokalem Granit untermauert, Straßenbau mit dem Willen zur Perfektion. Die Trasse schraubt sich steil empor, sportliche Fahrer (Attentione – Einheimische in roten Alfas !) sehen hier eine Herausforderung. Der Nordschweizer Ökologe lobt die gute Busverbindung.

Auf den 16 Kilometern von Cevio nach Bosco Gurin (1 506 m) muß die Bergstraße fast 1 100 m an Höhe gewinnen. Wenn im Frühjahr im Tal die ersten Blüten aufgehen, sind oben noch lange Schneefelder zu sehen. *Cerentino* liegt direkt an der Straßenkreuzung zum *Valle di Gurin* mit dem bekannten, deutschsprachigen Walserdorf *Bosco Gurin*.

Eine noch lohnendere Straße führt in das westliche Seitental *Valle di Campo*, an deren Ende liegt auf einer geologisch labil geschichteten Terrasse die Siedlung *Cimalmotto* (vgl. unten).

■ **Einkehren**: Die patinierte Osteria *Centrale* von Margherita Beroggi liegt in Cerentino direkt an der Straße nach Bosco Gurin. Im Halbschatten alter Bäume dösen die Tische auf dem Rasen vor dem Haus, Karte mit überwiegend einfachen Gerichten, am ehesten befriedigen die Standards wie Tessiner Teller etc. Im etwas arg patinierten Inneren ein niederer Gastraum. Einfache Zimmer ohne Dusche. Tel. 0041-91-754.12.62. Von Mai bis Oktober bewirtet. RT: Do.

Valle di Campo

Das (eigentlich die) abgelegene Valle di Campo ist durch das gelbe Postauto noch mit der Welt verbunden. Doch trotz leidlich guter und laufend verbesserter Straße leidet der entlegene Winkel wie andere Tessiner Hintertäler unter Abwanderung: Im 17. Jahrhundert wohnten in den vier Dörfern *Niva, Piano di Campo, Campo* und *Cimalmotto* mehr als 1500 Menschen, heute sind's nur noch gut 50 ständige Bewohner, und dazu meist ältere. Auf 27 ganzjährig bewohnte Häuser kommen 105 Ferienhäuser, in denen Neorurali ihren Träumen vom Bergleben nachgehen, streng nach Ferienplan. Im Sommer kommt noch etwas Wanderbetrieb dazu, außerhalb der Saison ist spürbar Talschluß.

Campo (1 300 m) wirkt trotz Straße wie eines der schöneren, klassischen Bergdörfer im Tessin. Campo liegt zusammen mit *Cimalmotto* (1 409 m) klug plaziert, wie eine sich wärmende Katze, auf einer etwa fünf Quadratkilometer großen, flach geneigten Sonnenterrasse. An die große Zeit des Tals erinnern die stattlichen Häuser der Familien Pedrazzini und Franzoni aus dem 18. Jahrhundert. Die Pedrazzini waren es auch, die zum Bau des Kreuzwegs mit 11 Kapellen angeregt haben, der zwischen 1996 und 2000 renoviert wurde.

Dennoch, die exponierte Lage hat ihre Tücken. Die beiden letzten Dörfer der Valle di Campo rutschen seit gut hundert

Ein Ziel ganz weit hinten – Sonnenterrasse Campo

Jahren langsam aber stetig in Richtung des Flußbettes der Rovana ab. Bereits bei der – landschaftlich überaus attraktiven – Auffahrt ist die Labilität des Geländes an Straßenabbrüchen, Senkungen und Teerverwerfungen zu bemerken. Der Grund, oder besser, einer der Gründe: die sonnige Terrasse ruht auf lockerem Moränenschutt, der, verstärkt durch Wasserdruck, wie eine Gleitschicht auf der tieferen, kompakten, leider aber schrägen Felsschicht liegt.

Dazu kam noch menschlicher Leichtsinn und die übliche Habgier: die Gemeinde Campo verkaufte einst ein Stück Wald im oberen Teil der Alpe di Quadrella an eine Flössereigesellschaft, die dort großflächig abholzte und das Holz dann mit Hilfe drei großer Wasserschwellsperren zügig durchs Tal beförderte. Es ging, solang es ging, aber 1857 kam es zur Katastrophe: bei anhaltendem Regen wurden alle drei Barrieren auf einmal geöffnet und das angestaute Wasser tobte durch die Schlucht. Wie verheerend Hochwasser wirkt und was sonst noch alles erschwerend dazu kam, kann im spannenden Wanderklassiker »Grenzschlängeln« von *Ursu-*

Ristorante Porta in Campo, Valle di Campo

la Bauer und *Jörg Frischknecht* auf Seite 218f nachgelesen werden (vgl. Literaturhinweise).

Fakt ist: bald jedes Haus in Campo zeigt Risse und der „Grund" ist eigentlich kein solcher mehr, denn der Boden verschiebt sich Jahr um Jahr bis zu einem Meter. Es wird sogar daran gedacht, die Rovana teilweise durch Tunnel zu leiten.

Ristorante PORTA – Campo. Die klassische Pension in ansprechender Lage über dem Flußbett der Rovana. Somit ein beliebter ♠ Sonnen-Balkon zur Nachmittags-Rast – Strahlung bis Sonnenuntergang. Man sitzt (in der Nachsaison Mitte September oft ganz alleine) auf der Veranda mit Blick auf Wald, Weide und Wasserfall. Zum Abendessen gibt's, was es gerade gibt und das gut & günstig. Der schönste Balkon im hinteren Valle di Campo. So war es und dem ist bis heute wenig anzufügen. Ein willkommenes Relikt.

Außenposten mit herben Reizen: Osteria Alpina

→ Pensione *Porta*, CH-6684 Campo. 5 einfache Zimmer und Gruppenunterkunft, Etagenbad, Tel. 0041-91-754.12.54. Von April bis Dezember, RT: Mo. **Preise**: günstig.

Osteria Pensione ALPINA – Cimalmotto. Der liebenswert skurrile, kleine Albergo *Alpina* am Ortsrand von Cimalmotto (gleich beim leuchtend gelben Haus der Postautoendstation) lebt wieder auf. Nach längerem Leerstand hat das charmante Haus neue Betreiber gefunden. Die Zimmer und der Gastraum wurden renoviert, serviert wird eine ehrliche, währschafte Küche (Schweinsbraten mit Kartoffelstock, regionaler Käse, fürs Vesper feine Salametti). ♠ Kleine Rasenterrasse hinterm Haus. Immer wieder tröstlich, an so einem entlegenen Platz so menschenwürdig versorgt zu werden. Danke, Osteria Alpina!

→ *Osteria Pensione Alpina* (Riccardo Filiger), CH-6684 Cimalmotto, Tel. 0041-91 754 11 91, www.pensionealpina.ch. 10 einfache, saubere Zimmer. Preise: günstig (Zimmer mit Frühstück 48 Franken).

Alpine Alternativen: Abwarten und Flußbaden

Von Cimalmotto bleibt dem Autor die Erinnerung an einen Vormittag mit unsicherem Wetter und träger, weil komplett übersäuerter Muskulatur. Man saß also vor bösen Winden geschützt an der hinteren Hauswand der Osteria, diskutierte über Höhenmeter, Wegverlauf und Wolken, die Zeit zerrann mit diversen Calandas im seltenen Regionalformat von 0,58 Litern. Irgendwann war dann auch das weitere Tagesprogramm beschlossen: kneippsche Anwendungen in unmittelbarer Flußnähe, kombiniert mit einer intensiven Liegekur.

⚑ **Baden an der oberen Rovana:** herrliche Kies- und Sandbänke laden ein: Cimalmotto auf dem breiten Fahrweg nach Westen verlassen, Richtung Landesgrenze (Mött di Tirman), nach gut 30 min Badechance am Grasufer des *Rio Colobiasca*, nur wenig flußaufwärts der markanten Hängebrücke.

Alpine Wanderung: Cimalmotto – Bosco Gurin

Zwischen Cimalmotto und Bosco Gurin gibt es verschiedene, lohnende Wanderrouten. Der bekanntere und gut markierte alpine Weg verläuft im Westen des Grosshornes und führt über *Alpe* und *Passo Quadrella* (2 137 m) nach *Bosco Gurin*. Aber auch östlich Grosshorn und Pizzo Bombögn (2 330 m) gibt es eine weniger begangene Alternative (ebenfalls markiert): der Pfad über den Sattel bei *Pian Crösc* (Paß auf 1966 m).

➲ **Wegverlauf:** Beginn kurz nach der Kirche von *Cimalmotto* (1405 m), auf einem zunächst noch geteerten Sträßchen über blumenreiche, mit Heustadeln gespickte Matten zu den Hütten von *Cava* (1 483 m). Weiter durch Lärchenwald ansteigend hinauf zur Lichtung bei der *Alpe Quadrella* (1 791 m).
Der Weg wird nun schmal und steigt durch Wald und Buschgelände, zuletzt offen auf den höchsten Punkt der Wanderung, den *Passo*

Quadrella (2 137 m). Hier nach Nordosten abbiegen (rot-weiß-rote Markierung). Unterhalb des Kleinhorngipfels und einer langgezogenen Felsstufe auf einem breiten Grasband, weiter absteigen durch eine mit Alpenrosen bewachsene Runse, den Bach querend wird ein hochgelegener Talkessel erreicht, *Chumma* (1 855 m). Weiter steil und im Zickzack bergab bis zum schäumenden Wasserfall im Talgrund der Rovana (auf ca. 1 600 m). Durch lockere Waldpartien und über zwei Seitenbäche weiter bergab nach *Schwarzenbrunnen* (1 537 m). Ab hier wird's eben. Ein geteertes Sträßchen führt an der Rovana entlang. Der Weg endet bei den markanten langen Ställen (gebaut 1 925 als Lawinenschutz) am westlichen Dorfende von Bosco Gurin.

– **Wanderzeit** etwa 4 h (Cimalmotto-Passo di Quadrella 2 h, Passo-Bosco Gurin ½ h (Abstiegsvariante über Grossalp 1 h mehr). Rückfahrt mit Bus nach Cerentino/Cimalmotto bei entsprechender Planung möglich.

Oberes Maggiatal – Gasthäuser mit Aussicht

Val Lavizzara – Der Talname kommt von „Lavezstein", der früher im Seitental bei *Peccia*, gebrochen wurde. Wegen seiner Verarbeitung zu Geschirr, Öfen und Becken hieß er auch Topfstein *(pietra olare)*. Heute gibt es dieses Gewerbe nicht mehr; zwischen Peccia und Ponte Brolla am Talausgang sind aber noch gut ein halbes Dutzend Firmen in Betrieb, die jenen typischen Gneis brechen, der unter Laien „Maggiagranit" heißt. Bis vor wenigen Jahren wurde in **Peccia** an einer Flanke des Pizzo Castello in einem Steinbruch der *Cristallina SA* zudem noch schöner grauweißer Marmor gebrochen.

- Gegenüber den Marmorwerken liegt die bekannte **Bildhauerschule** des Ehepaares *Naef*. Es werden Kurse für Anfänger und Fortgeschrittene angeboten, außerdem Lehrgänge für Fachleute: www.scultura.ch.

Peccia: *Grotto Pozzasc* (sprich: Pozzasch = großer Teich). Sehr schön gelegener Grotto in einer ehemaligen Mühle.

Pilgerziel mit Glasdach – Botta-Kirche in Mogno

Man sitzt an ♠ Granittischen direkt am Bach und hat die Wahl zwischen mehreren Tessiner Spezialitäten (Käse aus dem Tal, hausgemachte Wurstwaren, Mortadella etc.). Franco Foresti kocht im Sommer viele große Kupfertöpfe mit original Polenta (Griesmischung aus drei Maissorten) mit spezzatino (Kalbsragout)/hausgemachten Würsten/Mortadella/Almkäse.

→ *Grotto Pozzasc* (Plinia und Fernando Foresti), CH-6695 Peccia (das Maggiatal hinauf bis Peccia, dann zum Steinbruch und Fluß hinunter). Tel. 0041-91-755.16.04. Je nach Schneelage April bis Okt., RT: Mo. **Faire Preise**.

Mogno unterhalb von Fusio war eine kleine unauffällige Bergsiedlung, bis am 25. April 1986 eine Schneelawine einige Häuser und die kleine 350 Jahre alte Kirche von Mogno zerstörte. Der weltweit bekannte Tessiner Architekt *Mario Botta* aus Lugano wurde beauftragt, die Kirche *San Giovanni Battista* neu und lawinensicher zu bauen. Längst ist daraus ein Pilgerziel von Architektur- und Sightseeinginteressierten

Steil über der Maggia: Fusio

– was einigen Talbewohnern weniger gefällt – die Einwohner wollten eigentlich nur eine Kirche. Verständlich, aber der Besuch lohnt sich: allein schon wegen der wechselnden Fassadenschichten aus dem hellen Peccia-Marmor und dunkelgrauen Vallemaggiagranit, der ja eigentlich Gneis ist. Die Kirche erhielt die Form eines schräg geschnittenen Zylinders mit einem Dach aus Glas. (Parkplätze für Botta-Touristen direkt an der Kurve.)

Fusio (1 278 m, 60 Ew.). Das nördlichste und oberste Dorf im Val Lavizzara, unterhalb des riesigen Sambuco-Staudamms. Zur Saison ein beliebtes Ziel von Fahrrad-, Motorrad-, Oldtimerfahrern, auch Wanderern. Der 1956 fertiggestellte Damm dient nicht nur der Elektrizitätsgewinnung, sondern auch der Flußregulierung. Der Sambuco-Stausee auf 1 460 m Höhe ist die oberste Staustufe des Maggiatal-Kraftwerksystems, zugleich ein Bau, der für die sichere Besiedlung des gesamten Tales entscheidend war. Fusio liegt an einem

Steilhang, wie über die Maggia geheftet. Lebensmittelladen, Endstation des Postautos. Ab 18 Uhr sind die Tagestouristen dann wieder im Tal und plötzlich herrscht Ruhe.

Antica Osteria DAZIO** – Fusio. Das alte Gasthaus in der Ortsmitte von Fusio wurde völlig entkernt und geschmackvoll renoviert. Hinter der eher bescheidenen Eingangstür führen Steinstufen in den hohen Gastsaal mit einem moderner Tresen. Begehrt sind Sitzplätze auf der ♠ Terrasse, wegen langer Abendsonne und weitem Blick auf die Bergkette nach Süden. Der Fleck vor der Antica Osteria Dazio zählt zu den Gunstorten im Tal, deshalb kann es schon passieren, daß die freie Terrassenplätze allesamt reserviert sind. Ausgezeichnete Pasta- und im Herbst Wildgerichte, gute Versperplatte mit Alpkäse aus der Region.

→ *Antica Osteria Dazio* (Fam. Claudio Sollberger), CH-6696 Fusio, 7 Zimmer mit und ohne Dusche/WC, auch Massenlager. Frühzeitige Reservierung ist immer geboten: Tel. 0041-91-755.11.62, Fax: 755.16.62, www.hats.ch, von März bis im November täglich von 10.00 bis 22.00 geöffnet. RT: Do. **Preise:** mittel.

Albergo PINETA – Fusio. Gleich am unteren Ortseingang, in Alleinlage rechts oben am Hang, das zweite Gasthaus am Ort. ♠ Mit großer Gartenterrasse, sogar Tische mit Plastik-Windschutz – allerdings verschwindet die Sonne hier früher als in der Antica Osteria oben im Ort.

→ Albergo *Pineta* (Sergio De Giambattista), CH-6696 Fusio. 10 Zimmer. Tel. 0041-91-755.16.16, Fax 0041-91-755.16.18. März bis Oktober. **Preise:** mittel.

Centovalli

Ein V-Tal mit mächtig steilen Flanken, wieder und wieder erstaunt hier ein extrem gefaltetes Bergland, mit tief gekerbten Nebenflüssen, steilen Seitentälern, Einschnitten und wilden Kehren. Das Quertal, das Locarno mit Domodossola in Italien verbindet, heißt auf Tessiner Seite *Centovalli*, auf piemonteser Boden dann *Valle Vigezzo*. Centovalli-Bewohner sagen, es seien genau genommen nicht nur Cento, sondern einhundertachtundsiebzig Täler!

Früher waren weite Bereiche des Centovalli-Haupttals durch einige heikle Schluchtpassagen und die unberechenbaren Fluten der wasserreichen, tief eingegrabenen Melezza öfter unpassierbar. Die Wege von Dorf zu Dorf führten nur selten durch den Talgrund, sondern meist weit oben an den Talflanken entlang. Erst 1918 konnte die Pferdepost eingeführt werden, der Platz für die heutige Bahn- und Autotrasse war nur mit einer geballten Ladung Dynamit zu bekommen. Die Eisenbahnlinie zwischen Locarno und Domodossola wurde Anfang des Jahrhunderts gebaut, 83 Brücken, 31 Tunnel, gut 600 Höhenmeter, die kühn angelegte Spur bietet tausend Blicke und bequemen Rücktransport für Wanderer (vgl. auch unten). Im Rahmen einer vom Kanton Tessin aufgelegten Arbeitsbeschaffung wurden später auch die alten Saumwege wieder hergerichtet – ohne die wären für die Freizeitwanderer von heute die tief eingeschnittenen Seitentäler nicht passierbar (ein weniger begangener Teil dieser großartigen Wanderwege ist mittlerweile aber leider nahe am Verfall).

Dennoch, aus einem unwegsamen, riskanten Tal wurde ein Lieblingsziel für Genußwanderer, Ferienhäusler und Teilzeitnaturburschen. Locarnonah, die Talorte mit einer spektakulären Schmalspurbahn verbunden, wobei schon die erste Höhenterrasse auf 600 bis 800 Meter wunderbare Blicke und Berggefühl bietet.

➲ **Ideale Ausgangspunkte für Wanderungen:** Die beiden Bergdörfer *Pila/Costa* und *Rasa*. Sie sind ausschließlich mit einer kleinen Seilbahn (von Intragna bzw. Stazione Verdasio aus) zugänglich und ersparen gut 400 Höhenmeter Aufstieg.

Centovalli-Bahn

Die einzige Tessiner Regionalbahn, die geblieben ist. Die alte Bahn ins Misox (St. Bernhard) ist längst eingestellt, ebenso ein Ableger der Centovalli-Linie, die Bahn ins Maggia-Tal, die von 1907 bis 1965 in Betrieb war. Die Gesellschaft *Ferrovie Augolinee Regional Ticinese (Fart)* weiß um die touristische Attraktivität der Linie und unternimmt große Anstrengungen, sie zu erhalten.

Die Centovalli-Linie (auf 1000 mm Spur) startet unterirdisch vom futuristischen Bahnhof in Locarno und kommt erst nach zwei Kilometern ans Tageslicht. Die gut 50 km lange Fahrt von Locarno nach Domodossola dauert ca. 2 h.

Ab und zu finden sich unter den eher freizeitorientierten Fahrgästen auch ordentliche Anzugträger mit Geschäftsköfferchen. Via Bern – Lötschberg – Simplon ist die Centovalli-Bahn bis heute die kürzeste Verbindung zwischen Nord/West- und Südschweiz.

→ **Ausflug nach Italien:** Mit der Centovalli-Bahn bis nach *Santa Maria Maggiore* (830 m), Hauptort der italienischen Valle Vigezzo, weniger wild, aber touristisch stärker erschlossen als die Centovalli. Einkehr im Ristorante Miramonti (Piazzale Diaz, RT: Mo).

→ **Fahrplanauskunft** und Reservation für die Centovalli-Bahn: Viaggi Fart SA, Piazza Grande 18, CH-6601 Locarno. Tel. 0041-91-751.87.31, Fax 751.40.77 oder Bahnhof Locarno.

Tisch und Bett im Centovalli

Das Centovalli ist eine beliebte Wandergegend. Allerdings hält die gastronomische Infrastruktur – zumindest bei Hotels – mit der landschaftlichen Attraktivität der Region nicht eben mit. Wirklich solide Adressen mit einiger Kapazität sind rar und bereits in der Vorsaison kann es passieren, daß im Tal kein Zimmer mehr zu haben ist. Reservierung empfiehlt sich deshalb auf jeden Fall. Dank der Centovalli-Bahn ist es aber problemlos möglich, am Abend jeder Tour wieder nach Golino, Intragna, Ponte Brolla oder sogar nach Locarno zurückzukehren.

Ristorante CENTOVALLI – Ponte Brolla. Ein Klassiker in neuem Glanz. Direkt an der Centovalli-Bahnlinie, etwas erhöht über der Straße gelegen, das neu hergerichtete Hotel-Restaurant. Mit seiner stilvollen rosaroten Fassade, mit den französischen Balkonfenstern und den schmucken Simsen, die von Palmen beschattet werden, ist das Haus schon von außen ein Genuß. Auch innen werden die Sinne bedient: schöner Speisesaal, großer Garten. Eine Gastro-Zeitung

Klassiker: Ristorante Centovalli, Ponte Brolla

schrieb dazu: „Eine absolute Goldgrube mit dem Dauer-
brenner Rindsfilet mit Risotto und sehr gutes Tiramisu."
Kollektive Führung, kleine Auswahl, ausgezeichnete, frische
Produkte, darunter gutes (Gorgonzola-)Risotto, Rinds- oder
Lammfilet und hausgemachte Ravioli. Nach Lage und Charakter eher ein gepflegt, munteres Restaurant mit Herberge
als ein heimelig-stilles Berggasthaus. Schattige Terrasse,
sympathische Wirtsleute.

→ Albergo/Rist. *Centovalli* (Geschwister Silvia und Renato Gobbi),
CH-6652 Ponte Brolla/Tegna. 9 sehr schöne Doppelzimmer. Reservierung notwendig: Tel. 0041-91-796.14.44, Fax: 796.31.59, www.
centovalli.com. März bis Dez., RT: Mo, Di. **Preise**: mittel-gehoben.

CASA GIALLA – Tegna. Vier komfortable Zimmer in einer stilvoll renovierten Villa aus dem 19. Jahrhundert – mit
seiner Vorderseite schaut das gelbe Haus zwar direkt auf
die kräftig befahrene Ortsdurchfahrt, hinten raus und im
Garten wird es aber gleich ruhiger und lauschiger. Dicke
Mauern, gediegene Ausstattung und eine engagierte Gast-
geberin sorgen für eine gepflegte Pensionsatmosphäre, die

77

Gepflegte Pensionsatmosphäre: Casa Gialla, Tegna

von der frischen Küche passend begleitet wird – serviert in einem klassischen Tessiner Speiseraum. Eine Adresse mit persönlicher Handschrift.

→ *Casa Gialla* (Paola Orler), CH-6652 Tegna, Tel. 0041-091.780.74.04, www.casa-gialla.ch. **Preise**: gehoben.

AL PONTE DEI CAVALLI – Cavigliano. Markante Lage in einer alten Mühle direkt an der hohen Pferdebrücke, die über den Isorno führt. Nicht weit unterhalb der aufgeregten Hauptstrecke ins Centovalli wartet ein gastronomisches Kleinod. Man fühlt sich bei Verena Früh gleich aufgehoben wie bei einer guten Freundin, nur kann die oft nicht so gut kochen wie Verena. Etwa Bouillon mit Raviolini, Siedfleischcarpaccio mit Bratkartoffeln oder Gnocchi mit Salbeibutter. Eigentlich könnte man die kleine Speisekarte (so zwei Vorspeisen und zwei Hauptgänge) rauf und runter bestellen. Fehlender Appetit kommt garantiert beim Essen – Verena meint, allein die Tessiner Luft sorgt dafür. Wir meinen, es liegt an ihrer leichten und frischen Küche. Wem die Luft

Einfrau-Küche: Ponte dei Cavalli in Cavigliano

allein nicht reicht, kann ja vorher noch ein paar Steine in der Maggia sammeln. Auch die Desserts sind besonders: „crostata di pasta frolla alle fragole", Mürbteigkuchen mit Erdbeerkonfi – nur zum Beispiel. Da in der Einfrau-Küche alles nacheinander mit Hand und Liebe gemacht wird, kann es auch mal etwas länger dauern. Eine reizvolle Etappe, fast zu schade als stopover. ♠ Wenige Tische im Freien beidseits der Straße.

→ *Al Ponte dei Cavalli* (Verena Früh), CH-6654 Cavigliano. 11-14.30 Uhr/17.30-22 Uhr, RT: Di, Mi; Sa erst ab 17 Uhr. Tel./Fax: 0041-91-796.27.05. **Preise**: mittel.

Hotel-Garni CÀ'VEGIA*** – Golino.

Gediegener Landgasthof im alten Patrizierhaus am kopfsteingepflasterten idyllischen Hauptplatz, mit freskengeschmückten vierhundertjährigen Mauern. Antiquitäten und moderner Komfort. ♠ Idyllischer Innenhof und Liegewiese.

→ *Cà Vegia* (Fam. Fusetti), CH-6656 Intragna-Golino, www.hotel-cavegia.ch Tel. 0041-91-796.12.67. März bis Oktober. 12 gemütliche Zimmer, davon 2 Suiten. Keine Haustiere. **Preise**: mittel.

Intragna

Zur erhöhten Pförtnerposition am Eingang des Centovalli paßt der Campanile, mit 65,75 m Höhe der höchste Turm im Tessin. Intragna ist also Eingang ins Tal und Loge über dem Pedemonte zugleich, auch Talstation der kleinen Seilbahn nach *Pila-Costa* (von 342 auf 836 m).

> „Die Piazza von Intragna sucht in den alten Städten Italiens ihresgleichen. Der Platz begnügt sich wie die Gassen mit einfachem Kieselpflaster, in das aber allerhand Figuren eingelegt sind, damit auch hier eine der schönsten Künste der Italiener, das Mosaik, vertreten sei. Das Pflaster ist mit Gras überwuchert, der Patina alter Städte… An der Piazza von Intragna kann man stundenlang sitzen, alter Zeiten gedenkend, den Frieden des Ortes genießen."

Das ist schon etwas her, ADOLF SCHULTEN beschrieb die Idylle 1922 – aber es gilt noch immer: Intragna ist ein Schmuckstück, seine Piazza einmalig. Allerdings im Sommer auch ein beliebtes Ziel. Lang sitzen ja, aber Ruhe suchen – dafür gibt es geeignetere Orte im Tessin.

→ *Funivia Intragna-Costa*, eine fast das ganze Jahr verkehrende Seilbahn. Info: Tel. 0041-91.751.87.31.

DA AGNESE / STAZIONE*** – Intragna. Das etwas andere Bahnhofsrestaurant am Anfang des Centovalli – in der Komfortklasse seit Jahren ein weit bekannter Tip! Nach vorne zunächst nur ein paar Terrassentische wenige Meter von den (wenig befahrenen) Gleisen der Centovalli-Bahn. Zur ruhigen Talseite mit Blick über das Pedemonte dann ein gepflegter Speiseraum und eine ♠ splendide Terrasse, auch die sehr komfortablen Zimmer gehen zur sonnigen Talseite. Chefin und Wirtin Agnese Broggini managt das noble Nest mit Elan und klarem Blick für die Möglichkeiten fortgeschrittener Luxusvermarktung. Die Küche in der Mousse- und Trüffelschaumklasse, sowie das avancierte Weinangebot

Luxus am Bahnsteig – „Da Agnese", Intragna

passen dazu. Die Zimmer – teils mit üppigen Bädern – sind unterschiedlich, je nach Lage im Haupthaus Stazione, im Landhaus Capricio oder in der Casa Ticinella. Bei Appetit auf fein auspolierten Tessiner Landhausluxus.

→ Hotel-Ristorante *Stazione* (Agnese und Adriana Broggini), CH-6655 Intragna, Tel. 0041-91-796.12.12, www.daagnese.ch. März bis November geöffnet. RT (nur im März und Nov.): Mo, Di. **Preise**: hoch.

■ *Rist. Del Campanile**. Sympathisches Gasthaus mit fünf einfachen Zimmern (Etagenbad). März bis Dezember geöffnet. CH-6655 Intragna, Tel. 0041-91-796.18.97. **Preise**: günstig.

■ **Einkaufen**: Macelleria/Salumeria *Frat. Freddi* (am Ortseingang). Traditioneller Familienbetrieb von *Nicola* und *Fabio Freddi*, die eigene Wurstwaren nach alten tessiner Rezepten herstellen (Luganighette, Luganighe, Salametti, ausgezeichnete Mortadella und die berühmte „violino", eine violinenförmige Wurst aus Gemsen- oder Ziegenfleisch).

Aus der Welt Fleck – Verdasio

Verdasio. Aus-der-Welt-Fleck: ein kurviges Sträßchen führt – erst seit 1963 – auf der Sonnenseite den Berg hinauf bis unterhalb vom schmucken, autofreien Dorf in 1a Hanglage: Prachtvolle Palazzi, Kirche mit stattlichem Glockenturm und auffallend gepflegte Gärten, selbst Feigenbäume gedeihen hier oben – der Blick vom Kirchplatz reicht nach Italien. Auf dem Parkplatz unterhalb Verdasio steht auch mal ein älterer Jaguar, der länger parkiert wird. Zur Saison reicht der Parkplatz allerdings längst nicht aus – dann bleibt eigentlich nur die Alternative Wandern und Centovallibahnfahren!

– Rist. *Al Pentolino* (Daniele und Doris Blum), der „kleine Kochtopf" liegt mitten im Dorf oberhalb der Kirche. Mittags einfache Gerichte, oder Salametti mit Alpkäse auf Granitstein; abends werden aufwendige 4- und 5 Gänger geboten. Kleiner Gastraum für ca. 20 Gäste und ♠ schattiger Garten unter der Pergola. CH-6655 Verdasio, Tel. 0041-91-780 81 00, www.alpentolino.ch, kein RT. Januar bis Mitte Mai geschl. **Preise**: mittel.

Auf der anderen Talseite: *Rasa* (900 m) erhielt statt der Straße eine Seilbahn (aus dem Tal ab Stazione Verdasio); es ist eines der letzten Tessiner Dörfer ohne direkte Autozufahrt.

Valli, Wald und Wasser – an der Staumauer bei Palagnedra

➲ Von Rasa, oder dem mit schmaler Straße und einer Osteria/Pensione erschlossenen Bergdorf *Bordei* (726 m, vgl. unten), Aufstieg über *Termine* zum Pizzo Leone (1659 m) möglich. Der steile Weg führt über weite Strecken durch Wälder, erst im Gipfelbereich freies Gelände .

Nach Palagnedra: Noch vor der Osteria Grütli (s.u.) in Càmedo zweigt von der Centovalli-Talstraße in spitzer Kehre ein Sträßchen ab, das zunächst ein paar Meter zum Stausee hinunterführt. An Sonnentagen erfreut der Seespiegel mit einem satten Dunkelgrünblau. Das weit ins Tal reichende Ausgleichsbecken der Maggia-Kraftwerke geriet 1978 in eine kritische Situation, als die Widerlager der Staumauer durch extreme Regenfälle beschädigt wurden.

Der kleine Grenzort **Càmedo** gilt als der niederschlagsreichste Ort in der ganzen Schweiz (2255 mm im Jahresmittel, am 7. August 1978 wurde hier ein Rekordniederschlag von 318 Liter je Quadratmeter gemessen). Auslöser solcher Starkregen ist der Stau feuchter Luftmassen durch die Gridone-Gruppe. Das Hochwasser riß damals Straßenbrücken mit, die einge-

Bei Palagnedra: Terrain für ambitionierte Touren

schlossene Bevölkerung und Feriengäste wurden über eine Luftbrücke versorgt. Solche Extremniederschläge sind in der Region nicht ganz ungewöhnlich. Der Ribo im Vergelettotal, in Trockenzeiten ein braves Wässerlein, stieg schon auf 20 Meter an. Baumstämme drückten die Eingangsgitter der Druckstollen im Stausee bei Palagnedra ein, kleine Hölzer rutschen durch und setzen die Turbinen der Zentrale Verbano (zwischen Ascona und Brissago) außer Betrieb.

Nach der Staumauer führt die schmale Straße in zahlreichen Haarnadelkurven weiter aufwärts, durch Kastanien- und Laubwälder bis zur nächsten Höhenstufe: Die *Wiesenterrassen* um das 120-Einwohner Dorf **Palagnedra** erscheinen nach dem jähen Anstieg zunächst überraschend flach, sie beginnen am Nordabhang der Corona dei Pinci auf gut 650 Meter Höhe. Schon an der Auffahrt nach Palagnedra, im lichten Wald über dem Stausee gelegen, der *Grotto ai Serti*, nach Anmutung und Angebot allerdings keine Romantikinsel, sondern ein eher sec gehaltener Grotto, weniger Ziel mehr Zwischenhalt. Weitere Einkehrmöglichkeit

Stein, Weg, Berg: in Bordei

(zumindest in der Saison) in Palagnedra, schöner Dorfplatz um die Pfarrkirche San Michele, auffallend die dekorativen Malereien an den historischen Hausfassaden. Reizende Aus-der-Welt Stimmung keine Autoviertelstunde vom Talbetrieb entfernt.

Bordei – Nach Palagnedra wird die schmale Straße rüber nach Bordei deutlich schlechter. Die Trasse führt zunächst hart am Fels des engen Val de Boschetto lang, dann in einen steilen Tobel mit zwei Wildbächen hinab, später wieder steil aufwärts zum Gemeindeparkplatz unmittelbar unterhalb von Bordei (die Parkfläche wurde unlängst vergrößert, den Wagen hier abstellen – Autos sind in den engen Gassen von Bordei weder erwünscht noch dienlich).

Der paar-Häuser-Weiler Bordei liegt auf einer ansprechenden Terrasse in gut 700 Metern Höhe am Fuße des 2 180 m hohen *Gridone*, dessen Gipfel zugleich die Grenze zu Italien markiert. Die alten Steinhäuser Bordeis waren vor 30, 40 Jahren nahezu entvölkert, seit zwei Jahrzehnten kümmert sich die therapeutisch motivierte *Terra Vecchia*-Gemeinschaft um so reizvolle wie gefährdete historische Bausubstanz von Bordei. In die Vereinigung (mit zahlreichen Mitgliedern aus Bern) werden deviante Jugendliche aufgenommen, das Konzept: sinnvolle, auch harte körperliche Arbeit in der Gemeinschaft, statt Drogen und Wohlstandverwahrlosung.

Nach und nach konnten die Häuser Bordeis erneuert werden; der in der Gegend vorkommende, schimmernde Gneis wird dabei vor allem für die wundervollen Steindächer verwendet, Holz stammt von Kastanien aus den umliegenden Wäldern. Auch die Kirche und die Osteria (vgl. unten) sind wieder in bemerkenswert gutem Zustand, ein stilles Kleinod ganz zuhinterst im Centovalli.

Ein älterer Tessiner Bauunternehmer erklärte uns die neuen sozialen Verhältnisse in Bordei allerdings pragmatisch verdichtet: „Da oben viele reiche Leut' – und Kinder mit viele Probleme. Überall so, wo viel Geld."

Osteria BORDEI – Bordei. Ein Logenplatz am Dorfeingang. Das mit einigem Aufwand und Geschmack renovierte Steingebäude stammt im ältesten Teil aus dem 16. Jahrhundert, wovon heute allerdings nicht mehr viel zu sehen ist. Im ersten Stock die schlicht-modern eingerichteten Zimmer (Holzdecken, fl. Wasser, Etagendusche), unten eine gemütliche Gaststube mit Kamin, einigen alten Möbeln, sowie ein Saal für kleinere Gruppen. Davor im Schatten des Walnußbaumes die eigentliche Attraktion: eine Terrasse mit verträumter Laubenstimmung. Lage und Ambiente somit hervorragend, die einfachen Speisen bleiben eher auf Alltagsniveau. ♠ Aber der Platz hat was, wozu besonders die entrückte Sommerterrasse zählt; die kommode und preiswerte Übernachtungsmöglichkeit in den freundlich möblierten 6 Doppelzimmern und 2 Einzelzimmern dürfte ins-

Osteria Grütli, Camedo

besondere für Tourengänger interessant sein. In der Summe ein reizvoller Außenposten.

→ *Osteria Bordei,* Bordei, Tel. 0041-91-780.80.05, Fax: 798.12.35, www.bordei.ch. **Preise**: im Restaurant mittel; Zimmer: preiswert.

➲ **Wanderung ab Palagnedra und Bordei:** Wie des öfteren in entlegenen Regionen der Südalpen sind auch hier die Wandermarkierungen (auch die Eintragungen in den sonst zuverlässigen Schweizer Landeskarten) mit Vorsicht zu genießen, man entscheide also stets nach Augenschein vor Ort, jedenfalls sind nicht alle eingetragenen Routen gangbar, manche Wege unterbrochen oder am Zuwachsen. Somit eine reizvolle, aber keine perfekt erschlossene Wanderregion.

Osteria GRÜTLI – Càmedo.

Von der „Juraweid" im Aargau hat es die sympathischen Wirtsleut Christine Berer und Hans Gloor nach Càmedo verschlagen, ins letzte Centovalli-Dorf vor dem Zoll – 30 km sind's von hier noch nach Domodossola. Einfacher Gastraum, über der Straße eine Sommerterrasse mit lauschiger Pergola, übernachten geht auch.

→ *Osteria Grütli* (Christine Berger und Hans Gloor), CH-6659 Camedo, Tel. 0041-91.798.17.77, www.osteria-gruetli.ch. 4 gemütliche alte Zimmer, alle mit Dusche und WC. RT: Di und Mi. ♠ Pergolaterrasse. **Preise**: günstig.

30 Kilometer unkorrekter Kurvenspaß – Valle Onsernone

Valle Onsernone

Die mit Zweitjeeps gut versorgten Insassen unserer verkehrsberuhigten Wohnviertel finden in Tessiner Tälern ein weites Feld. Serpentinen kurbeln, Baden im Bergbach, Treppenpfade steigen bis zur Leistungsgrenze, Rasten auf sonnegewärmten Steinplatten. Die verkehrsberuhigte Zone 30 mag eine Kulturleistung sein, um mal so richtig den Menschen rauszulassen, taugt Schrittgeschwindigkeit vielleicht doch nicht so recht. Im Valle Onsernone, dem wilden Bruder vom Centovalli – wo Zelten verboten und Großhotels unerwünscht sind – sorgt schon die verwegene Trassenführung für angemessene Geschwindigkeit – die Onsernonestraße wurde 1852 erbaut und sie ist bis heute eine Herausforderung: ab Cavigliano droht und lockt 30 Kilometer unkorrekter Fahr- und Kurvenspaß.

Die Dörfer an der Sonnenflanke heißen *Loco*, *Mosogno* und *Russo*, aber eigentlich sind das keine Dörfer, sondern hängende Balkone: Nach einem langem Winterschlaf blühen

Klassische Haltestelle – Osteria della Posta, Russo

die Siedlungen im kurzen, heftigen Bergsommer auf und das ist jetzt durchaus wörtlich gemeint. Falls Sie je das Glück haben, an einem hellen Junitag hierherzukommen – man wird schier trunken vor Farbe und Intensität. Selbst die Naturstein-Stützmauern werden zu Steingärten, die sacksteilen Wanderwege sind hart aber gerecht, das Wasser staubt in gewaltigen Kaskaden zu Tal, unten im Flußbett Granitwannen mit türkisblau schimmerndem Wasser. Schon auf der Anfahrt nach jeder Kurve ein neues Kapitel, mal dunkle Klamm, mal Pergolaheiterkeit.

Wie geschildert, die Straße, großartig längs der Sonnenseite des Onsernone Tal verlaufend, sorgt durch naturgegebene Schikane, respektive Schönheit für angemessene Geschwindigkeit. Mal steil, mal eng, aber nie langweilig, immer wieder Haltestellen in den Dörfern hoch über dem Isorno. Unter vielem anderen, etwa auf halbem Weg, die schöne, alte Häusergruppe von **Russo**, mittendrin die *Osteria della Posta*, hier unter den Säulenarkaden und bereits die erste interessante Unterkunft:

– Garni *Leila* (Leila Betrisey), in guter Position im Tal gelegen, eine preiswerte und angenehme Pension, die von mehreren Lesern gelobt wurde. CH-6662 **Russo**, Tel. 0041-79-239.03.56, Fax 0041-91-730.94.35, leila.b@bluemail.ch. 7 Zimmer, **Preise**: mittel (Doppel um 110 SFr). März bis Nov.

→ Kurz hinter Loco gleich am Anfang von **Berzona** die Bio-Bäckerei-Konditorei *Philipona*. Alain Philipona versorgt eine weit verstreute Kundschaft mit Brot, Backwaren und Patisserie in bester Tessiner Tradition. „Hefe in Würfelform, wie man sie heute verwendet, gibt es erst seit 40, 50 Jahren. Früher wurde Brot so wie bei uns gebacken, mit Sauerteig. Wir arbeiten so, weil mit dieser Methode unsere Produkte länger frisch bleiben – ohne chemische Zusätze. Wir sind im ganzen Tessin vielleicht noch 30, 40 Bäcker-Konditoren, die Panettone und Ostertauben, aber auch Brot noch auf diese Weise backen. Das ist der Sauerteig, die „pasta madre". CH-6661 Berzona, in Salei (Parken in der großen Kurve und den schmalen Weg hochgehen), Tel. 0041-91-797.19.29.

Der Weg hinauf ins extreme V-Tal war natürlich nicht immer so leicht wie heute: Für die im Tal lebenden Strohflechter (vgl. weiter unten) war der beschwerliche Saumpfad von Loco über Pila nach Intragna bis lange ins 18. Jahrhundert der einzige Weg aus dem Onsernone Tal in die Welt. So wäre man wohl noch eine Zeit lange gelaufen, wenn die wohlhabende Familie Redonda nicht einen besseren Weg aus dem Pedemonte auf der Ostseite des Tals rauf nach Auressio finanziert hätte. Obwohl auch der zunächst nicht befahrbar war, mußten die Redonda tief in den Beutel greifen, der von Tuchgeschäften in Frankreich freilich gut gefüllt war. Als Hauptsponsor ist ein Remonda aus Comologno überliefert. Der „Remonda della Barca" soll mit dem Handel von Bergungsrechten gesunkener Schiffe zu Geld gekommen sein. Neben ihm ließen noch andere Auswanderer erstaunlich großbürgerliche Palazzi ins enge Tal setzen, sie hatten die Welt gesehen, ihr Tal aber nicht vergessen.

Unterarmkühler: Comologno, vor der Osteria Palazign

Erst 1849 verbindet der Kanton die wie Schwalbennester am Berg klebenden Dörfer bis nach Comologno mit einem Fahrsträsschen, um 1890 wurde dann noch das oberste Dorf Spruga angehängt. Und hier fühlt man sich bis heute am Ende der Straße und der Schweiz. Von Spruga führt aber noch ein Waldsträßchen (nicht für Kfz offen) zu den *Bagni di Craveggia*. Nach einem Lawinenabgang 1951 eine lange Jahre halbverfallene Thermalstation, unmittelbar an der Grenze (aber bereits auf italienischem Boden gelegen). Die Reste der Thermalbäder dort sind seit einigen Jahren wieder gesichert und zugänglich (vgl. unten). Bis heute bleibt die Trasse durchs Valle Onsernone mehr Kunststück als Straße, laufend verbessert und verbreitert, geflickt und aufwendig unterhalten.

Comologno – Weit, sehr weit hinten im Tal der Granitstein-Weiler Comologno mit gut 100 ständigen Einwohnern auf 1 085 Metern. Das zweitoberste Dorf im Tal überrascht mit durchaus stattlichen Bürgerhäusern und gleich mehreren Palazzi. Die konnten auch zur Blütezeit der Strohverarbeitung im Valle Onsernone nicht allein durch Flechtarbeiten finanziert werden. Auf kleinen Äckern angepflanzt, wurde der Roggen – noch nicht ganz reif, aber dafür weich und geschmeidig – geerntet und auf charakteristischen Holzlauben, den *Lobbien*, zum Trocknen aufgehängt. Frauen, Kinder und Greise flochten kilometerlange Strohzöpfe, aus denen Hüte, Taschen und Körbe wurden. Als die Manufakturware durch englische Konkurrenz verdrängt wurde, mußten viele Familien auswandern. Ein Bruchteil schaffte es vom Stroh-flechter zum Geschäftsmann. Nach Hause zurückgekehrt, entstanden dann jene Ruhesitze und Repräsentationsbauten im Tal, deren Architektur mit der eigentlichen landwirtschaftlichen Basis wenig gemein hat. Aber auch das ist ja typisch Schweiz: Palazzo neben Kuhstall.

Emblematisch für die großbürgerliche Komponente in Comolognos Geschichte ist der *Palazzo della Barca*. Der Palast in Bestlage oberhalb der Kirche kann zudem mit bekannten Namen aus der jüngeren Geistesgeschichte aufwarten. Die Erbauer kamen – wie andere aus dem Tal – mit Spekulationen auf überfällige Schiffe zu Geld, ein Remonda wanderte im 18. Jahrhundert nach Frankreich aus und hatte Glück, seine Schiffswette ging auf, das gewonnene Kapital vermehrte er daraufhin im Seidenhandel. Bald war genug zusammen, um in der Heimat einen repräsentativen Alterssitz zu bauen, den Palazzo della Barca, kurz *Barca* genannt. Mit dem Geld erfolgreicher Auswanderer entstanden weitere Palazzi im Ort, darunter auch der *Palazzo Gamboni* neben der Barca (heute ein kleines Hotel, vgl. unten), ebenfalls im 18. Jahrhundert erbaut.

Comologno, August 1897

Im Jahr 1929 wurde die Barca von dem russischen Juden WLADIMIR ROSENBAUM, einem Staranwalt aus Zürich, und seiner großbürgerlichen Frau, der Dichterin ALINE VALANGIN (1889-1985), erworben. Das unkonventionell orientierte Paar führte nicht nur in Zürich, sondern auch hier, an einem stilleren Ende der Welt, ein offenes Haus. Für Künstler, Literaten und Bewegte war der entlegen-markante Ort, während der 30er Jahre Bühne, Sanatorium und Exil zugleich. Die geistige Welt Zürichs traf sich in der Barca, inklusive der in diesen Kreisen standesgemäßen Irrungen und Wirrungen. Auch Tucholski was here – übergewichtig, gefräßig, aber selten glücklich, obwohl er „zweimal täglich Anzug und Hemd wechselte" oder auch mal 120 Taschentücher bügeln ließ, wie das Autorenpaar Bauer/Frischknecht in seinem literarischen Wanderbuch *Das Klappern der Zoccoli* darlegt. (Der Palazzo *La Barca* ist heute Sommerresidenz einer Berner Familie, deren Wurzeln im Onsernonetal liegen; das Haus ist nicht zu besichtigen.)

Osteria Palazign, Comologno

Lektüre: *Dorf an der Grenze*, Aline Valangin. *Bäderfahrten*, von Ursula Bauer und Jörg Frischknecht, Rotpunkt Verlag, Zürich. Mit einem langen, spannenden und dichten Kapitel über das Valle Onsernone, Comologno und die Bagni dei Craveggia.

Ein weiteres Kapitel über die Barca und das Onsernone Tal (und zahlreiche lit. Schmuckstücke über das Tessin) im Literarischen Wanderführer von Beat Hächler (Hrsg.) *Das Klappern der Zoccoli*, ebenfalls im Rotpunkt Verlag, Zürich.

Osteria PALAZIGN – Comologno.
In exponierter Lage gleich am Ortseingang die kleine Osteria Palazign. Es wartet ein Glücksfall überm Tal, wobei der Gunstfleck auf Initiative der lokalen Bürgergemeinde (Patriziato) geschaffen wurde (ebenso das Hotel im Palazzo Gamboni gleich nebenan, sowie die Renovierung der Alpe Salei, vgl. unten). Die Bürger des Tals haben hier einen lebendigen Treffpunkt statt einer Alibiheimatstube geschaffen. Die geschmackvoll renovierte Osteria gehört ohne Zweifel zu den angenehmeren Bergeinkehren: draußen Granittische und Talblick, drinnen Neststimmung und einfache, aber aufrichtige Küche (zugleich

Vom Palast zum Dorfhotel – Palazzo Gamboni, Comologno

Pensionsküche für die Gäste im Palazzo Gamboni). Das Gemüse stammt vom Biobauern aus dem Tal, es wird einfach, aber frisch gekocht, der Käse ist von der Alpe nebenan. Die Gäste kommen von weither, aber auch auf ein Bier nach dem Stall und nicht selten sitzt mit Franco Remonda, der Mentor und Motor der Idee Comologno mit am Tisch. Das Foto drinnen an der Wand, ein signiertes Portrait von Che Guevara, stammt von einem Freund des Hauses, vom Magnum-Fotografen René Burri, der vor einigen Jahren im Hotel seine Hochzeit feierte. Ins Gefüge paßt eine Wirtin mit ansteckender Herzlichkeit. Gratulation! ♠ Terrasse mit Talblick. Tel. 0041-91-797 20 68.

PALAZZO GAMBONI – Comologno. Vom alten Palast zum Dorfhotel, oder so: Konversion im Valle Onsernone. Auch hier wurde auf Initiative der Bürgergemeinde aus einem Palazzo ein Treffpunkt. Fünf Zimmer, zwei davon mit dem historischen Originalinventar aus dem 18. Jahrhundert möbliert, drei im rückwärtigen Gebäudeteil neu und funktional.

Dezidiert familiäre Stimmung, gutes Frühstück und zum zweitenmal am Ort, anstelle eines Alibiprojektes, eine Gemeinde, die eine gute Stube öffnet, „um Horizonte für beide Seiten zu erweitern", wie es im Hausprospekt treffend heißt. Offenbar ist im 120 Einwohner-Ort Comologno mehr touristischer Wille versammelt als in mancher Expertenrunde, die Gastfreundschaft mit Power-Point-Meetings verwechselt.

→ *Palazzo Gamboni*, CH-6663 Comologno. Tel. 0041-91-780.60.09, Fax 0041-91-781.60.10; www.palazzogamboni.ch Im älteren Gebäudeteil die beiden historischen Zimmer (Dusche/WC ein paar Schritte entfernt im neuen Anbau), im renovierten rückwärtigen Teil die drei neuen Zimmer (ohne nennenswerte Sicht, mit Dusche/WC; sowie whirlpools ein Stock tiefer), Halb- oder Vollpension in der *Osteria Palazign* nebenan möglich (und empfohlen, auch keine Alternative im Ort). Die Benützung der Whirlpools ist frei, Sauna Extra. **Preise**: gehoben.

Wandern – Schauen – Ausflüge:
Vom Onsernone Tal aus bieten sich (alpine) Tourenmöglichkeiten an. Die Hauptwege zu den Alpen, Feriensiedlungen und Wochenendhütten der Neorurali sind in der Regel gut markiert, abseits der Hauptrouten, vor allem im Grenzgebiet zu Italien, werden die Auswirkungen von Unwettern, die immer wieder Wege und Brücken zerstören, nicht umgehend beseitigt.

➲ Von Comologno z.B. auf die bewirtete *Alpe Salei* (1777 m), die Alpe (mit Lager, Alpkäse) ist ebenfalls ein Projekt des Patriziato von Comologno. Zur Alpe kommt man seit Juni 2001 auch per Seilbahn aus dem *Vergeletto-Tal*, ein sehr ruhiges Seitental des Valle Onsernone, Abzweigung der Straße auf der imposanten Brückenkonstruktion zwischen Russo und Crana. Dann zunächst steile Bergfahrt bis zum Weiler Vergeletto (905 m, Laden, auch dort Zimmer), später dann weniger ansteigend und flach, zeitweise auch recht monoton dem Riboufer folgend bis zur Seilbahnstation bei der Locanda Zott.

– **Pizzeria Locanda Zott**, im oberen Vergelettotal. Rustikal-montaner Ausgangspunkt für Touren (wandern, im Winter auch LL und Skitouren), das schmucklose Haus liegt in ebensolcher Talumgebung direkt an der Seilbahn zur Alpe Salei (diese auf 1777 m); sieben ein-

Am Hang: zwischen Comologno und Spruga

fache, preiswerte Zimmer, Terrasse, fast ganzjährig geöffnet, jeweils von 15.02 bis 15.01. CH-6646 Vergeletto, Tel. 0041-91-797.10.98, Fax: 797.13.00, www.locandazott.ch.

In **Spruga**: Im letzten Ort des Onsernone-Tals gibt es eine einfache Osteria (mit Laden, ohne Unterkunft) und die Gruppenunterkunft-Jugendherberge *Al Capelan* (ebenfalls vom Patriziato betrieben, auch für Einzelreisende offen, mit Küchenbenutzung).

→ Kontakt über Wilma Gamboni: Tel. 091-797.12.27, oder mobil: 078-638.11.41; **Preise**: preiswert.

Von Spruga sind es dann noch ca. 1 h (zu Fuß auf gutem, befestigtem Fahrweg) bis zu den **Bagni di Craveggia**. Die ehemalige Thermalstation auf 977 m Höhe liegt unmittelbar am Isorno-Ufer sowie an der Landesgrenze – nach der Grenzziehung von 1806 aber auf der italienischen Seite des Ufers. Der Isorno wird in diesem Abschnitt treffend „Rio di Bagni" genannt, der Fluß kann bei den Bädern gequert werden (nur bei Niedrigwasser). Die ehemaligen Badeanlagen, aber auch das Flußufer mit den zahlreichen Felspools und Badestellen sind im Sommer ein beliebtes, in der Ferienzeit mitunter auch munter besuchtes Ausflugsziel. Eine seit Anfang des Jahrtausends geplante neue, sichere Brücke über den Fluß dürfte es mittlerweile wenig weiter flußabwärts geben, ein weiterer Übergang besteht auch ca. eine halbe Stunde flußaufwärts der Bagni, dort auch ein Wasserfall und diverse Badegumpen im Flußbett.

Die Quellen der Bagni werden seit dem 14. Jahrhundert in Urkunden als „Aquacalda" erwähnt, Quelltemperatur 28 Grad Celsius, Schüttung derzeit (nach diversen Unwettern in den vergangenen Jahren) angeblich nur noch 12 Liter/Minute. Erste Badegebäude entstanden bereits zwischen 1818 und 1823, das traditionsreiche Kurhaus (erb. 1881) wurde 1951 von einer Lawine mitgerissen, 1986 zerstörte eine weitere Lawine, wieder von der Schweizer Seite kommend, die Gebäudereste bis auf den heute noch sichtbaren Rest. Die Gebäudeteile – darunter auch der Wasserspeicher und die Wannenbäder – verfielen zunächst, geplante Renovierungsvorhaben der Thermalstation wurden nie verwirklicht. Erst nach der Jahrtausendwende wurden die verbliebenen Badruinen mit beachtlichem Aufwand gesichert; so können die Wannenbäder aus dem 19. Jahrhundert ohne Einsturzgefahr besichtigen werden – sofern man über den Isorno kommt.

Lago Maggiore

*Noch einmal darf in südlich' Land
Ich Nordgeborner wallen,
Vertauschen meine Felsenwand
Mit weißen Marmorhallen.*
C. F. Meyer

Eineinhalb Jahrhunderte Sehnsuchtstourismus bleiben nicht ohne Folgen. Andererseits: Über weite Strecken wirkt der Lago Maggiore noch heute ästhetischer als eine dieser verlebten Mittelmeerküsten, die schon nach zwanzig, dreißig Jahren Tourismus hoffnungslos aussehen.

Der Lago bleibt ein Klassiker. Robust, schön, manchmal bezaubernd schön. Ein Landstrich, der seit eh und je zu prachtvollem Hotelbau motiviert, der die Anlage von Villen und Gärten regelrecht provoziert. Ein Land, das einen Frühsommer lang nach Jasmin duftet, und ein paar Schritte weiter nach dem morbid-schwülen Blütendampf der immergrünen Magnolienbäume. Vom Zuckerbäcker-Luxushotel in Stresa bis zur kleinen Familienpension hoch über Oggebbio, von der Gelatipromenade bis zur tobenden Klamm, vom Rheumadeckentourismus bis zum exklusiven Versteck – alles da, man muß nur wissen wo:

Abends am Molo 203, Ranco

Schweiz/Italien-Unterschiede

Nur ein Fünftel der Seefläche gehört zur Schweiz, der große Rest zu Italien. Der Lago Maggiore heißt in der Schweiz
auch „Langensee" und der Tessiner Langensee ist anders als
Italiens Lago Maggiore. Er schmeckt auch anders:

-   In Tessiner Seerestaurants kostet ein Glas CH-Rot-
    wein etwa soviel wie eine Flasche Hauswein in Ita-
    lien.
-   Während CH-Grotti mehr und mehr zu Folklore-
    stationen verkommen, überzeugt der I-Agriturismo
    mit authentischen Speisen und Preiswürdigkeit.
-   CH-Osteria ist nicht gleich I-Osteria, CH-Mines-
    trone ist nicht gleich I-Minestrone (Minestrone in
    D?).
-   Aber Obacht: manche I-Osteria, gerade am nörd-
    lichen Teil des Sees zeigt vorauseilenden Gehorsam

und imitiert vermeintliche CH- und D-Vorlieben. Also kommt reichlich Sahne an die weiche Nudel und Butter bei die (gefrorenen) Fische.

- Viele Speisekarten im Norden des Sees wirken standardisiert, asaisonal und durchschnittlichen Touristenbedürfnissen angepaßt. Insofern verliert mancher CH/I-Unterschied an Kontur. In Cannobio gilt zudem eine ähnlich rigide Parkordnung wie in Locarno. Die Kombination Anzug mit Motorradhelm ist nicht in Ascona, sondern erst in Verbania zu sehen.

Summe: Mit jedem Kilometer nach Süden steigt der Italienfaktor – spätestens weiter unten, im Hinterland um *Angera* und *Arona*, sind die Dinge im Lot: Schiefertafel statt viersprachiger Karte in Klarsichthülle.

Ostküstenbewohner: Esskastanie

Unterschiede Westküste/Ostküste

West- und Ostküste unterscheiden sich hinsichtlich Klima, Vegetation und Küstengefühl:

Die Westküste, das piemonteser Ufer mit *Cannobio, Verbania* und *Stresa* ist – über alles gesehen – die sonnigere, pittoreskere und lieblichere Seite, sie wird auch die „fette Seite" genannt. Mehr touristische Infrastruktur, mehr Promenaden, mehr Cabriorennradmotorradumtrieb, mehr Stau.

An der zerklüfteten Westküste sorgen aber schon ein paar Kilometer für andere Verhältnisse, besonders im Winterhalbjahr. So ist der Klimaunterschied zwischen dem früh schattigen *Cannobio* und dem nach Süden gerichteten *Cannero* sprichwörtlich.

Die Ostküste, das lombardische Ufer, ist im Norden herb, eine „magere Küste". Ein paar Magnolien, viele Kastanien, wenig Palmen. Die Küstenstraße runter nach *Laveno* verläuft – mit großartigem Blick auf die „fette Seite" – hart am Fels,

Westküstenbewohner bei Minusio

mitunter im Tunnel. Während der dunklen Jahreszeit bleibt hier mancher Flecken lange feucht, eine Schattenseite – Rhododendrenland. Zur Sonnenseite wird die Ostküste nur im Sommer, auch dann nicht so lässig wie gegenüber, wo rund ums Jahr heitere Süßwasserstimmung aufkommen kann.

Im südlichen Teil der „mageren Seite" verflachen die Berge zu sanftem Hügelland. Deshalb gibt es von *Laveno* über *Ranco* und *Angera* viele freundliche, wintersonnige Plätze, während die Westküste schon früh im Schatten liegt.

Nord-Süd-Gefälle: So wichtig wie der West-/Ost-Unterschied ist der touristische Wandel nach Süden hin. **Faustregel:** Im Norden mehr internationaler Tourismus mit den entsprechenden Folgen, also mehr Pizzeria als Osteria! Im Süden dominiert dagegen ein eher italienisch geprägter Binnentourismus mit Gästen aus den Zentren der Poebene. Im Süden des Sees verlieren die Berge an Höhe, die Blicke an Dramatik und spätestens ab Stresa gibt es Schnellstraßen und Autobahnen nach Domodossola, Mailand und Turin.

Osteria statt Pizzeria: Südlich einer Linie *Stresa-Laveno* nimmt der landschaftliche Reiz zwar ab, aber dafür steigt die „kulinarische Attraktion". So etwa um *Arona* und *Angera* und vor allem im piemonteser Hinterland, wo zwischen Autobahn und Seeufer einige Möglichkeiten in den Hügeln warten. Dort wird eben noch für italienische Gäste gekocht und nicht für touristische Eintagsfliegen.

Am unteren Seebecken zwischen *Arona* und *Sesto Calende* bleibt wenig freies Land. Stattdessen wartet auf bald 20 Kilometer Strecke ein Geschlinge aus Wochenendverkehr, Autohäusern, Einkaufszentren, Factory Outlets und Gaststätten, die *Pizza a Metri* anbieten. Wer nur mal rüber ans andere Ufer möchte, nimmt eine der häufig verkehrenden Personenfähren und erspart sich damit die triste Vorstadtstimmung rund um die Südspitze des Lago Maggiore.

Der unterschätzte Lago Maggiore: Der südliche Teil der Ostküste gehört zu den touristisch unterschätzten Gebieten: auch wenn es südlich *Laveno* an landschaftlichem Reiz fehlt, die Region gewinnt dort an kulinarischer und sozialer Attraktion. *Calde-Castelveccana, Ispra*, vor allem die reizvolle Halbinsel zwischen *Ranco* und *Angera* bieten sommerfrische und wintersonnige Plätze mit unaufgeregtem Tourismus, der sich von den Sandalenpromenaden im Norden unterscheidet. So zählt die Küste zwischen Laveno, Angera und Ranco für uns zu den reizvollsten Partien am Lago.

Summe

Piemonteser Westküste = fette Küste
touristischer Umtrieb in jeder Hinsicht

Lombardisches Ostufer = magere Seite
im Norden herb
im Süden überraschend attraktiv

Lago Maggiore | Westküste (CH)

Locarno – Ascona – Ronco – Brissago. Seit es die Tunnel-Umfahrung bei Locarno und Ascona gibt, sieht der Transitreisende wenig von der Schweizer Küste. Die schnelle Passage erhöht zudem die Sogwirkung der italienischen Seeseite, viele rauschen durch und auf den letzten Kilometern Schweiz, zwischen Ronco und Brissago, wird Anhalten ohnehin zur Kunst. Die Strecke ist kurvig, Pendler drängeln und überholen mit geübtem Schwung. Ruhepunkte sind rar, Land ist Geld.

Die seenahen Zweitanwohner haben hier mit außergewöhnlicher Energie Bauplätze und Parkbuchten in den Fels sprengen lassen. Natürlich hängt an jedem freien Quadratmeter ein „Privato" Schild, wobei allein schon die Konstruktion der ins Private führenden Aufzüge höchst beachtlich ist.

Ob Brissago

Die alte Garde unter den Tessiner Neubürgern hätten für diese Art der Landnahme vermutlich nur Spott übrig gehabt. Oder was würde Hesse heute über die Strecke von Ascona nach Brissago schreiben? Vermutlich würde er gar nicht schreiben. Auf der Flucht schreibt man nicht. Und spätestens auf der Höhe von Ronco kommt einem Klaus Staecks urdeutscher Neidspruch in den Sinn; von den deutschen Kapitalisten, die den Arbeitern ihre Villen im Tessin wegnehmen möchten. Lieber Klassenkämpfer Staeck, der Luxusexhibitionismus auf Sylt ist auch nicht ohne. Im übrigen soll man mit Salonsozialisten erst diskutieren, wenn sie eine Bank geerbt haben.

Die Heutigen entschweben im Designer-Hausaufzug zu den Villen am Seeufer und genießen von dort das Panorama mit Brissago-Inseln – bei Bedarf durch schalldichte Fenster. Die Seestraße behält ihren Charakter als Romantikroute übrigens auch auf der italienischen Seite. Wer auf der Strecke nach Cannobio nicht entschlossen das Steuer herumreißt

Reiz der Hanglage: Blick von Locarno Monti (Villa India)

und spitzkehrig abzweigt, wird vom steten Verkehrsfluß
einfach südwärts weitergeschoben. Die Folgen jahrzehnte-
langer Lagoliebe können aber auch wie eine Imprägnierung
gegen weiteren Zulauf wirken. Wer sich auskennt, lebt ohnehin gerne im Winkel, der hier meist „sopra" heißt. Und die
Kunst der selektiven Wahrnehmung muß man heute überall
beherrschen, wo es Palmen und Cappuchino gibt. Besonders zu empfehlen ist das CH-Seeufer zur emotionalen Ab-

rundung nach ein paar Tagen am rauschenden Wildbach. Der Mensch lebt ja nicht vom Berg allein!

Mit etwas Nischenkenntnis läßt sich selbst in der Luxus-Agglo um Locarno und Ascona gut leben, schließlich liegen Verkehrsgewühl und Jasminduft oft nur ein paar Abzweige voneinander entfernt. In diesem Sinne nachher ein paar Haltestellen, die gerade angesichts der real existierenden Nutzungsdichte umso mehr erstaunen.

Doppelpack in Locarno: Löwenbräu und Credit Suisse

Locarno & Ascona

Sonnenstube, Festivalstadt, Freizeitpark, Seniorenwinkel mit Vico-Torriani-Stimmung, oder nur Melkmaschine mit leidlich gelöstem Verkehrsproblem. Tatsache ist: Näher als auf der Piazza Grande kommen sich Löwenbräu, Palmen und Credit Suisse selten. Eine Oase ist Locarno natürlich längst nicht mehr, ist die ganze CH-Hochleistungs-Uferregion bis runter nach Italien nicht.

Immerhin: die sechs Kilometer lange Tunnelumfahrung der *Galleria Mappo-Morettina* (Tenero und Ascona) erlaubt mittlerweile zügige An- und Abreise! Also kein Flaschenhals in der Via San Gottardo mehr, ohne Stau geht es nun zur Maggiabrücke. Und wer Locarno nicht will, fährt einfach unten durch.

Ähnlich Ascona: früher mußte man durch, heute muß man hinwollen – und erst mal reinfinden. Und wie war das noch mal mit dem Ascona-Feeling? Die leuchtend sonnengelben Tischdecken mit den verchromten Halteringen liegen praktisch ganzjährig auf den Gehsteigtischen. Für ein Lichtbad im Winter reicht der Pullover. Wenn nördlich des Gotthard wieder Nebel aufziehen, reicht die Sonne am Lago zumindest noch für ein Caféstündchen im Freien, an der nun autofreier Seepromenade mit Gegenwartspublikum in Dreiviertelhosen.

Als der Opel noch Ascona hieß

Etwas vom Geist der alten Zeit überdauert allenfalls in den wunderbaren Antiquariaten, in denen bis heute noch mit Resten der Monte Verità Legenden gehandelt wird. Lange her, als hier der freischwebende Geist zur Gunst des Ortes fand. Bewegte Söhne und Töchter aus gutem Hause, präesoterisch angekränkelt oder auch nur der großbürgerlichen Enge überdrüssig, fanden auf dem *Monte Verità* ob Ascona ihr Traumrevier. Das ging schon 1901 los, später dann Hesse in Montagnola, Hauptmann in Rovio. Danach dann die immer die gleiche Geschichte in bekannter Fruchtfolge. Literaten schwärmen, Touristen kommen, Appartements wachsen.

Heute promenieren in den gepflegt verwahrlosten Parkanlagen oben auf dem Monte-Hügel überwiegend Spurensucher, die nicht Promenieren können. Monte Verità, da war doch was? Kommune eins mit Seeblick. Nach einer halben Stunde Corso wird oben ein Café gesucht, nicht gefunden, und der Abstieg ins Heute beginnt. Noch immer über hübsch enge Gassen, aber aus Cafés wurden Renditeobjekte, aus Buchhandlungen letzte geduldete Antiquariate. Zurück auf der Bühne am See, *Piazza G. Motta:* Hier kommt es wie üblich zum Stelldichein von altem Geld und neuen Erben, Ausländer bedienen Ausländer, die Älteren tragen gerne Bequemkleidung (und erinnern an eine Zeit, als ein Opel noch *Ascona* hieß).

Wobei Asconas Müdigkeit durchaus historisch ist, schon 1985 mokiert sich ein gewisser *Herbert Hartmann* in seinem Bildband über eine betrüblich hohe Shorts-, T- und Sweat-Shirt-Dichte entlang der Uferpromenade. Auch die „mit Kunstschätzen angereicherten Villen an den Abhängen des Monte Verità, hinter Mauern und schmiedeeisernen Gittern inmitten wohlgepflegter Gärten" erfreuten den Autor nur wenig. „Hesse im Bücherschrank, Klee und Arp alarmgesichert an den Wänden."

Bleibt als kleiner Trost für uns Vagabunden ohne Dritthaus: irgendwann kommt ein Treppenlift auch in die schönste Villa. Und alte Männer in rosaroten Hemden, die sich in gefährlich flache Ferraris gleiten lassen, sind auch keine Augenweide.

Summe: *Ascona* bietet mannigfaltige Ansichten, *Locarno* bietet Unterkunft für ein paar faule Stunden oder auch Tage unter meist gnädigem Himmel. Dabei gefällt das partiell auch mal elegante Locarno besser als das dicht gepackte, wasserabgewandte Lugano einen See weiter. Basta, keine weiteren Gründe, nur noch etwas subjektives Gift zum Dauerthema Assimilation:

Der böse Blick

„Wie uniform werden doch all diese hübschen Gestade, Locarno scheint den fremden Zuschub stärker eingeschmolzen zu haben als Ascona. Der mondäne Betrieb vor dieser Landschaft ist lächerlich," fremdelte ein gewisser FRIEDRICH SCHNACK in den 50er Jahren. Herrn Schnacks Wahrnehmung gilt bis heute, auch sein Trost: *„Unberührt und unbestohlen blieb die wunderbare Lage".*

Typisch Tessin – Osteria Chiara, Locarno-Muralto

Locarno Minusio-Muralto

Kleine Anleitung zum Glücklichsein: Radarfallen, Gotthardstau und Magadinoebene mit der gebotenen Gelassenheit hinter sich lassen. Schon in Locarno-Muralto, also noch vor der Tunnelumfahrung von Locarno, Kontakt zum See suchen. Ankunft idealerweise zur Mittagszeit, gleich am Bahnhof zügig runter zur Seepromenade an der Viale Verbano. Dort parken. Nicht auf die erstbeste Softpasta am Lungolago reinfallen, sondern den versteckten Treppenweg Vicolo dei Chiara zwischen Bahngleisen und Seeufer zur Osteria Chiara raufgehen. Ankommen.

Osteria CHIARA – Muralto. Die Granittische auf der Terrasse stehen im Schatten einer berankten Pergola, auf der Tafel als Tagesempfehlung ein kleines Mittagsmenü um die 29 Schweizer Franken, gekocht und serviert wird wie in Italien. Von dort kommen die Wirtsleute und somit gibt es auch nach 15 Gastgeberjahren im Tessin keine „Fondor

Luciano Puspan – Osteria Chiara, Muralto

Streuwürze" auf dem Tisch, sondern Essig und Öl. Vorab kommen schon mal drei Sorten Brot. Dunkles Brot, das nach dunklem Brot schmeckt, gutes Olivenbrot. Im Service agiert Luciano Puspan souverän und kultiviert, als wäre man Gast in einer privaten Villa. Serviert wird so ähnlich, ein Küche für Gleichgesinnte. Hier wird nicht demonstriert und drapiert, sondern unprätentiös und aufrichtig gekocht, etwa „Scaloppini al limone mit Fenchel". Pastagänge gibt es auch als kleine Portion zu vergleichsweise moderaten Preisen. Die Schweizer Kalkulation der potentiell verlockenden Weinkarte dämpft eine eventuell aufkommende Disziplinlosigkeit des Gastes. „Für den, der erstmals ins Tessin kommt, kann jeder Tag ein Wunder werden", heißt es in einem alten Reiseführer. Heute wäre anzufügen: „Und ein jeder Schluck Merlot trägt zur pekuniären Ernüchterung bei."

Aber gut, schließlich steht die Sonne hoch und der zwei Minuten entfernte See lockt zum Bad. Abends bietet die Osteria Chiara ein ausführlicheres Menü, dazu kommen interessante à la carte-Angebote und ein beruhigend zu-

Vorbildlicher Kirchturm: San Quirico, Locarno-Minusio

verlässiger Lauf der Dinge. Gesamturteil: kein Seeblick, aber sattes Tessingefühl – und ein idealer Einstieg. ♠ Kleine, stimmungssatte Terrasse mit Steintischen unter der Pergola.

→ *Osteria Chiara* (Luciano Puspan), CH-6600 Muralto (bei Locarno), Vicolo dei Chiara 1 (folgen Sie einfach dem Osteria-Schild beim Albergo Rivabella), Tel. 0041-91-743.32.96, www.osteriachiara.ch. Geöffnet von Di bis Fr 9-14 Uhr und 19-24 Uhr, RT: So und Mo. Wirt Paolo Colombo spricht gut deutsch. **Preise**: mittel.

Weiter auf der Seepromenade in Richtung **Minusio** beginnt nun einer der prächtigeren Flanierabschnitte am Lungolago: Der Blick auf Palmen und Kirchturm San Quirico ist idealtypisch Lago Maggiore. Der besenreine Zustand der Strandpromenade, leger geschnittenes Mischgewebe und wenig später der eine oder andere Sechszylinder vor einer Villa mit Seeanstoss sorgen für Südschweizer Optik. Im weiteren Verlauf wird Minusios Uferpromenade zunächst verkehrsfrei, später zur Mischung aus seniorengerechtem Laufsteg und Liegewiese am See, zahlreiche Stellen zum Verweilen.

Pergola mit Seeblick – Albergo Campagna, Minusio

Albergo CAMPAGNA* – Minusio. Unauffällig am Tor-
bogen einer Granitmauer eine Hinweistafel im Retrostil:
Ristorante Campagna Albergo steht in Schreibschrift auf
dem Holzschild. Ein Fisch, ein gebratenes Huhn und ein
Weinkrüglein zeigen an, daß hier für grundsätzliche Be-
dürfnisse des Gastes gesorgt wird. Ein Plattenweg führt erst
unter den Bahngleisen durch und dann in wenigen Schritten
zum erhöht gelegenen Albergo hoch. Vorbei an Gärten, in
denen selbst der Blattsalat etwas fröhlicher dreinschaut als
weiter im Norden am Müggelsee. Büsche aus mannshohem
Lorbeer säumen den Weg zur weinumrankten Pergola. Das
„sonnegewärmte Wasser", mit dem Hermann Hesse seine Tessiner Beete begoß, kommt einem hier in den Sinn.
Granittische und Rosenduft, Seeblick, karierte Decken und
Piatto Ticinese vermischen sich zu einer idealtypischen Tes-
sinstimmung, wie in alten Tagen.

Der Albergo Campagna ist ein Haus am Rand der Zeit,
das dennoch seit Jahr und Tag zu den bekannteren Tips in

der Holzbankklasse zählt. Was manchem Gast als Renovierungsstau erscheinen mag, schätzen andere als Originalität: ein Platz ohne Reklame und aufdringliche Plakate, mehrheitlich abgeklärte Gäste, die nirgendwo hin müssen. Man fühlt sich wie auf einer Klausurtagung – auf halbem Weg zwischen Grotto und Himmelfahrt. Drinnen wirkt der Albergo noch immer wie ein gehütetes Relikt. Schon an der alten Bar könnte man einen Kurzfilm drehen (das Kupferwaschbecken!). Offensichtlich wurde hier Jahrzehnte lang nicht renoviert, aber sorgfältig repariert. Ähnlich die einfachen, aber durchaus genügenden Zimmer, sie haben splendiden Seeblick, verfügen über fließend k.u.w.-Wasser. Statt einer Nasszelle hat es über dem Gang ein sauberes Etagenbad mit großer Entmüdungswanne, die auf geschwungenen Füßen ruht.

Die Balkone zur Seeseite bieten einen Blick wie Fototapete – und abends warme Granitplatten als Fußbodenheizung. Von unten dringt Geschirrklappern und gedämpftes Gemurmel der Terrassengäste durchs Blattwerk der Pergola. Das einzige Problem auf so einem Zimmerbalkon ist die Frage, ob der obligatorische Nostrano vor oder nach dem Abendessen genommen wird. ♠ Stimmige pergolabeschattete Terrasse mit Seeblick.

→ *Albergo Rist. Campagna*, CH-6648 Minusio, Via Rivapiana 46, Tel. 0041-91-743.20.54, Fax: 743.28.98. Man spricht teils deutsch. Rest.-RT: Di und Mi-mittag. 15 Zimmer. **Preise**: mittel. Möglichst ein Zimmer mit großem Balkon verlangen (sehr geräumig ist z.B. Zimmer Nr. 3).

Locarno

Piazza Grande: „Während der Platz nach dem See offen ist, wird er auf der Landseite durch Hallen abgeschlossen." Auch Adolf Schulten, einer aus der Legion der Lago-Verehrer und Ambulatoren (Wandersleuten), lobte einst den halbkreisförmigen Schwung der Portiken, ebenso die kleinen Höker mit den hübschen Sachen drin. Wenn Schulten heute unterwegs wäre, würde ihm der Anblick nicht mehr zusagen. Unter den Portiken der übliche Globaltand, pünktlich um fünf vor zwölf nehmen Senioren zum Mittagessen unter bunten Sonnenschirmen Platz und essen weichgekochte Nudelgerichte aus großen, tiefen Tellern. Wenig später kommt das Bimmelbähnle, abends werden die Hausfronten mit bonbonfarbigem Licht angestrahlt – *Piazza multicolore.*

Via della Motta, früher auch als via di *Lucullo* bekannt, wobei der kulinarische Bezug heute eher ein historischer

Hohe Idylledichte – Locarno, in der Altstadt

ist. Vom Ende der Hallen an der Piazza Grande beim Albergo dell' Angelo führt die schmale, mäßig idyllische Via della Motta hinauf in die Oberstadt und zur Piazza S. Antonio. An der Via della Motta Laden an Laden, dazu einige Restaurants, wie die oft besungene, aber nicht unproblematische *Casa del Popolo* und das interessante *Il Boccalino* (Details siehe unten).

Piazza Castello – Vor dem Visconti-Schloß wurde im Jahr 2000 die gigantische Megarotonda von *Aurelio Galfetti* fertig, ein Großkreisel im soliden Bunkerdesign, 130 Meter Durchmesser. Es blieb die Frage, was aus der Mitte werden soll, eine Grünfläche mit Bäumen und Bänken – oder eine moderne Steinlandschaft. Vom Auto aus ist die Entwicklung nicht auszumachen und auszusteigen, verspürt man keine Lust.

3. August 31.

(Herr mit Hut)

Spaghetti Bolog.	2.50
Salat	—.50
1 Henines	—.70
1 Café crême	—.60
mit der Katze gespielt	—.50
	4.80
Service ca.	—.55
	5.35

F.

Der Maler-Wirt Ferdinand verzierte die täglichen Menüs mit amüsanten Zeichnungen und lustigen Versen. Auf den Rechnungen erschienen manchmal sonderbare Extras:

mit der Katze gespielt -.50 Fr.

nach dem Wetter gefragt -.65 Fr.

Aus: *Ascona*, JAKOB FLACH, 1960.

Kulinarische Ikonen: Die *Busecca* (Gemüsesuppe mit Kutteln) – ein Tessiner Klassiker, eine ganze Mahlzeit und eine Legende zugleich: „Wenn also die Bauern am Markttag aus den Tälern nach Locarno kamen, eine Kuh zu erstehen, Ferkel zu verkaufen, mit Gemüse, mit Käse, gingen sie am Mittag in eine der Kneipen, wo mit Kreide angeschrieben war: *Oggi Busecca.* Sehen wir durch die Küchentür, so geht das ungefähr so vor sich…"

→ Alles Weitere im (leider nur noch antiquarisch erhältlichen) Klassiker »Minestra« von JAKOB FLACH (1918-1985). Flach war nur kurze Zeit Lehrer in Winterthur, dann ging er rüber, dopo Gottardo – nach Arcegno. Gute Aussichten bei der Suche nach dem wunderbaren kulinarisch-sozial-historischen Buch in den Antiquariaten von Locarno und Ascona, oder eben über: www.zvab.de. Siehe auch Kap. Literatur. „Oggi Busecca" wird heute leider nicht mehr mit Kreide angeschrieben.

Botanische Ikonen: *Parco Delle Camelie* (via Respini, zwischen der via Lanca degli Stronazzi und dem Strandbad s.u.). Die Lage in der Seelandschaft beim Maggiadelta ist für Kamelien ideal: die Temperaturen im Winter nicht zu eisig wegen der Seenähe und im Sommer nicht zu heiß durch den Schatten der hochstämmigen Pappeln und Eichen, zudem herrscht rund ums Jahr die optimale Luftfeuchtigkeit. Der 5000 Quadratmeter große Kamelienpark (seit 2005) mit 900 Kameliensorten ist das ganze Jahr über geöffnet (tägl. 9 bis 17 Uhr) – am schönsten im März und April, wenn die meisten der Kamelien blühen.

■ **Alljährliche Kamelienschau** Ende März (mit mehr als 300 ausgestellten Sorten), Konzerte, Kamelienmarkt etc. Bustransfer vom Bahnhof Locarno aus. Nähere Auskünfte: Ente Turistico Lago Maggiore Tel. 0041/917910091, www.camelia.ch

🐟 **Bagno popolare:** Strandbad beim Campingplatz am Maggiadelta (via Respini). Großer Naturstrand mit Bistro, Umkleidekabinen, Duschen etc. Falls gerade keine kreischende Kindergartenklasse zu Besuch ist, ein sehr beschau-

Basar am See: Multikulti auf der Piazza in Ascona

licher und angenehmer Platz – und alles für 3 Franken. Die Schweiz ist eben doch ein Sozialstaat! Auf der italienischen Seite wird für einen Badefleck am handtuchbreiten Kiesstrand unterhalb der Seestraße schon mal 6 Euro verlangt, Liege und Sonnenschirm 3 Euro zusätzlich. Tel. +41-(0)91-752 12 95.

Ascona | Lungolago Ascona und Piazza G. Motta

Manchmal wirkt Ascona wie ein zweiter Aufguß: Touristenbelustigung dank Bimmelbähnle, zum Saisonbeginn an Ostern droht Unterhaltung durch Drehorgelspieler, muselmanische Teppichverkäufer nutzen die Piazza auch mal für ihre Auslegware.

Aber downtown und dazwischen gibt es immer wieder etwas Besonderes, etwa: Der beste Platz in der ersten Reihe: die Hotelterrasse vom *Schiff* (Albergo Battello) gehört zu den unverwüstlichen Plätzen. Gleich ob Vorsaison oder Hochbe-

Geschmack am See: Casa del Gusto, Ascona

trieb, hierher kommt man einfach und bekommt Ascona in Reinkultur. Der Service agiert mit tessiner Schmäh, mindestens fließend dreisprachig, mit Sonne im Herzen wird auch bei Hochbetrieb lächelnd ein Cüpli Prosecco aufgetischt. Das Schiff ist seit 78 Jahren im Besitz der Familie *Wildi* und die macht es augenscheinlich richtig. Ein Ankerplatz im allgemeinen Trubel. Übernachten geht natürlich auch.

→ Adresse in 1. Lage am See: *Hotel Schiff*, piazza Motta 21, CH-6612 Ascona, Tel. +41 (0)91.791.25.33, www.hotel-schiff-ascona.ch

Casa del Gusto – Ostern 2007 hat Frau Rieder ihre Casa eröffnet, es wurde nicht der x-te so nette wie überflüssige Geschenkladen, sondern eine Fundgrube für lokale Feinkost und handgemachte Lebensmittel. Im Sortiment: Risottoreis aus dem Maggia-Delta, Pasta, Marmeladen, Honig, Essig&Öl, Tessiner Weine etc., dazu kommt etwas ausgesuchte Literatur und handverlesene Dinge, die Freude bereiten. Beim Kaufen, Schenken oder zusammen Aufessen.

→ *Casa del Gusto*, Via Beato B. Berno 3, CH-6612 Ascona, Tel. +41 (0)91.791.95.30. www.casadelgusto.ch

HOTEL

Tisch und Bett in Locarno und Locarno Monti

Hotels und Restaurants, soweit am See gelegen, sind nobel und entsprechend gepreist. Auch in der erweiterten Seezone kostet Blick extra. Wer nahe am See logieren möchte, findet in Italien eine ungleich größere Auswahl zu mäßigeren Preisen. Falls es Schweiz, Blick und Komfort am Stück sein muß: In schöner Lage am Hang oder direkt am Seeufer finden sich einige Häuser in Locarno, Ascona und weiter Richtung Ronco/Brissago, den billigen Geheimtip können wir aber nicht geben, da nicht vorhanden (allenfalls das Relikt *Albergo Campagna* in Minusio, vgl. dort).

Ab Mitte Oktober, spätestens Anfang November schließen die meisten Hotels am See, Saisonbeginn dann vor Ostern – Ausnahmen werden extra vermerkt.

- **Ristorante-Garni CITTADELLA**. Das rote Haus mit den Rundbögen fällt auf. Eine Einkehr mit bewährter Zweiklassenoption: Im Parterre das Bistro mit Pizzeriaatmosphäre, im ersten Stock dann vornehmer im hellen Restaurantteil „specialità di Pesce", die Vorliebe für Fischgerichte (branzino in Salzkruste) ist kein Wunder, Fischhändler *Zaro* schräg gegenüber ist Mitinhaber. Die zehn Zimmer sind einfach, funktional. **Adresse**: Rist.-Garni *Cittadella* (Angelo Delea), Via Cittadella 18 (mit dem Auto von der Via Borghese her zu erreichen, keine hoteleigenen Parkplätze), CH-6600 Locarno. Tel. 0041-91.751.58.85, Fax: 0041-91.751.77.59, www.cittadella.ch. Ganzjährig. RT: Mo. **Preise**: mittel.

- **IL BOCCALINO**. Kleine sympathische Osteria in der *Altstadt von Locarno*, rustikal eingerichtet, wuchtige Balkendecke. Im Angebot biologische und vegetarische Gerichte, Fisch. Zudem werden 1½ Zimmer-Appartements vermietet (Schlafzimmer, große Küche und Badezimmer). **Adresse**: Il Boccalino, Via della Motta 7, CH-6600 Locarno. RT: Mo. Von 9-15 und 17-1 Uhr, Ferien im Jan./Febr. und zwei Wochen im Sommer. Tel. 0041-91-751.96.81, www.ilboccalino.ch. **Preise**: mittel-gehoben. Zu erreichen: von der Piazza Grande, nach dem Hotel dell'Angelo rechts hoch in Richtung Kirche S. Francesco. Parkplatz Piazza Grande.

- Direkt gegenüber das Hotel *Vecchia Locarno*, via Motta 10, CH-6601 Locarno. Einfache Zimmer, Restaurant mit Innenhof, moderate Preise. Tel. (+41) 91 751 65 02, Fax (+41) 91 751 65 10, www.hotel-vecchia-locarno.ch

Charmant patiniert – Villa India, Locarno

Locarno Monti: Im Folgenden zwei Hotel- und eine Einkehr-Empfehlungen im höhergelegen Locarno Monti: die beiden Pensionen bieten reizvolle Möglichkeiten für all jene, die in parkumgebener Villenlage abseits des städtischen Trubels unterkommen möchten.

VILLA INDIA – Locarno Monti. Patina und Charme an der Via ai Monti: eine verwunschene Villa im gepflegten Palmengarten, dazu Traumsicht auf Stadt und See. Entspannte Atmosphäre unter Erwachsenen, keine Rotkarierten oder infantil lärmende Wandergruppen. Mittlerweile ist das stilvoll-sympathische Haus zwar etwas in die Jahre gekommen, der Renovierungsbedarf noch nicht aufgelöst, aber die Zimmer sind völlig ausreichend und die entspannt-abgehobene Stimmung im Haus ist ein weiterer Vorteil. Leserstimme: „Das Hotel ist wie geschaffen für einen verträumten Zweier-Urlaub mit Rotwein, Oliven und Salami bei herrlicher Abendstimmung über Locarno." Bei dem reizvollen Ambiente und der außerordentlichen Lage fast konsequent: Villa India hat fast ausschließlich Stamm-

Früher Kurhaus, heute Bed&Breakfast: Casa Locarno

gäste, welche die Vorzüge des Kleinods schätzen. Während den Theaterfestivals und Konzerttagen im Sommer ist oft kein Zimmer mehr zu bekommen, die Musik vom Marktplatz in Locarno weht dann hoch bis zur Villa India – bis 23 Uhr, dann raschelt nur noch der Wind in den Palmblättern. ♠ Verwunschener, sorgsam gepflegter Palmengarten.

→ *Villa India* (Fam. Scherer), Via ai Monti d. Trinità (direkt an einer engen Kehre), CH-6600 Locarno. 16 Zimmer. Vergleichsweise günstige Übernachtungspreise. Tel./Fax 0041-91-751.12.10. März bis Nov. **Preise**: mittel.

B&B CASA LOCARNO – Locarno Monti. Seit gut fünf Jahren wird die Casa Locarno von einer engagierten jungen Familie im Bed&Breakfast-Stil betrieben – auch in der Schweiz eine immer beliebtere Unterkunftsform. Die stattlich-klassische Fassade der Casa Locarno mit Säulenloggia und großen Balkonen erinnert noch an die ehemalige Funktion als Winter-Kurhaus (Bj. 1923), erhaben die Lage auf 400 m mit traumhaftem Blick über Locarno und

auf die Berge. Zur Liegenschaft paßt der großzügige Park mit
♠ Terrasse, Pergola und Liegestühlen. Kein Verkehrsgeräusch
stört die Idylle – die Casa liegt in einer kleinen ruhigen
Seitenstraße nur 5 min von der Wallfahrtskirche Madonna
del Sasso und somit auch unweit der Cardada-Seilbahn-
station und der Bergstation des Funicolare. Der bringt die
Gäste autofrei runter ins Stadtzentrum (Locarno-Runden
zu Fuß sind also kein Problem). Große Frühstücksterrasse.
Die Zimmer – mit historischem Mobiliar haben alle ein
eigenes Badezimmer direkt gegenüber. Im neueren Anbau
eine Ferienwohnung.

→ *B&B Casa Locarno* (Eva & Markus Erny-Altmann), Via Zoppi 1,
CH-6605 Locarno-Monti. Wer ohne Auto unterwegs ist, nimmt von
Locarno aus die Seilbahn oder den Bus 32, Direktion Brione via
Monti, Halt Monti Posta. Tel. +41 91 751 51 45, evamar@bluewin.ch,
www.bnb.ch; 5, bald 7 Zimmer und ein Appartement. Internet im
Frühstücksraum; eigene Küche/Essraum auf Anfrage. Das Haus ist
sehr beliebt und während der Ferien lange im Voraus gebucht.

Noch weiter oben, fast am Ende der Besiedlung ein kleines
familiäres Grotto:

GROTTO VERSASCHESE – Locarno Monti. Aus einem Leserbrief: „Die Anwohner der Straße nehmen zwischen Auto
abstellen und Heimweg noch einen kleinen Drink und
Schwatz. Alles, was vorbeikommt, grüßt und tauscht sich
aus, wenn man zum zweiten Mal kommt, ist man integriert,
wozu auch das Zusammensitzen am Granit beiträgt. Die Inhaber hatten früher eine Almhütte im Versasca-Tal, der Opa
grillt, Tochter und Schwiegertochter kochen und bedienen,
es gibt immer ein bis zwei Braten (Kaninchen und Kalb oder
Rind), kleine Vorspeisen, Risotto und Rosmarinkartoffeln
sowie Gemüse. Der berentete Sohn dient als Auskunftei."
♠ Terrasse unter rebenberankter Pergola.

→ *Grotto Versaschese*, Locarno Monti, via patocchi 17, Tel. (091)
751 04 95. Täglich ab 16.30 Uhr, RT: Mo, Di.

Halbschatten und Luinoblick am Platz vor der Kirche – Ronco

Ronco

Auch bekannt unter der Floskel „der Balkon über dem Lago Maggiore." Das ehemals romantische Dorf am Langensee (ital. = *Lago Maggiore)*, ist heute gleichermaßen Ziel für Heizdeckenbusse und Weltenbürger. Unzerstörbar bleibt der Weitblick über den Lago, im Verein mit der Sicht auf die Brissago-Inseln! Wir erinnern: Künstler schreiben, Touristen strömen.

Worpswede ohne Nebel

Von den Zwanzigern bis in die sechziger Jahre war Ronco wie Ascona tatsächlich die kleine Flucht im Süden. Licht und Liebe, dazu ein paar mediterrane Einsprengsel und das unter Schweizer Obhut. Worpswede ohne Nebel. Der obere, fast museale und autofreie Ortsteil *Ronco sopra Ascona* mit dem allerschönsten Seeblick wird vom unteren Ortsteil am See, *Porto Ronco*, durch die dauerbefahrene Uferstraße getrennt.

Ein Stück Zauberberg: Pensione Eden, Ronco

„Der schönste Punkt Roncos ist der Platz vor der Kirche, wo man unter schattigen Kastanien sitzt und den See mit Muße betrachten kann. Der stille Platz ist zugleich eine Stätte der Erinnerung. Drei Denkmäler mahnen hier an den größten Sohn des kleinen Städtchens, an Ciseri, den Meister der »Bestattung Christi« in der Madonna del Sasso von Locarno. Am Platze steht sein Geburtshaus – das palazzoartige Haus der Kirche gegenüber –, in der Kirche findet man ein von ihm dem heimischen Tempel gestiftetes Altarbild, und am Rathaus feiert eine Tafel seinen Ruhm."

Soweit unser Altmeister Schulten. Das Plätzchen unter den Kastanien wirkt heute fast bescheiden, doch schattig Platz nehmen und rüber nach Luino staunen ist auch was.

Für Bergvagabunden ist die vom Verkehr belastete Uferzone nicht unbedingt der richtige Ort, wer hier strandet, bekommt im besseren Falle Michelinbekanntes zu gehobenem Preis. Eine Ausnahmeadresse nach Lage, Stimmung und Baulichkeit ist die steil oberhalb der Straße gelegene:

Pensione EDEN – Porto Ronco. Seit Frühjahr 2007 ist die charmante Pension am Steilhang über Porto Ronco wieder geöffnet. Unterschiedlich exponierte Zimmer über

Terrasse der Pensione Eden, Ronco

mehrere Stockwerke, die Etagen liegen in Schwalbennestlage in einem üppig bewachsenen ♠ Felsgartenpark, dazwischen Treppenwege, Terrassen und Sitzecken, Bananenstauden, Palmen und Beete mit 200 Kamelien, stille Winkel und kleine Terrassen, und immer wieder mal begnadeter Ausblick auf den See. Zwischen all den routiniert und akkurat gebügelt wirkenden Herbergen am Tessiner Ufer wirkt die Pensione Eden wie eine exotische Ausnahme. Steiler, farbiger, individueller – fast ein Stück vom Zauberberg. Bei hellem Wetter jedenfalls großartiger Fleck mit Lagopanorama und Sicht auf die Brissago-Inseln!

Zum speziellen Charme des Platzes paßt eine restaurierte schwarz glänzende BERKEL-Schinkenschneidemaschine (vgl. auch S. 331). Das Kunstwerk steht auf Rollen und bei Bedarf wird direkt am Tisch aufgeschnitten.

→ *Pensione Eden Giardino,* CH-6613 Porto Ronco, Tel. +41-(0)91 791 66 61, www.eden-giardino.ch. **Faire Preise** (Doppel mit Seesicht ab 142 SFr). Ferienwohnungen von 150 bis 185 SFr. Halbpension 30 SFr pP. Privater Badeplatz über die Straße am See.

Balkon über dem Lago Maggiore – Albergo Ronco

Albergo RONCO*** – RONCO. Das ehemalige Kloster liegt romantisch und aussichtsreich am Südhang, im verkehrsberuhigten oberen Teil von Ronco sopra Ascona auf 350 m, neben der Kapelle Maria delle Grazie. Somit ruhig und schön gelegen, dito der pool mit Sicht, gepflegter Palmengarten, große laubbeschattete Terrasse, ebenfalls mit Sicht über den See – und endlich einmal ohne Plastikstuhl! Rechte Hotelküche, ♠ großartiger Ausblick.

→ *Albergo Ronco* (Fam. Casparis), Piazza della Madonna 1, CH-6622 Ronco s/Ascona. Tel. 0041-91-791.52.65, Fax 791.06.40, www.hotel-ronco.ch. Alle 20 Zimmer mit Dusche, WC, TV Kabel und Telefon. Keine Hunde. März bis November. **Preise**: hoch.

Zigarrenrollen mit Seeblick, Dannemann in Brissago

Brissago

Auch hier gilt, pittoresk wird's erst sopra, oben am Hang. Der Betrieb längs der Uferstraße spült willenlose Autotouristen in der Regel schnell durch den Ort und eh man sich versieht, ist die Grenze nach Italien erreicht (Standardfrage: „War das jetzt schon Brissago?"). Also vielleicht noch mal Kaffee trinken und Zeitung lesen. Geht wider Erwarten gut sogar an der Hauptstraße, etwa unter den Arkaden der Via R. Cavallo Nr. 38, nahe der Kreuzung nach Incella:

– Café *Zanzottera*, „das" Frühstückscafé mit feinen Mailänder Gipfeli (täglich 7 bis 18.30 Uhr, Januar bis Mitte Februar geschlossen). Gleich nebenan der gut sortierte Zeitungsladen Foto-Tabacceria *Kuchler* (auch für Schweizer Landeskarten und die klassischen Brissago-Rauchwaren, vgl. unten).

■ **Die Brissago-Inseln** in der langgezogenen Bucht zwischen Brissago und Ascona profitieren von einem einzigartigen Mikroklima: „Bei uns wächst alles, australische, südafrikanische und lateinamerikanische Gewächse." Fiorenzo Ris, Chefgärtner der beiden Südschweizer Inseln, auf denen der Kanton Tessin 1949 einen botanischen Garten eingerichtet hat. (Zwischen März und Oktober täglich von

9 bis 18 Uhr; regelmäßige Schiffsverbindungen von allen Schweizer Hafenorten, von Porto Ronco fährt jede halbe Stunde ein Taxiboot die Brissagoinseln.)

Wandel der Zeiten I: *Die Zigarrenfabrik.* Im Jahr 1847 wurde von italienischen Flüchtlingen, die sich österreichischem Zugriff entziehen wollten, in Brissago eine der ersten Tabakfabriken Europas gegründet – vermutlich die einzige mit so panoramischem Seeblick. Die Fabrikation im historischen, mittlerweile aber stark veränderten Gebäude der „Fabbrica Tabacchi" ist noch heute von Belang. Anfang 2002 wurde der Betrieb von der DANNEMANN AG übernommen, bei jedem gutsortierten Händler der Schweiz sind Brissagos zu bekommen. Hergestellt werden noch immer Traditionsprodukte wie Toscani- und Blauband-Zigarren (mit dem typischen Strohhalm als Mundstück, in der klassischen Verpackung: gelbe Schachtel, blauer Streifen). Produziert wird wie früher, handgerollt, mit natürlichen Klebstoffen aus Weißwein, Grappa, Honig und Gewürzen, was dem Geschmack dienen soll. Dennoch, während zur Blütezeit in den 70er Jahren 800 Angestellte in der Fabbrica von Brissago arbeiteten, kommen heute gerade noch 80 Personen in den Riesenkomplex am See. Praktisch ausschließlich Grenzgängerinnen aus Italien zu Niedriglöhnen.

– **Information zu den Führungen** durch die Fabrik (kein Verkauf) im lokalen Tourismusbüro; weitere Infos zu Sonderveranstaltungen etc. unter www.dannemann.com.

Wandel der Zeiten II: *Das Hotel.* Russische Großfürsten und ungarische Barone logierten einst über Monate im Grand Hotel – umschwirrt von Dichtern, Denkern und Glücksrittern. KURT TUCHOLSKY und der junge KÄSTNER, damals (1930) bereits gut im Geschäft, gingen ein und aus. Sie begrüßten sich tagsüber freilich nur mit einem schmucklosen Kopfnicken, angeblich um einander nicht von der Arbeit abzulenken.

Aber das war einmal – das *Grand Hotel* am Lido von Brissago, ein imperialer Riesenkasten, 20 mal 60 mal 40 Meter umbauter Raum auf einem Traumgrundstück direkt über dem See. Nach dem Krieg dann die üblichen Stationen: Niedergang, zu Beginn der 90er war das Grand Hotel nur noch eine feuchte Ruine, durch deren schiefe Läden der Wind pfiff. Es folgte Abriß, dann gegen Ende der 90er Jahre die Renditesanierung des Filetstücks mittels Luxusappartements, genannt *Villa Riva Bianca*. AURELIO GALFETTI hat die Grundform des streng langgestreckten, rechteckigen Baukörpers konzipiert. Heraus kam eine Wohnanlage für höhere Senioren, zu deren Nutzung niemand gezwungen wird.

Die unruhige Situation längs des Seeufers treibt einen hoch in die Berge – und die Kurbelei wird belohnt! Entlang der Straße Richtung Porta/Gadero (Abzweig am Ortseingang von Ronco kommend), warten interessante Adressen, von unten nach oben:

CASA CONCERTO** – Brissago-Rossignoro. Das kleine charmante Hotel mit fünf Zimmern (alle Südseite mit Seeblick) liegt mitten im verwinkelten *Rossignoro* (313 m). Man kann mit dem Auto nicht direkt vor die Tür fahren, aber von der Straße sind es nur 50 Meter romantischer Treppenweg. Großer gepflegter Garten mit weitem Blick über Brissago und den Lago.

→ *Casa Concerto* (Anita Sommer). CH-6614 Brissago, Tel. 0041-91-786.81.00, Fax 0041-(0)91-786.81.05, www.casaconcerto.ch. Keine Haustiere. **Preise**: mittel-hoch.

Trattoria ARTE + MUSICA – Gadero. Auch hier besteht die Gefahr hängenzubleiben: in einer kleinen sympathischen Osteria mit einer selten feinen Aussichtsloge – Hubschrau-

Seltener Fleck: Trattoria Arte+Musica, Brissago-Gadero

berblick auf Valli und Lago! Der Basler Umsteiger *Jean Pierre Kleiber* – früher Innenarchitekt, jetzt Gastgeber und Mann für alles – hat die einzige und jahrelang verwaiste Osteria Gaderos seit Frühjahr 2004 gepachtet, renoviert und erweitert. *Trattoria Arte + Musica* heißt der Platz nun etwas artistisch bemüht, aber ansonsten geht es durchaus entspannt zu. Die entrückt gelegene ♠ Terrasse bietet himmlisches Panorama, die Preise halten Bodenhaftung. Die drei geschmackvoll renovierten Zimmer (zwei Doppelzimmer) sind schlicht, aber vollauf genügend. Wirt, Haus und Küche sind noch nicht in aller Munde, eben deshalb wirkt der versteckte Fleck noch unschuldig und einladend wie selten. Kleiber kocht persönlich und durchaus befriedigend, schnelle Abfertigung und routinierter Zugriff sind hier oben so weit entfernt wie die Seepromenade. Vom Zimmer „Cannobio" aus genießt man abends allerdings einen Traumblick auf die Lichterkette ebendort. Ein seltener Fleck.

→ Trattoria *Arte + Musica* (Jean-Pierre Kleiber), CH-6614 Brissago-Gadero (am Ortseingang erste Abzweigung nach rechts hoch, leider

Bilderbuchlage – Grotto Tecett, bei Incella

immer noch unbeschildert). Zwei Zimmer. Warme Küche von 11.45-14.30 und von 17.45 bis 22.00 Uhr. RT: Mo, bis Ende Oktober geöffnet. Tel. 0041-(0)91-780.95.37, mobil 079.272.99.84. **Faire Preise**.

Oberhalb Incella (ab Uferstraße ausgeschildert):

Grotto TECETT (auf 399 m). Ein Bilderbuchgrotto, das zu einer der ältesten Hausgruppen am Lago gehört – einfach und sympathisch. Möglicher Plan: Eine Minestrone löffeln, den Blick genießen, die Kunst an der Lampenreihe loben und den Tag grad' so laufen lassen. Apropos Minestrone: eigentlich war sie auch hier, wie fast überall, nicht richtig gut – eher fad, das Gemüse bis zur Unkenntlichkeit zerkocht, nahezu ungewürzt. An so einem Fleck aber egal, zudem wird auch eine piatto Ticinese oder Salametti serviert und am Granittisch mit Seesicht schmeckt sowieso alles besser. Vom Grotto Tecett war übrigens auch schon »Essen und Trinken« angetan: „eines der schönst gelegenen Grotti im Tessin." ♠

→ *Grotto Al Tecett* (Elisabetta Dové), CH-6614 Brissago-Incella, Tel. 0041-(0)793.29.23. RT: Mo, Di.

Mit Berg- und Seesicht – Grotto Borei, Piodina

Noch höher hinaus: Wer noch nicht genug hat von der Kurbelei: vom Grotto Tecett (399 m) aus der Straße folgen bis zum Ende auf 1 040 m. Hier, am Ausgangspunkt der Wanderung zur Capanna al Legn am Monte Gridone, liegt auch der weltschönste Vesperplatz.

Grotto BOREI (850 m). Noch ein Bilderbuchgrotto, vielleicht noch stilvoller, jedenfalls bislang ohne Touristenapplikationen, dazu exponiert gelegen. Kleine, überlegte Karte (wechselndes Tagesmenü). Je nach Saison auch Ziegenbraten oder Wild, feiner, sämiger Risotto, Brasato, Gnocchi, Käse, Salami. ♠ Terrasse mit Sicht von Ascona bis Italien. Ein gehüteter Tip ist der Platz in diesem Bergwinkel allerdings schon lange nicht mehr, den Reifenprofis war der Platz sogar eine Gabel, einen grünen Sonnenschirm und ein rotes Monti-e-Lago-Panorama wert.

→ *Grotto Borei* (Fam. Solferini-Battistessa), via Ghiridone 71. Tel. 0041-91-793.01.95. Von 10 bis 23.30 Uhr. Ferien vom 1. Februar bis 11. März, zwischen November und Januar nur am Wochenende geöffnet, während der Saison RT: Mo (12-14 und 18-20.30 Uhr).

Wanderung auf den Pizzo Leone (1.639 m)

Eine mittelmäßig fordernde Bergwanderung hoch über dem Lago Maggiore.

Vom Pizzo Leone hat man panoramische Sicht auf das untere Tessin, somit bleibt ein Tessinunübliches Tourenfazit: Viel Blick bei relativ wenig Anstrengung. Geübte Bergziegen können die Tour zudem fortsetzen und vom Gipfel über die *Alpe Termine* ins Centovalli absteigen, das wären aber nochmal fast 1.000 Höhenmeter heftig lochab, zudem lange im Wald zu gehen. Zielorte: *Bordei* (726 m, hier Busanschluß ins Centovalli, eine lohnende Osteria mit Zimmern, vgl. dazu das Kap. Centovalli), oder: bis *Rasa* auf 898 Metern, von dort dann per Seilbahn ins Tal.

➲ **Wegverlauf:** Von *Brissago* mit dem Gratisbus (März bis Oktober) zunächst bis *Gadero* (433 m), der letzten ganzjährig bewohnten Gemeinde (mit guter Osteria/Unterkunft, s.o.). Wer mit dem eigenen Auto unterwegs ist, kann noch wesentlich weiter bis zur *Alpe Nova* auf gut 1 000 m hinaufkurven. Erst hier auch der eigentliche Beginn des Bergweges (aber nur beschränkt Parkplätze).

Ab Gadero entweder der Fahrstraße folgen oder dem alten Pfad, der durch herrliche, knorzige Kastanienselven nach *Bassuno* (879 m) führt. Ab hier auf der Straße bis zur *Alpe Nova* (1 000 m). Über Bergwiesen und farnbedeckte Hänge in vielen Serpentinen und immer mit Blick auf den See über *Morghegno* hinauf zur nicht sonderlich malerisch gelegenen *Alpe di Naccio* auf 1 395 m (neuer Brunnen).

Hier beginnt der eigentliche Rundweg um den *Pizzo Leone* (1659 m): zunächst auf bequemem schattigen Waldweg in nordwestlicher Richtung. Erst die letzten paar hundert Meter auf den Gipfel des Pizzo Leone werden steil. Die Belohnung: Sicht aufs tief eingeschnittene Centovalli und Valle Onsernone im Norden und – auf dem ganzen weiteren, etwas monotonen Weg zur Alpe di Naccio – auf den Lago Maggiore und die Gipfel im Norden.

→ Bei Busanfahrt ist auch der Rückweg nach *Ronco* möglich: Ab Alpe di Naccio führt der Rückweg dann in Richtung Corona dei Pinci Casone hinunter bis zum Sattel auf Punkt 1 306 m. Dann absteigen nach Süden, bis Pozzuolo (1 181 m). Nach dem Kirchlein queren nach Porera (1 035 m). Auf dem Weg durch die Monti di Ronco warten wieder ein paar Grotti (s.u.)!

Panorama im Nahbereich: am Aufstieg zum Pizzo Leone

Ab Ronco mit dem Bus nach Brissago zurück oder zu Fuß auf dem ca. 6 km langen Höhenweg (Via Barcone) nach BrissagoPorta.

→ **Zeiten & Karten**: Gadero-Bassuno-Alpe Nova: 2 h; Alpe Nova-Alpe di Naccio 1 h; Rundweg Alpe di Naccio-Pizzo Leone-Alpe di Naccio: 2 h; Abstieg Alpe di Naccio-Pozzuolo-Porera 45 min; Porera-Ronco 1 h 50 min.

Landeskarten: 1:50 000, Blatt 276 **T** Val Verzasca. Zusammensetzung 1:50 000, Blatt 5007 – mit Wanderrouten; die beschriebene Route ist rot eingetragen, der Beginn des Aufstiegs ab Gadero ist aber nicht mehr ganz auf dem Blatt 276.

Oder, einmal mehr die universell nutzbare KÜMMERLY + FREY Wanderkarte, Nr. 29: Tessin Sottoceneri, 1:60 000.

Lago Maggiore | Westküste (Italien)

Nur ein paar Meter nach der Schweizer Zollstation bei Valmara steht noch immer dieses alte Schild in schönstem Trappattoni-Deutsch: ALTHEN VERBOTEN – VORBEHALTEN SOLDAT PARKSTELLE. Ein paar Kilometer weiter wird es aber gleich idyllisch:

Cannobio

Der erste und einer der wichtigsten Fremdenverkehrsorte am Lago Maggiore, zumindest wenn es um die Attraktion für deutsche und deutschschweizer Gäste geht. Zur Saison sind Lungolago und Gässlein fest in nordalpiner Hand, was auch daran liegen mag, daß Cannobio exakt so aussieht, wie man sich nördlich des Gotthard einen ordentlich aufgeräumten italienischen Ferienort eben so vorstellt. An Postkartenmotiven mangelt es also nicht.

Herausgeputzte Italienità – Cannobio, Hotel Casa Pironi

Blauer See, rosa Hemden: Schon bei der Anfahrt nach Cannobio zeigt sich der Lago so unverwüstlich, wie ein gutes Theaterstück, das sich nicht totspielen läßt. Jasminduftende Hecken, dahinter Villen am richtigen Fleck, eine endlose Uferstraße, voll mit Cabrios und Radfahren jedweder Gattung; vereinzelt kreuzen auch erdfarbene Limousinen, die später hinter einem schmiedeeisernen Gitter stehen werden.

Auf dem See Bilder wie aus dem Fotoalbum: Männer stehen in Vico Torriani-Pose am Steuer von Booten, die aussehen wie ein Cadillac ohne Räder. Wasserski erfreut sich auf dem Lago nach wie vor großer Beliebtheit. Unter Frühverrenteten scheint dagegen Leistungssport beliebt; kaum eine Bergfalte, aus der einem nicht hochmotivierte Mountainbiker entgegenkommen. Es gibt aber auch Schweizer Pensionäre in rosa Kurzarmhemd und rotem Lotus.

Trotz (oder wegen) seiner touristischen Karriere gehört Cannobio zu den reizvollen Stationen an der Westküste. Prominente Lage, malerische Gassen, postkartentaugliche Pi-

Am Lungolago in Cannobio

azza direkt am See, ein bis nach Westfalen bekannter Sonntagsmarkt. Soviel herausgeputzte Italienità zieht, natürlich
Kundschaft allerlei Zuschnitts, so wirkt Cannobio immer wie
ein Wackelbild, Liebreiz neben Kitsch, Jaguar neben New
Beetle, Shortssandalensocken neben Sommerleinen. Fazit:
potentiell ein reizvoller Fleck, allerdings nicht sortenrein.

Ein Halt lohnt sich auch für jene Passanten, deren eigentliches Seeziel weiter im Süden liegt. Cannobio präsentiert
sich verkehrstechnisch zwar als Nadelöhr, noch quält sich
der gesamte Uferverkehr durch die enge, rotgepflasterte
Ortsdurchfahrt, was nicht sehr gemütlich aussieht. Ein
länger geplanter Umfahrungstunnel soll dereinst für Ruhe
sorgen. Die Mittel liegen weitgehend bereit, schon 2005
sollte mit den Arbeiten begonnen werden. In der Folge eines
politischen Farbwechsels wird nun aber zunächst weiter
diskutiert, mit Gewerbe, Anliegern, Naturschützern und…
– das kann dauern.

Gleich, was und wann gebaut wird – die altgediente *Pasticceria Zaccheo* direkt am Eck in der rot gepflasterten Altstadt-

Saisonbeginn in Cannobio

Engstelle läßt sich vom Verkehr nicht weiter stören, hier ist Ortsmitte und Treffpunkt, und nach oben und unten in der Gass' gibt es hervorragende Einkaufsmöglichkeiten für Spezereien. So ist Cannobio auch – gerade für Heimreisende, Ankommende und Ferienhäusler – immer eine wichtige Proviantstation. Der Warenkorb präsentiert sich für einen Transitort auffallend gut gefüllt, es können nicht die Bedürftigsten sein, die in der Region unterwegs sind.

Hinter den dicken, lärmdämpfenden Mauern der *Pasticceria Zaccheo:* sehr guter café, croissantes und hervorragende Amaretti diverser Ausführung an einer extra Patisserie-Theke. Für Lärmunempfindliche geht auch Draußensitzen auf den Terrassenplätzen mitten auf der kleinen Via Giovanola. Insofern wäre die Pasticceria – neben der repräsentativen Piazza unten am See – der beste Fleck für den Italien-Erstkontakt. Oder eben zum Nachladen auf der Heimfahrt: Nur ein paar Häuser weiter oben in der *Via Giovanola* – direkt um den markanten Campanile gruppiert – ein paar kleine Läden mit gutem Angebot:

Luxus am Lungolago: Hotel Cannobio

■ **Einkaufen**: Zunächst linkerhand, nur ein paar Schritte oberhalb der Pasticceria Zaccheo ein Laden für frische Pasta, wenig weiter oben, bei *Pizza Al Campanile*, Hausnummer Nr. 23, ofenheiße Pizza auf die Hand. Gleich gegenüber: Ein kleiner, exquisit sortierter Feinköstler mit Schinken, Salami, schöne Käseauswahl etc., auf der Theke die hervorragenden Edelkonserven von „Colfiorito" (z.B. Thunfisch in Olivenöl, gefüllte Pepperoni im Glas).

Die Pflastergass' auf der anderen Seite der Durchgangsstraße, führt geradewegs runter zu Seepromenade und Schiffsanleger. Dort die alles dominierende, durchaus repräsentative *Piazza Vittorio Emmanuele,* die mit ihren neu gelegten, großformatigen Granitplatten auch absatzfreundliches Promenieren erlaubt. Dazu Arkaden, Läden und Cafés sonder Zahl, qualitativ aber eher in erwartbarer Qualität (seit jeher die gastronomische Ausnahme am Lungolago: *Lo Scalo*, gediegenes Restaurant direkt unter den Arkaden, vgl. unten). Ansonsten sollte man in solcher Lage wirklich keine Wunder erwarten, allenfalls routinierten Ablauf und italienische Zitate.

Schnell mal schwimmen: Badestelle in Cannobio

Unübersehbar zentral und prominent gelegen, das nach umfassender und stilvoller Renovierung erst 2003 wiedereröffnete Viersternhotel *Cannobio*. Nach Lage, Ausstattung und Preis zweifellos eine gehobene Angelegenheit, allerdings zeigt sich der Luxus hier sehr glatt. Das beginnt schon im potentiell wundervoll gelegenen Terrassenrestaurant über dem See, wo die verspielte Stimmung vom hüftsteifen Service unterlaufen wird . Weitere Details zur Einkehr und Angebot vgl. weiter unten).

Baden: Am südlichen, meist auch ruhigeren Ende der Seepromenade, also längs der Piazza XXVII/XXVIII Maggio schließlich noch ein kleiner Höhepunkt: Die neu angelegte **Badestelle** (beim markanten Bootshaus) wirkt auf den ersten Blick vielleicht gar nicht so spektakulär. Aber wo gibt es denn sowas. Zu Mittag ein schönes Fläschle und eine Kleinigkeit in einer Trattoria, dann ein paar Schritte über die Straße, Hosen runter und in großen Zügen rausschwimmen. Danke Cannobio, gut gemacht!

Markttag in Cannobio

- **Eine Weinhandlung,** besser: „die" Weinhandlung: *Enoteca Casa Bava,* direkt am südlichen Ende der Seepromenade, an der Piazza 27/28 Mai, Nr. 8. Der Inhaber ist nicht nur ausgebildeter Sänger, sondern auch großzügig mit den Proben, was angesichts des ausgedehnten Sortiments etwas heißen will, drei Söhne führen den weithin bekannten Traditionsbetrieb weiter. Die Standardadresse, sofern es um das Füllen größerer Kofferräume geht.

■ **Der Sonntagsmarkt:** „Ha noi, des brausch' jetzt nimme." Die schönsten Mundartstückle spielen oft im Ausland. Auch auf dem Sonntagsmarkt in Cannobio. Der ist etwas kleiner und vielleicht ein wenig geruhsamer als der Reisebus-Halligalli-Mittwochsmarkt in Luino auf der Ostseite des Lago Maggiore – aber auch in Cannobio werden die Parkplätze schnell knapp. Schließlich gibt es von der gefüllten Peperoni bis zur gefälschten Hermès-Tasche (der Kauf von Plagiaten steht in Italien unter Strafe!) alles, was eine Dame aus Spaichingen begehrt, oder eben „nimme braucht", wenn es nach dem Gatten ginge. Mitunter enden solche Szenen dann mit einem Klassiker einkaufender Frauen: „Ich glaub', ich nehm' beide."

Sonntagsmarkt, Cannobio

Der bis Bottrop bekannte Markt längs der Seepromenade bietet tatsächlich Panoramen aller Klassen und Taschen, Taschen, Taschen. Wobei mancher Kundin gerade jene Modelle zusagen, die in Farbe und Textur ihrer Gesichtshaut ähneln. Einfach alles vom Marketenderware und Kaffeefahrtramsch bis Pecorino aus Sardinien. Auffallend groß die Riesenauswahl an **Käsesorten** aus dem Piemont und der Lombardei.

Getürkte Todds, kochfeste Unterwäsche

Natürlich wird hier auch die herrliche piemonteser *Salame al Barolo* haldenhoch gestapelt angeboten, dazu getürkte Tod's in allen Regenbogenfarben, zur Not auch kochfeste Unterwäsche. Verglichen mit dem Treiben am See wirkt ein Markt, wie er zwischen der Sparkassenarchitektur einer deutschen Fußgängerzone abgehalten wird, wie eine vakuumierte Mumie. Schon ein Blick auf den Salamiwagen genügt, um zu ahnen, auf welch' kulinarischem Niveau sich die deutsche Aufschnittgesellschaft befindet.

Sichere Bank im Hinterdorf – Antica Stallera, Cannobio

Wer es etwas originalgetreuer haben möchte: Am Samstag ist weiter südlich in *Verbania-Intra* der große, weitgehend untouristische Markt – ohne eigens ausgeschilderte Parkplätze und „o sole mio"– intonierende Händler, aber mit einem qualitativ besseren Angebot als in Cannobio.

Tisch und Bett in Cannobio

ANTICA STALLERA*** – Im 16. Jahrhundert eine Postkutschenstation, seit 1650 Gasthof. Über die Jahre hat sich das Haus zu einem funktionalen Mittelklasse-Ferienhotel entwickelt, das Vorzüge eines zuverlässigen Familienbetriebs bei moderaten Preisen bietet. Vor Jahren wurde das Hotel vollständig renoviert, hinzu kam ein ganz neuer Trakt mit Hotelzimmern und der neue, große Speisesaal. Seit 200 Jahren unverändert geblieben und fast ein kleines Reich für sich ist der lauschige Innenhof mit schattiger Laubenstimmung, hier alte Granittische und weniger alte Plastikstühle, markant aufgeschossene Palmen, mächtige alte Eiben und eine Kamelie, die im 17. Jahrhundert zusammen mit dem Rhododendron von Engländern mitgebracht wurde. Also vielleicht einen Besuch einplanen, wenn die Kamelien blühen (was schon vor Ostern sein kann!). Ansonsten bietet das Restaurant auch für Passanten durchaus interessante Angebote, etwas abseits des Laufstegs unten am See. Das Essen ist sehr ordentlich, die Karte so mehrheitsfähig komponiert (und so geschickt übersetzt), daß sich auch Nordländer sachte an Italien heranessen können (schöne Antipastiauswahl, dito Pastagerichte, sowie die gewohnten Hauptspeisenklassiker – alles routiniert zubereitet), beachtliche Weinkarte. Von den Zimmern gibt es zwar keinen Seeblick, aber auch hier überdurchschnittlicher Standard. Unverändert der gekieste Parkplatz mit Oleander und Jasmin – hier bleibt an Wochenenden (Sonntagsmarkt!) nur selten ein Platz frei. Alles in allem kein alter Stall, sondern eine sichere Bank. ♠ Lauschig beschatteter Innenhof.

→ *Antica Stallera* (Fam. Soncini), I-28822 Cannobio (VB), Via P. Zaccheo 7, zentral und doch ruhig gelegen, ca. 100 m vom See. Von der Durchgangsstraße und der Seepromenade ausgeschildert. Tel. 0039-0323-715.95, Fax 722.01, www.anticastallera.com. **Preise**: mittel.

Zwei Klassiker mit Komfort

Casa PIRONI***. Altbekanntes und gediegenes Haus im historischen Gewand, zentralst in den alten Gassen der Fußgängerzone gelegen, runter zum Lungolago sind es nur ein paar Schritte. Innen ansprechend renoviert und durch und durch gehobene Mittelklasse, die in dieser Lage und in diesem Ort natürlich entsprechend bezahlt werden muß. Zum historischen Pironi-Komplex (aus dem 15. Jahrhundert) gehört eine anregende, weil gut eingesessene Bar. Via Marconi 35, Tel. 0039-0323-706.24, www.pironihotel.it. **Preise**: gehoben-hoch.

Hotel CANNOBIO****. Die noble und neu renovierte Adresse in erster Frontlage an der Seepromenade, mit einem perfekt gelegenen Gartenrestaurant direkt über dem See. Tiefgarage. Piazza Vittorio Emanuele III, 6, I-2822 Cannobio (VB), Tel. +39-0323-73.96.39, Fax 0323-73.95.96, www.hotelcannobio.com. **Preise**: hoch.

Lungolago und Ristorante Porto Vecchio – Hotel Cannobio

IL PORTICO***. Obere Mittelklasse in zentraler, dennoch recht ruhiger Lage direkt bei der barock ausgestatteten Wallfahrtskirche Santa Pietà. Ein Teil der Zimmer liegt im Hauptgebäude zum See, dort auch der Speisesaal, Gemeinschaftsräume und die bewirtete Seeterrasse, ein weiterer – sicher nicht minder reizvoller Teil der Zimmer – in einem direkt angrenzenden historischen Anwesen, das etwas erhöht hinter dem Hotel liegt: die Innenhof Villa aus dem 18. Jahrhundert wurde renoviert, die Zimmer und Suiten sind ruhig und gehen zum Teil auf einen geschützten Innenhof-Garten.

→ Hotel-Ristorante *Il Portico*, Piazza Santuario, 2, I-28822 Cannobio (VB), Tel. 0039-0323.705.98, Fax: 0323.722.89, 48 Zimmer, www.portico.gozilla.it, mail: hotelilportico@libero.it. **Preise:** gehoben.

VILLA BELVEDERE***. Auf den ersten Blick, von der Straße ins Cannobino-Tal aus gesehen, erschließt sich die Gunstlage des Belvedere nicht unmittelbar. Das Empfangsgebäude der parkähnlichen Anlage liegt linker-

Am grünen Rand – Villa Belvedere, Cannobio

hand oben über der Talzufahrt und die eigentlichen Vorzüge
der parkähnlichen Anlage sind von der Straße aus kaum zu
ahnen. Aber da wäre ein überraschend großer Garten mit
Pool, zudem liegt die Mehrzahl der Zimmer weiter hinten
am Waldrand, fast versteckt im Cottage-Stil mit eigener Veranda, auch beruhigend weit abseits der Straße. Von dort
gibt es sogar etwas Seeblick, also doch Belvedere. Außerdem
bietet die großzügige Anlage reichlich Rückzugsmöglichkei-
ten zum Lesen und Dösen, zum Schwimmen und Planen.
Der Familienbetrieb wirkt sorgfältig und professionell geführt, man fühlt sich gleich aufgehoben. Wer Cannobio mag,
aber nicht mittendrin, sondern am grünen, luftigen Rand
logieren möchte, wird sich in diesem „Parkhotel" sicher wohl
fühlen. ♠ Großer Park, Liegewiese.

→ *Villa Belvedere* (Fam. Albertella), via Casali Caserina 2 (linker-
hand, oberhalb der Zufahrt zur Valle Cannobina), I-28822 Cannobio
(VB). Tel. 0039-0323-701.59, Fax 719.91, www.villabelvederehotel.it.
Vier Zimmer im Haupthaus, die anderen 14 in einem langgestreck-
ten Landhaus im Park, das erst vor kurzem erweitert wurde: ein
Stockwerk wurde aufgesetzt und alle Räume modernisiert. Unten

Mittendrin: Ristorante Scalo, Cannobio

entstanden 11 Zimmer und oben 8, darunter auch 2 behindertenge-rechte Zimmer. Geöffnet von Mai bis Oktober. Pool, Park, Parkplatz. **Preise**: mittel.

Ristorante SCALO. Klassiker unter den Arkaden der Piaz-za. Wer Plastikstühle und Tischnachbarn in kurzen Hosen scheut, ist hier an der richtigen Adresse, sofern man im Zen-trum des Geschehens bleiben möchte. Hohe Preise, bislang kulinarisch dennoch eine der wenigen ernstzunehmenden Adressen direkt an der Seefront. Hausgemachte Pasta, sonst nur konventionell angelegte Standardkarte mit den übli-chen Positionen. Aufmerksamer, bisweilen etwas hüftsteifer Service, geschmackvolle Innenräume. ♠ Große überdachte Freiterrasse, zentral am nördlichen Teil der Piazza Vittorio Emanuele.

→ *Ristorante Scalo*, Piazza Vitt. Emanuele, 32, Tel. 0039-0323-714.80. Hunde nicht erlaubt. **Preise**: gehoben.

Die Romantikterrasse über'm See – Villa Maria, Cannobio

Ristorante-Pizzeria VILLA MARIA. Ein Lokal, das wegen seiner hervorragenden Terrassenlage über dem See kaum zu übersehen ist. Auch Drinnen in der historischen Villa Maria viel Geschmack, manche Pretiose und auf dem seeseitigen Balkon zwei, drei Extratische in Extralage. Wenn es also mal etwas stimmungsvoller sein darf, sitzt man hier unschlagbar romantisch und dazu noch von der Seebrise umfächelt.

Bei soviel Ambiente spielen Details der Speisen nicht die alles entscheidende Rolle, die Küche sei spezialisiert auf „pesce di lago e di mare", ist zu erfahren. Nun denn, sie ist sicher spezialisiert auf die Wünsche von Touristen, also gibt es aus dem süßen Wasser allseits geliebte Standards wie coregone (Felchen) und persico (Egli oder Seebarsch), aber auch „branzino" (Wolfsbarsch), die Zubereitung lassen wir mal unkommentiert so stehen. Blick und Ambiente sorgen für höhere Weihen. Ansonsten ein ungewöhnlich breites Angebot von Antipasti, Pasta, sowie gut ein Dutzend Pizze. ♠ Großartige Romantikterrasse.

Gute Kost auf üppiger Terrasse – Antico Sempione, Cannobio

→ Ristorante-Pizzeria *Villa Maria*, Via 27-28 Maggio 1, Tel. 0039-0323-701.60, Fax: 72.000.

Ristorante ANTICO SEMPIONE. Linkerhand, direkt an der Zufahrt ins Cannobina Tal gelegen das sympathisch geführte Ristorante Antico Sempione. Ein zuverlässiger Familienbetrieb mit jungen Wirtsleuten (die eine Hälfte der Gastgeber stammt aus Deutschland). Geboten wird eine gute und frische Küche, hausgemachte Pasta, serviert auf einer ♠ schattigen und üppig eingewachsenen Terrasse. Es werden auch geräumige Ferienwohnungen vermietet.

→ Ristorante *Antico Sempione*, I-28822 Cannobio, ca. 1 km westl. Cannobio, direkt oberhalb der Straße ins Valle Cannobina gelegen, Tel. 0039-0323-719.20.

Einkehr im Valle Cannobina

Valle Cannobina

Jadegrüne Abgründe: Die wilde Talschlucht des Cannobino entspringt am Fuße des *Cortecchiuso* (2 183 m) und mündet bei Cannobio in den See. Das extrem steile und kräftig gefaltete Tal gehört zu den intensivst befahrenen, bewanderten und bebikten „wilden Regionen" am See. Für italienische Verhältnisse ist die Cannobina gut mit Wegen erschlossen, dennoch gibt es abseits der Hauptrouten noch genug stille Ecken (wie z.B. das auf bald 1400 Stufen erreichbare *Crealla*, keine Einkehr mehr, aber grandiose Landschaft, kernige Badegelegenheit im Bergbach!). Naturburschen brauchen also wenig mehr als eine Karte und Kondition, alles Weitere ergibt sich bekanntlich im Wegverlauf.

Gleich zu Anfang des Tales, nach gut zweieinhalb Kilometern hinter Traffiume, liegt die zu Fuß begehbare Schlucht der Heiligen Santa Anna *(Orrido di S. Anna)*. Die beeindruckend beklemmende Stelle wird etwa zwei Kilometer hinter dem kleinen Dorf Traffiume erreicht (dort eine einfache *Osteria* am Ortsplatz, gut auf einen Campari).

Von Traffiume westwärts und gerade weiter dann auf einer schmalen Nebenstraße, die wenig ansteigend bis zur idyllischen Kapelle und zur kulinarischen Überraschung im Wald führt: der *Grotto Sant' Anna* mit durchaus ordentlicher Küche – wie die Kapelle reizend in einem schütteren kühlen Wald gelegen. Das alte Kirchlein Santa Anna (erbaut 1638) liegt in Postkartenlage oberhalb des extrem engen Cannobina-Durchbruchs, der an dieser Stelle wirklich nichts an Wildheit zu wünschen übrig läßt. Ein tiefer Schlund mit wild gezackten Felsen, und – je nach Wasserführung der Cannobina – mal schäumendem, mal blaugrün aufgestautem Wasser. Keine Frage, Caspar David Friedrich hätte so eine Szenerie sicher verewigt.

Heute ist der sommerfrische Platz unter Romantikern und Wassersportfreunden Platz gleichermaßen beliebt, vom Familienpicknick und Lagerfeuer auf den Sand- und Kiesbänken am Ufer, übers **kühle Bad** bis zur Tauchexkursion im natürlich gestauten Fluß ist alles möglich. In der Saison entsprechend heftiger Betrieb, sonst ein Ausflugsziel für zwischendurch, mit einer stimmungsvoll gelegenen Einkehr:

- **Grotto SANTA ANNA – Cannobinatal.** Übliche Karte und befriedigende (Pasta-)Küche in unerwartet liebreizender Lage über einer Engstelle der Cannobina Schlucht, schattig- lauschige Sommerterrasse. Insofern relativieren sich Fragwürdigkeiten im Angebot, darunter Schweinefilet mit Kräutern der Provence (!), es fehlen auch nicht die üblichen Riesengarnelen und argentinisches Rindersteak. Einmal mehr überrascht hier im Piemont das teutonisch strikte Einhalten der Küchenzeiten, diese nur von 12.00 bis 13.45 Uhr und 19 bis 21.45 Uhr. ♠ Stimmungsvolle Sommerterrasse. RT: Mo, www.ristorantesantaanna.com.

Gute Laune Grotto: Vino Divino, im Valle Cannobina

Osteria VINO DIVINO – Cannobinatal. Wenige Meter hinter der Abzweigung nach Traffiume, steigt die Hauptroute ins Cannobina Tal merklich an, der Wald steht dicht, es wird dunkel und felsig eng. Aber schon ein paarhundert Meter aufwärts, rechts die Abfahrt zur *Osteria Vino Divino* (und zu einem Campingplatz am Fluß). Die Zufahrt führt im Wald steil abwärts, aber nach einer spitzen Kehre wird es dann wirklich himmlisch: ♠ Granitbänke im Schatten von Eßkastanien, ein paar Tische auf gekiestem Grund, die idyllische Holzveranda im ersten Stock. Drinnen im alten Weindepot ein erdkühler Keller, in dem der Gast seinen Wein zum Essen selbst aussuchen kann – aus einem breiten Angebot vieler italienischer Anbaugebiete. Die aktuellen Speisen (jeweils 4-6 Antipasti, Primi, Secondi, Käseauswahl, Dessert) sind mit feiner Schrift auf einer Tafel angeschrieben und so wird auch gekocht.

Eigentlich genügt ein Wort zur Beschreibung von Küche und Atmosphäre: piccobello. Oder so: Endlich mal keine Routinekarte, die unbefleckt von Saison und Marktangebot

Ristorante Mulini del Mater, Valle Cannobina

bleibt, sondern eine stimmige Mischung aus verträumtem Platz, sorgfältiger Küche und aufmerksamer Bedienung. Lässig abgemischt vom Gastgeber *Paolo Meschio* und seiner Truppe. Paolo führt seinen Laden so, als kämen ein paar Sommergäste in sein Landhaus. Also der dringende Rat: man sollte seine Runden um den Lago Maggiore so einrichten, daß sie auch mal im Sommergarten des göttlichen Weines auslaufen.

→ *Osteria Vino Divino*, Strada Valle Cannobina (ca. 1,5 km westlich Cannobio), Tel. 0039-0323-719.19. Nur abends geöffnet, sonntags auch mittags (unbedingt reservieren). **Preise**: mittel.

Auf gleicher Strecke, gut einen Kilometer weiter talaufwärts, eine weitere reizvolle Einkehr: Ristorante **Mulini del Mater,** das Küchenkonzept bewegt sich zwischen bürgerlich und avanciert. Am besten selber mal reinschauen und nachschmecken, was die aktuelle Karte so bietet.

→ Ristorante *Mulini del Mater,* Strada Valle Cannobina (ca. 3 km westlich Cannobio), Tel. 0039-0323-772.90. **Preise**: mittel.

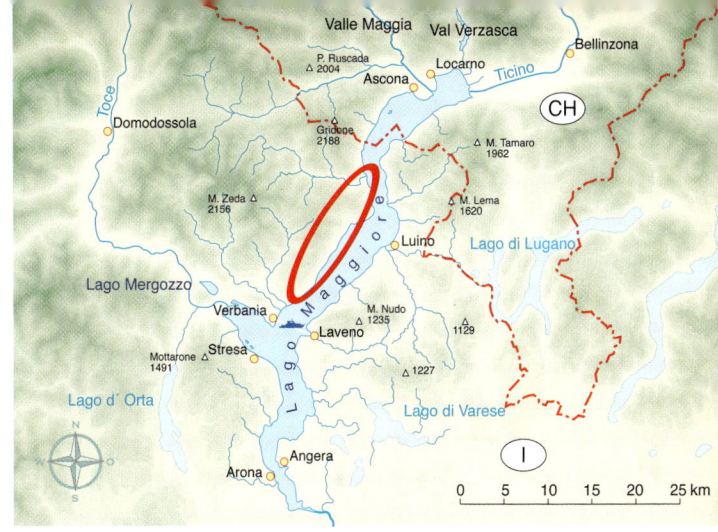

Die SS 34 | Eine Corniche mit Falten

Südlich Cannobio beginnt nun eine mal nostalgisch, mal nervig anmutende Passage: nach Verbania und weiter bis Stresa herrscht zwar viel Verkehr, aber es gibt auch einiges zu sehen. Mit der Eröffnung der *Strada Napoleonica del Sempione* (Simplonpaß) wurde der Lago Maggiore bereits im 19. Jahrhundert leicht erreichbar. Der Bau der Bahnlinie *Domodossola-Arona* brachte gut betuchte Gäste des Orient-Express an den Lago Maggiore. Verbania und Stresa entwickelten sich zu mondänen Ferienorten, ein früher Treff des Rail-set.

Rosenumrankte Rotunden,
plüschgedämpfte Telefonkabinen

In der Folge entstand mit der Staatsstraße SS 34 eine regelrechte *Corniche:* eine gut 20 Kilometer lange Uferinszenierung, bestückt mit prätentiösen Gärten, Villen und rosenumspielten Rotunden, mit Zuckerbäcker-Hotelfassaden

Grand Hotel geliftet: Majestic, Pallanza

und Jugendstil-Teehäuschen hoch über dem See. Einst ein Treffpunkt des Adels samt Gefolge, heute nivelliert, aber noch immer mit beachtlichen Resten. Etwas von der vergangenen Noblesse hat sich bis heute gehalten. Anders als in Brissago, wo das legendäre Grand Hotel nun ein paar Senioren-Luxusappartements gewichen ist, stehen um Verbania und Stresa noch ein paar durchaus rüstige Hotelpaläste aus den Glanzzeiten des oberitalienischen Seentourismus. Nur das entsprechende Publikum hat sich mit der Zeit gewandelt, das *Grand Hotel des Iles Borromées* überlebt eben auch dank Incentive-Gästen und Kongresstourismus, der ja auch wenig anderes als eine kompakte Form von Kaffeefahrt und Spesenritterei ist.

Für individuell reisende Hotelfreunde ist das eine oder andere der alten Schlachtrösser aber allein schon wegen Einrichtung und Stimmung einen Besuch wert. Ein Aperitif auf der Terrasse des prächtig renovierten *Grand Hotel Majestic* in Pallanza dürfte jedenfalls in Erinnerung bleiben, allein schon die teppichgedämpften Telephonkabinen in der

Eingangshalle sind einen Blick wert. Wo bitte gibt es heute noch Telephonkabinen?

Von Cannobio nach Cannero – Was Verlauf und Blick angeht, gehört die Küste von Cannobio über *Cannobio-Carmine* bis nach *Cannero Riviera* zu den Höhepunkten der SS 34. Gleich zum Auftakt eine aufwendigst trassierte Gesimsstraße, so mutig wie luftig in die Steilküste gehauen, dazu Panoramen wie im Diavortrag – wenn nur der Verkehr nicht wäre. Wer oben in den Bergen, südlich über Cannobio eine derzeit noch fensterlose Großruine erblickt: geplant ist anstelle der alten *Preventorio*-Anlage bereits Großes. Ein Hotel- und Ferienwohnungkomplex *Villa Badia* – Betten für 1500 Personen, mit eigenem Yachthafen; Ganzjahrestourismus, etc.

Böse Metzgerbuben – Weiter auf der Küstenstraße Richtung Cannero: Zur Steigerung der landschaftlichen Momente bald ein Blick auf die *Castelli di Cannero*. Die kleine Inselgruppe in Schwimmnähe der Küste mit den Castelli-Ruinen wird noch vor Cannero erreicht. Was bei trübem Wetter grau und verlassen aus dem Wasser ragt, wirkt im Sommer ganz anders. An schönen Wochenenden werden die Felsplatten zum großen Sonnendeck, ein beliebter Bootsanlege- und Picknickplatz, eine Art Piazza im See. In schier allen Reiseführern fehlt es nicht an bösen Geschichten, was das Treiben der ehemaligen Inselbewohner angeht, hier nur die Kurzfassung: angeblich haben die Mazzardi-Brüder, 5 Metzgersöhne aus Ronco, dereinst die ganze Gegend terrorisiert, erst nach dem Mord an einem Geistlichen wurde die Brut ausgehoben und das Kastell geschliffen.

🌊 **Baden:** Bei der Durchfahrt im kleinen Straßendorf Cannobio-Carmine dann wie jedesmal wieder das Staunen über diese kuriose *Osteria del Sasso* mit ihrer Vorkriegsanmutung und die dazugehörende Camping- und **Badewiese** am See.

„Hallo, zahle!" Osteria del Sasso, bei Cannobio-Carmine

Was könnte hier für eine Einkehr, für eine Anlage sein. Die glücklichen, unglücklichen (?) Eigentümer haben sich wohl entschlossen, das hochbetagte Ensemble still weiterdämmern zu lassen. Die Wandaufschrift *Osteria con Cucina* erinnert an einen historischen Schwarzweißfilm, nur die Karte und die Plastikbestuhlung deuten auf die Jetztzeit. Unser letzter Fotoversuch der Lokalität löste umgehend wütende Reaktionen aus, auf dem Weg zum Badplatz am Ufer wurden wir von der stimmkräftigen, gerne am Ausguck harrenden Wirtin entdeckt und mehrsprachig zur Entrichtung des Obulus aufgefordert: „Hallo, zahle!" Die Anlage unten am See könnte auch irgendwo in Transsylvanien liegen, Blick und Lage sind freilich einzig. Selbst in der Hochsaison verlieren sich allenfalls ein paar Gäste auf dem rätselhaften Terrain, insofern ein exklusives Feld unter strenger Beobachtung.

🚩 **Baden:** In *Carmine* gibt es noch eine zweite, öffentliche Badestelle, ein kleiner Weg führt runter zum See, unmittelbar neben der weit bekannten und immer wieder empfohlenen

Castelli di Malpaga, Cannero

Gourmet-Adresse: *Enoteca-Ristorante-Hotel del Lago* (Hinweisschild), unten eine kleine Badeterrasse. Das hart an der Durchgangsstraße gelegene Del Lago belegt mit seiner ambitionierten und entsprechend hochpreisigen Küche, geboten in einem Panoramasaal über dem See, einen Stammplatz in Gourmetführern, entsprechend formales Ambiente mit den üblichen Feinschmecker-Ritualen; einige komfortable Zimmer zur Seeseite gehören dazu.

→ Hotel-Ristorante *Enoteca del Lago,* Via Nazionale 2, I-Cannobio-Carmine Tel. 0039-0323-705.95, Fax: 705.95. RT: Di, Mi-mittag. **Preise**: gehoben.

CA BIANCA – bei Cannero. Konzentrierte Romantik – eine typische Reiseführeradresse in bester Lage unten am See mit Blick auf die Castelli di Cannero-Inseln, eigene Bootsstege an einer verträumten, südlich anschließenden Strand- und Uferpartie. Eine herausragende Küche in solch exponierter Romantiklage werden nur unverbesserliche Optimisten erwarten – kulinarisch bleibt es bei hübsch inszenierten

Standards. Bei Kaiserwetter und an Wochenenden ist zudem mit hohem Aufkommen an Gästen allerlei Zuschnitts zu rechnen, was den Platz nicht unbedingt promoviert. Trotzdem, der Fleck hat was – ein Fläschle und ein paar Antipasti, nichts gegen zu sagen. ♠ Fast schon kitschig nette Romantikterrasse mit Inselblick.

→ *Cà Bianca,* via Casali. Unterhalb der Küstenstraße Cannobio-Cannero auf Höhe der Castelli-Inselgruppe (gehört zur Gemeinde Cannobio). Tel. 0039-0323-788.038, über Mittag und ab 18.30 Uhr, RT: Mi, direkt am See gelegen, **Preise:** moderat.

Zimmer mit Ausblick: Exakt auf Höhe der bereits erwähnten Castelli-Inselchen, nur wenige Meter nördlich der *Ab*fahrt zum Ristorante Ca Bianca, fällt direkt an der Straße des öfteren ein kleines, blau-weißes „Camere"-Hinweisschild auf. Nach überraschend spitzer Abzweigung und nur zwei, drei Serpentinen höher erreicht man eine verwunschene, grün verwachsene Kleinlandwirtschaft mit Zimmervermietung; alles wirkt hier ganz einfach, fast schon ein wenig aus der Welt, aber nicht ohne Reiz. Geflügel und Haushund sind unterwegs, vom verwilderten Garten aus Traumblick auf die kleinen Castelli-Inseln. Die paar Zimmer sind einfach aber genügend, hinzu kommt noch ein schönes Appartement in einem separaten Gebäude. ♠ Einfacher Freisitz mit großartigem Blick auf den See (vgl. S. 169), gastliche Gastgeber.

→ **Camere – Gästezimmer** bei *Arnalda e Mario Albertella,* Via Casali Ginella, 6, I-28821 Cannero Riviera, Tel. 0039-0323-78.82.70, Fax: 78.85.55. **Preise:** sehr preiswert.

Neu, gefällig und sonnig: Canneros Seepromenade

Cannero

Cannero liegt – klimatisch mehr begünstigt als mancher Nachbarort – auf dem geschützten Flußdelta des Rio Cánnero. Der bissige Tramontana-Nordwind wird von Bergen abgehalten, der Durchgangsverkehr von einer landeinwärts verlaufenden Küstenstraße gebunden. So konnte sich auf dem Schwemmland zum See hin ein heiteres Gespiel aus älteren Villen, engen Gassen und neuen Ferienanlagen etablieren.

Südlich der Flußmündung das „neuere Cannero" mit einem komfortablen Campingplatz, gleich anschließend der ungewöhnlich große und aufwendig angelegte Badestrand mit schönen Terrassen in reiner Südlage. Diese reichen bis zur Flußmündung, anschließend der Yachthafen und die großflächige Time-sharing Anlage der Schweizer Gesellschaft *Hapimag*.

Der alte, idyllischere Teil Canneros beginnt wenig nördlich der Flußmündung, mit all den Zutaten, die einen Ferienort

Mit Patina und Blick: Park Hotel Italia, Cannero

ausmachen: Besonders prächtige *Via Magnolie* als verkehrsfreie Promenade am See, an der praktischerweise Hotels von
einfach bis elegant liegen (vgl. unten). Nach der jüngsten
Renovierung gehört die Seepromenade von Cannero zu den
schönsten der Klasse. In den ansteigenden Gassen dahinter,
die üblichen Läden in anregender Mischung, vom Metzger,
der vorzügliche Salume anbietet, über die Holzofenpizza bis
zur Postkarte ist alles zu haben. Nur was Romantikfassaden
und Gassen angeht, kann es Cannero nicht ganz mit Cannobio aufnehmen. Die gefällige Struktur und die warme Lage
gleichen das kleine Defizit jedoch allemal aus. Somit ein Ort
für fast alle Gelegenheiten.

PARK HOTEL ITALIA*** – Cannero. Klassisches Haus in
klassischer Lage an der Seefront, hier trennt einen nur die
verkehrsfreie Promenade vom Wasser. Das bestens gelegene, aber sichtbar betagte Gebäude wurde unterschiedlich
konsequent durchrenoviert. Das einfach nur zweckdienliche
Mobiliar harmoniert jedenfalls nicht mit dem Glanz der al-

Der Klassiker am Lungolago – Hotel Cannero, Cannero

ten Jahre. Mit einem schönen Pool im Hotelpark, Tennisplatz und der bevorzugten Lage gehört das international beliebte Haus zu den Favoriten einer Mittelklasseklientel, die Stimmung und Anlage eines freundlich patinierten Ferienhotels schätzt, moderater Komfort zu ebensolchem Preis.

→ *Park Hotel Italia,* Lungolago delle Magnolie 19, I-28821 Cánnero, Tel. 0039-0323-78.84.88, Fax: 78.84.98. Mitte April bis Mitte Oktober. **Preise**: mittel-gehoben.

☼ **Hotel CANNERO******. Zweifellos das eleganteste und komfortabelste Haus am Lungolago. Gegründet 1902 in imposanter Bestlage neben dem Bootsanleger, erst unlängst wurde umfassend und stilvoll renoviert. So gehört das 100 Betten Haus mit seinen teils historisierend möblierten Zimmern, den großzügigen Salons und der klasse Terrasse an der Seefront zur touristischen Creme im Ort. Im gediegenen Inneren hält sich Polstermöbelgemütlichkeit und Terracottaklarheit so eben die Waage. Die Dimensionen sind noch übersichtlich, der Ablauf besorgt-persönlich, wie in einem seit Generationen eingelaufenen Familienbetrieb. Also kein Luxuskasten und sicher kein Eventhotel, keine neureichen Aufgeregtheiten, sondern eine angenehme Bleibe für Gäste, die in bester Lage am See logieren möchten. ♠ Veranda und Terrasse mit Seeblick.

→ Hotel *Cannero*, am Lungolago delle Magnolie, I-28821 Cannero, Tel. 0039-0323-78.80.46. Fax: 78.80.48. www.hotelcannero.com, Tennisplatz, Pool. Von März bis Nov. **Preise:** gehoben.

Im historischen Ortskern – *Via d'Azeglio:* Wie erwähnt, im kleinen, verwinkelten Altstädtle, das hinter dem Lungolago beginnt und rauf bis zum zentralen Parkplatz reicht, finden sich die üblichen Anlaufstellen, darunter ein hervorragender Metzger (Salami, Schinken!), sowie eine allseits beliebte und entsprechend leistungsfähige Pizzeria mit einem etwas seltsamen Namen:

→ *Pizzeria Sano Banana,* ein populäres Multifunktionshaus: Bar, Restaurant, Abendtreff, Holzofenpizza nur abends, serviert wird in diversen und verwinkelten Innenräume und Höfen, auch Zimmervermietung, RT: Mo.

IL CORTILE – Cannero. Ebenfalls in der zentralen Altstadtgasse Via Massimo d'Azeglio hat sich der Schweizer *Arno A. Sgier* mit einem, mit seinem Traum niedergelassen. Ein Gemäuer aus dem 13. Jahrhundert aufs Feinste restauriert und renoviert, heraus kamen neun geschmackvoll, komfortable Doppelzimmer, im Innenhof das gepflegte Restaurant mit ambitionierter Küche. Also wartet hier ein Schmuckkästchen, ein Luxusversteck, wo die Möbel und Blumenvasen – wie von unsichtbarer Hand gesetzt – stets am richtigen Fleck stehen. Im großformatigen Hotelprospekt wurde der Hinweis auf die 10 Golfplätze am Lago Maggiore an zentraler Stelle platziert.

→ *Albergo Ristorante Il Cortile* (Arno A. Sgier), Via Massimo d'Azeglio 23 (zentral, im historischen Ortskern), I-28821 Cannero, Tel./Fax: 0039-0323-78.72.13, www.cortile.net. **Preise:** hoch.

Sonnenbank an Riviera di Cànnero

🔷 **Badestrand und Badewetter in Cànnero**: Platz am See, eher eine Ausnahme an der Piemonteser Küste: zwischen der Flußmündung des Rio Cannero und dem Park liegt ein gut 300 Meter langer *Süd*-Strand mit grobem Sand und Kieseln, erst 2003 wurde die Badebucht mit großzügige Sonnenterrassen aus mächtigen Granitquadern erweitert, dahinter viel Platz auf der ebenen Liegewiese, auch Schattenplätze *(Panoramica Romeo Mojoli)* – den Campingplatzschildern folgen. Alles in warmer Südlage.

Sonnenfleck Cànnero

„Ich habe an einem einzigen Tag, ja schon innerhalb einer Stunde, Temperaturunterschiede von vier bis sechs Grad Celsius, im Vergleich zu anderen Orten der Verbania, festgestellt."

Siegfried Obermeier in seinem – leider vergriffenen – PRESTEL-Band Lago Maggiore.•

ESCURSIONI		
EXCURSIONS		**AUSFLÜGE**
1 Cannero - Carmine	0'50"	0'30"
2 " - Viggiona	1'30"	20"
3 " { Cheglio / Trarego	1'30"	30"
4 " - Oggiono	1'	40"
5 " { Donego / Cassino	50" / 50"	30" / 15"
3-6 " Pontetto - Piazza	2' 15"	

Reichlich Wanderwege: Exkursionsschild in Cannero

Von Cannero in die Berge: Viggiona und Tràrego

Ein Abstecher auf der gut ausgebauten Bergstraße rauf nach Viggiona und Tràrego gehört eigentlich zu jeder Tour am Westufer des Lago. Schon drei, vier der mächtigen Serpentinen genügen und man gerät ins Schwärmen: Ein sacksteiler Südhang mit begnadetem Blick auf den See, schöner die Villen kaum liegen. Die gute, alte Wirtschaftswunderzeit (nördlich der Alpen) hat sich hier auf eine vergleichweise diskrete Art materialisiert, als gepflegter Zweitwohnsitz. Zweifellos eines der Filetbergle an der Westküste.

Viggiona: Im weiteren Verlauf der Bergfahrt wird der Villenbestand dünner, die Wälder dichter, später dann, auf 600 Metern über Meereshöhe, verschwindet der mediterrane Bewuchs zugunsten von Kastanien und Nußbäumen, das Alpine wird unmittelbarer. Die mediterrane Welt des Seeufers wird hier oben zur „Mondo granito". Zunächst aber der Weiler Viggiona auf nunmehr knapp 700 Metern und gleich in der ersten Kurve, unten am Ortseingang, das richtige Restaurant: *La Luna* (vgl. unten).

Früher war auch nicht alles besser: Sonntag in Viggiona

Auf einer historischen Aufnahme präsentiert sich die Ortseinfahrt von Viggiona allerdings noch ganz anders: Mit Staubpiste und ärmlicher Bruchsteinoptik, die damals sicher nicht so romantisch wirkte wie heute. Dafür sprechen schon Blicke und Kleidung der Ortsbewohner. Um so mehr Respekt verdient das weiße Hemd der Herren auf dem Foto oben.

Heute kommen Handwerker und Arbeiter mit dem LKW ins *Ristorante Luna* und sie bekommen dort mittags sehr ordentlich was zu Essen. Draußen sitzt, im Halbschatten des kapitalen Nußbaumes, ein Mann mit seiner Frau und einer guten Flasche Rotwein. An einem dieser Sommermittage, die hier – hoch überm See – etwas diskret Abgehobenes haben. Der Sommerfrischler ist, wie sich bald herausstellt, ein Zahnarzt aus Ascona, einer mit der heiteren Gelassenheit eines erfolgreichen Selbstständigen, zudem bestens informiert über dies und jenes. Auch über die Irrungen des Europäischen Gesundheitswesens: „ihr werdet doch alle beschissen", sowie über die Gefahren der Osterweiterung, „das geht bachab". Es folgt ein kleiner, aber durchaus dif-

Essplatz unterm Walnußbaum – La Luna, Viggiona

ferenzierter Vortrag zu Vor- und Nachteilen der Schweizer
Inselpolitik. Der Zürcher Dentist kam vor 25 Jahren ins Tessin, „damals gab es 5 Zahnärzte im Raum Locarno-Ascona,
heute sind es gut 50." Er bereut seinen Schritt nicht, aber er
ist einer, der es wohl auch anderswo geschafft hätte.

Der Ziegenbub auf der historischen Aufnahme von Viggiona und, 50 oder 70 Jahre später der Wahltessiner Zahnarzt
auf der Terrasse des Ristorante Luna. Zwei Szenen, zwei
Welten – die Spielorte liegen keine 100 Meter von einander
entfernt. Eine ziemlich normale Geschichte für den Lago
Maggiore.

LA LUNA – Tràrego-Viggiona (Ristorante mit da-
zugehörigem Hotel Garni *Viggiona)*. Die Lage in der
ersten, großen Kurve stimmt und die Stimmung paßt auch.
Drinnen mit einer Bar für das schnelle Bier vor der Bergfahrt, im Speiseraum untrügliche Zeichen für eine substanzielle Küche: einfach aber sorgfältig gedeckte Tische, draußen die Terrasse im Halbschatten eines Walnußbaumes. Was

Praktisches Bergquartier – Hotel Garni Viggiona

dem Luna an Seeblick fehlt (den bietet ein höher gelegenes Restaurant *Usignolo*), wiegt das solide Betriebssystem auf. Schon am gewöhnlichen Werktag kommen die Ortsansässigen zum Mittagstisch (jeden Tag ein wechselndes Gericht), dazu in bunter Mischung, Langzeitresidenten aus den Villenvierteln am See, zufällige Tagesgäste, Motorradpaare. Die Küche ist zuverlässig, die Weinauswahl mehr als ausreichend, das Tagesgericht (etwa: geschmortes Kaninchen mit Gemüse) paßt zur rustikal, ländlichen Umgebung. Fazit: Eine unproblematische Einkehr auf der Belétage überm See.

Unmittelbar daneben und zum Restaurant gehörend das 2002 eröffnete **Hotel Garni Viggiona****: acht geräumige Zimmer im Bungalowstil nebeneinandergebaut, ruhige Lage am Ortsrand auf einer Sonnenterrasse. Gute Ausstattung und vernünftige Preise sprechen für die Unterkunft, die besonders Wanderern, Bergziegen und Naturfreunden als idealer Ausgangspunkt für Exkursionen dienen dürfte. Runter zum See sind es auch nur vier Kilometer.

Einfaches Bergnest – La Perla, Tràrego

→ Ristorante *La Luna*, I-28826 Tràrego-Viggiona, Tel. 0039-0323-78.80.50, Fax 78.70.37. Hotel Garni *Viggiona* (Giancarlo Carmine), Via Provinciale per Tràrego, Tel. 0039-0323-78.80.50, Fax: 78.70.37, www.garniviggiona.it. **Hotel-Preise**: mittel.

→ **Ristorante Usignolo**, Viggiona, wenig weiter in Richtung Tràrego, direkt an der Talseite der Straße, die bewirtete Aussichtskanzel. Lage mehr als hervorragend, der Blick grandios, sowohl von der exponierten Terrasse als auch vom kleinen Saal drinnen. Wo einem soviel Panorama widerfährt… Zu den Speisen bemerkte ein Einheimischer, im Usignolo seien Blick und Portionen bemerkenswert, im Luna nebenan verdiene die Küche Respekt. Jedem das Seine. Tel. 0039-0323-78.83.56.

Nach Tràrego: Weiter auf ansprechender Bergroute wird zunächst der Ortsteil *Cheglio*, dann der Hauptort *Tràrego* erreicht. Mit Glanz und Elend dieser Bergsiedlung wird man schon bei der Einfahrt konfrontiert. Seit Jahren blättert die Fassade des einstigen 30 Zimmer-Berghotels vor sich hin. Das Anwesen wurde lange per Internet zum Kauf angeboten, mit dem Hinweis, das Beste wäre wohl ein Umbau zu „zehn bis fünfzehn Appartements". Ob sich jemand auf das Abenteuer einläßt? Überlebt hat bis heute der sympathische

Biotop an der Bocciabahn – La Perla, Tràrego

Einfachst-Albergo *la Perla:* großartig gelegen, gesegnet mit einer der reizvollsten Bocciabahnen Südeuropas. Neugierig? Einfach mal rauffahren nach Tràrego, im Schatten der Pergola verweilen und auf den See runterstaunen. Treiben lassen geht ja nicht nur im Wasser, sondern auch an Land. Zum Beispiel hier.

LA PERLA* – Tràrego. Die Lage ist grandios, die Zimmer sind einfach, einfachst, mit Stockbetten und Waschbecken im Zimmer, aber ordentlich und sauber, dazu ein Schlag Jugendherbergsstimmung. Die Terrasse draußen, erst recht die patinierte Bocciabahn ist eine Klasse für sich – rundum Panorama mit Bergen, Kirchturm und See. Freundlicher Familienbetrieb, der macht, was er kann und sich bislang am Renovierungsstau des Hauses nicht weiter störte. Im Haus eine Bar, auch einfache Speisen hausgemacht. Ein charmantes Bergnest, ideal für Wandersleut' und Naturburschen, denen der Bergbach wichtiger ist als ein Whirlpool im Zimmer. Und wie gesagt: ♠ „die" Terrasse.

→ Albergo *La Perla*, I-28826 Tràrego, Tel. 0039-0323-78.81.46. Ein Teil der einfachen Zimmer mit Bad, ein Teil ohne (schön z.B. das geräumige Zimmer Nr. 10, ohne Bad). RT: Mi. **Preise:** günstig.

Gleich an der Ortseinfahrt von Tràrego weitere Zimmer in einem neueren Haus.

Noch weiter in die Berge: Von *Tràrego-Cheglio* bis *Manegra* bei Oggebbio. Die lohnende Bergfahrt führt ab Tràrego-Cheglio weiter an Höhe gewinnend in die Berge und erreicht bald den *Grotto Monte Carza*, eine einfache Sommerstation ohne landschaftlichen Reiz am Fuß des gleichnamigen Berges. Davor ein kleiner, öder Stausee. Die imposante, meist aber wenig befahrene Bergstrecke führt weiter und tiefer in die Bergwelt am *Monte Zeda*, zunächst nach Westen bis an den Fuß der *Cima l' Alpe* (1.348 m), dann in südl. Richtung die bewaldete Steilflanke des *Monte Spalavera* (1.534 m) schneidend zur Paßhöhe bei *Il Colle* (1 238 m). Von dort dann auf guter, aber kurvenreicher Straße Weiterfahrt bis zum Bergnest *Manegra* (883 m) und hinunter nach Verbania:

- **Albergo Manegra/La Dislocanda.** Das Haus in den Bergen wurde bereits vor 100 Jahren als Albergo eröffnet, nach dem 2. Weltkrieg diente es als Kinderferienheim. Nach langem Leerstand wurde der einfache Albergo vor zehn Jahren restauriert und wieder in Betrieb genommen. Der Name *Dislocanda* gibt zunächst Rätsel auf: er soll anzeigen, es gibt hier auch zwei Zimmer für Körperbehinderte und einen Fahrstuhl (ital. „disabili"). Ansonsten schlichte Zimmer mit meist großzügigem Zuschnitt, Dielenböden, Resopalschränke. Für Wanderer und Tourenfahrer interessant die sorgfältige Küche vom Typ casalingha (selbstgemachte Pasta, Wildgerichte zur Saison). Beliebter Ausflugsort für die ganze Familie, an sonnigen Wochenenden brummt der Laden, dann unbedingt reservieren. Ideale Wandergegend mit - für italienische Verhältnisse - ausnehmend gut markierten Wanderwegen. ♠ Terrasse mit Bergblick. **Adresse:** *Albergo La Dislocanda*, Manegra di Oggebbio, I-28818 Premeno (VB). Tel. 0039-0323.587173, www.dislocanda.it. 12 Zimmer. **Preise:** günstig.

Nach Verbania: Von Manegra führt die kurvenreiche Weiterfahrt über die Weiler um *Premeno* runter zum Seeufer bei *Verbania Intra* (ca. ½ Std). Unterwegs immer wieder Tourenmöglichkeit und Anhaltepunkte, insgesamt eine der großen Bergfahrten über dem Westufer des Sees.

Von Cannero über Oggebbio bis Verbania

Auch zwischen Cannero und Verbania verläuft die Küstenstraße S.S. 34 ganz nach gewohnter Dramaturgie, in gefälligem, manchmal auch gewagtem Schwung direkt über See.
Im spitzen Winkel Abzweige zu höhergelegenen Ortsteilen oder Hotels, zumindest der Fahrer kämpft stets mit der
Konkurrenz zwischen Ausblick und Gegenverkehr. Schon
ein Kilometer südlich der eigentlichen Ortsdurchfahrt von
Cannero wieder so ein scharfer Abzweig in die Berge, und
gleich an der Auffahrt ein praktischer Albergo:

Albergo SOLE** – Cannero Riviera. Eine einfache, aber
passable Lösung, sofern es bloß um die reine Unterkunft
geht. Der Albergo liegt knapp und steil, aber schon etwas
abgeschirmt über der Küstenstraße, von deren Lärm dringt
also nur ein Teil nach oben. Zimmer mit Balkon und Blick
auf den See, nette Sonnenterrasse vor der Hausfront, nicht
minder nette Wirtsleute. Für Budget-Bedachte eine unprätentiös, praktische Adresse. ♠ Terrasse.

Einfach, praktisch, günstig – Albergo Sole, Cannero Riviera

→ *Albergo Sole* (Fam. Comazzi), Via Nuova, 6, I-28821 Cannero Riviera, Tel./Fax 0039-0323-78.81.50, www.albergosole.it. **Preise**: günstig.

Um Oggebbio: Mit seinen am Hang verstreuten Fraktionen und Villen ist Oggebbio eine jener Seegemeinden, deren kultivierte Schönheit dem eiligen Uferstraßenpassanten verschlossen bleibt. Unten am Ufer ist vom Reiz der höhergelegenen Siedlungen *Gonte*, *Quarcino* und *Piazza* jedenfalls noch nicht viel zu ahnen. Weiter oben dann das volle Programm: hohe, eidechsenüberhuschte Bruchsteinmauern begleiten schmale Straßen. Ab und zu Blicke in Parks und Gärten, die zwischen Pflege und Verwilderung so vor sich hin gedeihen. Enge Kehren, Spitzkehren mit Spiegeln, in denen sich hoffentlich kein Gegenverkehr abzeichnet, und dann wieder so eine selten genutzte Villa mit Charakterpalme. Schließlich der kleine Platz vor der Dorfkirche, der letzte Alimentari und eine Bar. Lebensraum, klingt abgegriffen, paßt aber gut zum Hang von Oggebbio.

Traumterrasse unter Platanen – Bel Soggiorno, Oggebbio

BEL SOGGIORNO*** – Oggebbio. Wie an der Westküste üblich, führt auch hier wieder ein scharfer Abzweig hinauf zur prächtig gelegenen Hangsiedlung *Oggebbio-Gonte:* Ein richtiges kleines Dorf mit markanter Kirche, Post, Metzger, Ortsplatz und Originaleinwohnern, die im Alimentari noch ein paar Kleinigkeiten besorgen. Schon etwas davor, am Ortseingang über der Straße, ein Dreiklang von Hotel-Ristorante-Pizzeria. Bel Soggiorno liegt in Panoramalage über dem See, die platanenbeschattete Traumterrasse leidet unter weißer Plastikbestuhlung, gewinnt aber durch hervorragende Lage und durchsatzorientierte, leistungsfähige Bewirtung (der Chef selbst backt die gelungene Holzofen-Pizza, schöne Weinkarte; Pasta und andere Gerichte bleiben allerdings auf Standardniveau).

Die historischen Aufnahmen hinter der Rezeption zeigen, daß hier schon immer eine wichtige Anlaufstelle war, was nach einer Renovierung des Albergo umso mehr gilt. Die Innenräume wirken zunächst funktional und etwas clean, aber der rührige Familienbetrieb wird professionell geführt,

Oggebbia (Gonte)

Oggebbio damals: Ristorante Bel Soggiorno

der Blick ist grandios, da kann man auch mal auf Romantik verzichten.

Der aus dem Fels gehauene Parkplatz soll nach und nach um ein Terrassendeck und weitere Zimmer erweitert werden, dabei brummt der Laden schon heute wie ein Bienenkorb, was angesichts von Lage und quirligem Betriebssystem nicht weiter wundert. Eine Mischung aus Einheimischen, Wandervögeln und internationalen Sommerfrischlern gefällt es hier offensichtlich. Die exponierte und ausgesprochen sonnige Lage ermöglicht Bewirtung und Sonnenbad bis weit in den Herbst. Am steilen piemonteser Ufer eine der unkomplizierten Adressen in der Mittelklasse. Die Zimmer zum See bieten ebenfalls großartigen Blick, bislang gibt es leider nur zwei mit Balkon, aber alle sind funktional möbliert, mit guten Betten und sauberen Bädern. Wegen der langen Saisonöffnung zudem ideal für spontane Fluchten, fast das ganze Jahr über. ♠ Platanenbeschattete Terrasse mit Platz für 120 Gäste.

Rückzugsgebiet über'm See: Villa Margherita, Oggebbio

→ Hotel/Rist./Pizzeria *Bel Soggiorno*, via Caremoli 12, I-28824 Oggebbio-Gonte. Tel./Fax 0039-0323-481.14, www.albergobelsoggiorno. it. Die meisten Zimmer zur Seeseite, zwei mit Balkon. **Preise**: mittel. (Spitzer Abzweig von der SS 34, wenige hundert Meter südlich der Auffahrt zur Villa Margherita, beschildert.)

VILLA MARGHERITA*** – Oggebbio. Wieder apart über der Küstenstraße gelegen, aber diesmal mit allen Zutaten des kleinen, feinen hideaways. Die Gastgeber haben einen Solitär geschaffen, Handschrift und persönlicher Stil sind bis in die Winkel zu spüren. Es wartet eine Mischung aus individuell geführtem Landhotel, Luxusversteck, Rückzugsgebiet, dazu hängende Gärten über dem See, gepflegter Rasen und fein gewählte Farben bis zur Sonnenschirmbespannung. Natürlich ein pool, aber einer, an dem es kaum mal laut wird. Die Basis besteht aus einem fein ausgestatteten – aber nicht aufgerüschten – Villenensemble in ruhiger Bestlage, die Rückseite der Anlage grenzt direkt an das reizende Bergdorf Oggebbio-Gonte, die Front der Villa

Stille Qualität: Villa Margherita, Oggebbio

schaut großzügig auf den See. Dazwischen verteilen sich Terrassen, Gärten, stille Winkel und 18 individuell gestaltete Zimmer und Salons. Bei allem Komfort nervt hier kein demonstrativer Luxus, russische Oligarchen dürften sich hier so wenig wohlfühlen wie neureiche Wurstfabrikanten. Die Villa Margherita ist eher etwas für die happy-few dazwischen und in dieser Klasse ohne Beispiel an der oberen Westküste. Ein Basislager für Tage absichtslosen Wohlergehens. ♠ Terrassen und Park in Bestlage.

→ Hotel *Villa Margherita* (Fam. Ruffatti-Meier), Via G. Polli 11, I-28824 Oggebbio, Tel. 0039-0323.49.10.06 Fax: 49.19.28, www.villa-margherita.it. **Preise**: hoch. (Beschilderter Abzweig von der SS 34, auf Höhe der *Casa Vela).*

Natürliches Mineralwasser – der Brunnen in Oggebbio-Piazza

Berge, Blicke und Brunnen um Oggebbio

Drei Auffahrten führen von der Küstenstraße SS 34 hinauf zu den höhergelegenen Fraktionen von Oggebbio. Von Norden kommend wäre schon der Abzweig rauf nach *Barbè* unbedingt lohnend: ein paar scharfe Serpentinen führen zu der glücklich am Hang gelegenen Siedlung. Villen und Gärten, mal verwildert, mal gepflegt, üppigste Vegetation auf kleinen Parzellen, mal Wein, mal Obst und dazwischen Gärten mit der Palme an der richtigen Stelle. Von Barbè führt ein schmales, aber gut befahrbares Sträßlein oben am Hang lang in Richtung *Quarcino* und *Gonte* – auch dies ein stilles Traumsträßchen. In Gonte ist die Durchfahrt durch das schmale Ortszentrum aber nicht erlaubt, die beiden zuvor genannten Unterkünfte *Bel Soggiorno* und *Villa Margherita* sind also nur über die beiden nachfolgend genannten Abzweige erreichbar.

Der zweite Abzweig in Richtung Oggebbio ist leicht zu erkennen, da identisch mit der beschilderten Zufahrt zum

Luxushotel Villa Margherita. Die kurze Zufahrtsstraße zweigt von der SS 34 an der Residenz „Casa Vela" ab.

🐟 Gegenüber der Auffahrt zur Villa Margherita eine kleine, angelegte **Badezone**, mit Kiosk und Liegestuhlverleih auf schmaler, aber gepflegter Rasenterrasse. Es gibt sicher schönere Badestellen, aber wenige, die sich so zum Beobachten der üblichen Strand- und Sommerrituale eignen.

🐟 Auf der Höhe von *Pieggio* wieder eine kleine öffentliche **Badestelle** – *Spiaggia dell'Orto* (diesmal ohne Einrichtungen).

Oggebbio-Gonte: Der dritte und südlichste Abzweig von der SS 34 führt schließlich direkt hinauf nach *Oggebbio-Gonte* (zugleich Zufahrt zum Hotel Bel Soggiorno, vgl. dort). Oben in Gonte lohnt es, auch mal durch die (wenigen) Gassen zu ziehen. An der zentralen Piazza bei der Kirche zudem eine kleine Bar mit ein paar Tischen unter schattiger Pergola, ein Fleck für den ersten Aperitif oder ein spätes Glas. Über Gonte hinausführend erreicht das Sträßchen in zwei, drei Kehren schließlich die kleine Verbindungsstraße über *Deccio* nach *Ghiffa:* eine namenlose Traumpassage. Villen, Gärten und See im anregenden Wechsel. Gleich schön zu Fuß, mit Rad oder Auto.

Der Brunnen von Piazza: Von *Oggebbio-Gonte* führt eine kleine Stichstraße hinauf zur Fraktion *Piazza*. Halt an der winzigen Piazza mit dem Brunnen. Der wurde 1932 gebaut, ein in Stein gehauener Trog zum Kühlen wanderheißer Arme, zwei Metallstreben zum Aufstellen eines Wassereimers. Wer nicht wie ein Hund trinken will, findet zudem eine angekettete Kelle, mit der das wunderbar kühle Wasser geschöpft werden kann. Der Warnhinweis zur Wasserqualität kann getrost ignoriert werden, wie ein Einheimischer versichert. Haben Sie nördlich der Alpen schon mal einen Brunnen mit Schöpfkelle gesehen?

Spätherbst oberhalb Oggebbio

Von Piazza führt ein alter Platten- und Karrenweg nach *Dumera*, ein Teil der alten Steinhäuser verfällt, ein Teil wird zum Wochenendrefugium ausgebaut, in Dumera Abzweig durchs Val Bace hoch zur Straße nach Manegra (beschildert), oder zur Kapelle und dann steil runter nach Camogno, und (auf der Straße) wieder vor nach Piazza. Dies ist nur eine von -zig Wandermöglichkeiten, die zwischen Kaffeerunde und Tageswanderung liegen.

➲ **Wege und Karten:** In der Region *Alto Verbano* und *Val Grande* sind Wanderrouten durchgängig markiert und nummeriert, somit sind große Teile der überaus lohnenden Bergregion am Westufer des Lago Maggiore für italienische Verhältnisse sehr gut erschlossen.

Kompass-Karte Lago Maggiore 1:50.000 (mit vielen Wanderrouten), oder die *Cartine Zanetti* Parco Nazionale Val Grande, 1:30.000, leider hält auch diese (und manch andere) italienische Wanderkarte nicht, was der große Maßstab verspricht. Auch manch eine eigens eingetragene Wanderroute scheint eher zufällig gelegt. Wo die sonst hervorragenden Schweizer Landeskarten italienisches Gebiet abdecken, basieren auch diese auf den ungenauen, oft falschen Angaben italienischer Karten. Insofern ist Vorsicht geboten. (Vgl. auch »Karten« am Buchende.)

Ghiffa

Vom verborgenen Reiz der insgesamt 14 höhergelegenen Ortsteile vermittelt die Küstenstraße SS 34 auch im Bereich um Ghiffa wenig, allenfalls die Gärten der *Villa Volpi* bieten einen Hinweis auf prächtige Vegetation und Baukunst, als Folge der ersten touristischen Erschließung. In Erinnerung bleibt auch der düstere, bis heute abweisend wirkende Baukörper der alten Hutfabrik „Fabbrica dei Cappelli", direkt an der Uferstraße. Die ehemals international bekannte Fabrik von *Giovanni Panizza* fertigte ein Jahrhundert lang, von 1881 bis 1981. Zur Blüte während der 40er Jahre arbeiteten über 300 Personen an den begehrten Modellen, die überwiegend aus einem Geflecht aus Kaninchen-, Biber- und Hasenfellhaaren gefertigt wurden. Im bergseitigen Gebäude wurde 1994 ein Hut-Museum eingerichtet.

Heute liegen die Reize Ghiffas in den oberen Etagen. An die besseren Tagen unten am See erinnert das Dreistern-Ho-

In der alten Hutfabrik: Hutmuseum in Ghiffa

tel *Ghiffa*. Mobiliar und Betriebssystem sprechen eher dafür, daß hier vom Glanz alter Zeiten gezehrt wird.

Ghiffa, Località Frino: Anders die Stimmung in den höher gelegenen Ortsteilen von Ghiffa: in den locker und seit alters her bebauten Hängen oberhalb der Küstenstraße trifft man auf jenes kleinformatige Italien, wie es sich der Nordländer so erträumt: Villen und Hütten, Parks und gepflegte Gärtchen mit dem sprichwörtlichen Zitronenbaum im Eck, dazwischen stille Winkel unter Palmen, kleine Alimentari stellen ihre Obstkisten auf die Straße, drinnen liegt eine oberschenkeldicke Mortadella in der Vitrine. Die FAZ vom Tage gibt's selbst hier, was dafür spricht, daß der Reiz des Flecken überregional erkannt wurde, nicht erst seit gestern.

Hier am Hang liegt eine Adresse, falls es mal einfach und zurückgezogen sein darf. Italien wie vor 20, 30 Jahren, auch für uns seit eh und je ein Nostalgie-Halt am Lago:

Retro-Familienpension – Villa Gioiosa, Ghiffa

VILLA GIOIOSA** – Ghiffa. Eine alte Villa im Park, aber diesmal kein Edellogis, sondern eine einfach-sympathische Unterkunft. Hier hat sich wenig verändert in den Jahren: Mamma steht mit weißer Schürze und Haube am Herd, Sohn und Tochter kümmern sich um die Gäste. Ein eingelaufener Familienbetrieb also, die Portionen der angekündigten „Cucina Emilia" sind kaum zu packen, etwa die hausgemachte Pasta von Mamma (z.B. tagliatelle mit Kaninchensugo!), die Weinkarte ist gut bestückt. Auch Passanten können im Pensionsrestaurant einkehren, das je nach Saison sehr unterschiedlich besetzt ist. Serviert wird in einem nüchternen Speisesaal, im Sommer auch auf einer patinierten Gartenterrasse, die Stimmung im Hause paßt. Auch das Frühstück wird im Sommer auf der kleinen Terrasse serviert.

Alles ein bißchen Dornröschen und soweit in Ordnung, doch mittlerweile kann der Zimmerstandard nicht mehr so recht mit den Preisen mithalten. Vor Jahren wurden die einfach möblierten Zimmer zwar um Naßzellen (im Wortsinne) erweitert und mit TV ausgestattet. Ansonsten aber

Reine Nostalgie – Castello de Frino, Ghiffa

alles beim Alten. Hausschlüssel werden keine ausgegeben, denn um Mitternacht sollten die Gäste wieder im Haus sein.
♠ Verwunschener Park und gekieste Terrasse.

→ *Villa Gioiosa* (Fam. Bortoli Gilioli), Corso Risorgimento 236, I-28823 Ghiffa, Località Frino, Tel. 0039-0323-592.18, Fax 592.18. Restaurant-Ruhetag Mo. 7 Doppelzimmer, ein Einzel. Die 4 Zimmer mit Seesicht mit Balkon. Einige Zimmer befinden sich im obersten Stockwerk und sind nur über eine schmale Wendeltreppe zu erreichen. Parkplätze vorhanden. Von Ostern bis Mitte Okt. geöffnet, Restaurant auch im Winter sa- und soabends geöffnet. **Preise**: mittel. Zufahrt: Scharfe Kehre ab Uferstraße, entweder direkt gegenüber vom *Hotel Ghiffa* oder die nächste Abbiegung *Villa Ada* – beide ausgeschildert, aber leicht zu übersehen.

→ *Castello de Frino*. Wenig oberhalb, in Sichtweite der Villa Gioiosa, liegt mit dem Castello de Frino eine weitere Nostalgieadresse. In vielen Reiseführern wird die stattliche Liegenschaft als stimmungsvolles Logis empfohlen. Nun denn, Lage und Bauwerk hätten durchaus Potential, aber der Konjunktiv hat Gründe: dringender Renovierungsbedarf ist hier an mehr als einer Ecke zu spüren. So fragt man sich, woher manche Kollegen ihre Begeisterung nehmen, von aktueller Ortskenntnis kann sie nicht kommen. Allenfalls für hard-core Nostalgiker.

■ **S.S. Trinità.** Die Wallfahrtskirche *Sanctissimae Trinitas* liegt gut einen Kilometer oberhalb Ghiffa-Ronco auf dem Sacro Monte in lichtem Waldgelände. Neben der eigentlichen Kapelle (Mitte 17. Jh.) fällt ein imposanter Säulengang mit 14 reich bemalten Arkaden auf. Die Anlage bietet herrliche Blicke auf den See, sie liegt im 200 Hektar großen Naturpark »Riserva Naturale Speciale del Sacro Monte«; zum Wallfahrtsort gehört ein einfaches, sichtlich betagtes *Ausflugsrestaurant* mit grottoähnlichem, tief verschattetem Garten. Dort wird auch auf einem kapitalen Granittisch im Schatten zweier mächtiger Platanen bewirtet, ansonsten bewegt sich der Betrieb im Rhythmus der Ausflugsintervalle, also zwischen sehr ruhig und belebt. Das Ziel lebt sicher nicht vom Kulinarischen, sondern von der besonderen Stimmung, besonders im ♠ Garten.

→ **Restaurant** *S.S. Trinità*, Zufahrt mit dem Auto ab Ghiffa-Ronco, oder schöner Fußweg ab Ronco, Tel. 0039-0323-593.00, RT: Mi.

➲ **Wandern:** Die gut markierten Wege Nr. 1 und Nr. 18 führen vom Sacro Monte durch den Naturpark, Wandermöglichkeiten zwischen einer und mehreren Stunden. Gute, kleine Wanderkarte 1:10 000 kostenlos im Restaurant erhältlich.

Verbania-Intra und Verbania-Pallanza

Ein gemischtes Doppel: Die nach Süden zur *Punta della Castagnola* in den See ragende Halbinsel teilt Verbania in zwei recht unterschiedliche Schwesterstädte. Nördlich der Halbinsel mit den weltberühmten Parks der *Villa Taranto:* **Intra**, Anlegehafen der (einzigen) Autofähre zur Ostküste bei Laveno. Intra, zwischen zwei Flüssen gelegen [lat. *intra* = zwischen], wirkt lebhaft bis kleinstädtisch und damit auch etwas alltäglicher und untouristischer als manch' anderer Ort am See.

Südlich der Parkhalbinsel die alte Sommerfrische **Pallanza**: Villen und Promenaden, neue Pracht – wie im Grand Hotel Majestic – neben verblaßtem Glanz. Mit seiner vom Durchgangsverkehr getrennten Südlage und dem unaufgeregten Binnentourismus bietet gerade auch Pallanza eine angenehme Flanier- und Einkehrstimmung, wie sie andere Seefrontorte sonst nicht mehr haben, oder nie hatten. In-

Das Feinkostlager – La Casera di Buratti, Intra

sofern deckt das gemischte Doppel Intra und Pallanza ein breites Spektrum ab, lohnend für alle, die gute touristische Infrastruktur schätzen, aber nicht von ihr erschlagen werden möchten.

Intra – Bester Einstieg: Am Corso oder gleich nahe beim Fähranleger parken, eine Zeitung kaufen, auf einen Café absitzen. Gleich hinter der zentralen *Piazza Ranzoni* führt die ladenreiche *Via San Vittore* hinauf zum Dom, wobei die Originalität der Geschäfte mit dem Abstand zum Hafenbereich eher steigt. In den Lauflagen unten am Wasser das Erwartbare – mit einer großen Ausnahme: Direkt am rückwärtigen Teil der Piazza Ranzoni (Nr. 19) wartet unter den Arkaden einer der bestsortierten Feinkostläden der Region.

■ *La Casera di Buratti Eros.* Höhlenartig vollgeräumter Freßtempel, eine grandiose Auswahl an Schinken und Salami, Bresaola vom Val Formazza, ebenfalls große und gute Käseauswahl, außerdem lokale Weine und Liköre. Engagierte Verkäufer.

Mittags unter Weinlaub – Osteria del Castello, Intra

→ *La Casera*, Piazza Ranzoni 19, I-28921 Verbania-Intra. Ladenzeiten: Mo - Fr von 8 bis 12.30 und 15.15 bis 19.45 Uhr. Samstags durchgehend von 7.30 bis 20 Uhr. www.formaggidieros.it

OSTERIA DEL CASTELLO – Intra. Die behagliche Osteria del Castello, nur wenige Schritte hinter dem Hotel Ancona gelegen, belebt mit sechs langen Granittischen und Bänken einen Teil der reizenden Piazza del Castello. Hier ist auch zu ruhigen Saisonzeiten was los, Einheimische kommen zur Mittagspasta. Auf den geschützten Plätzen im Freien wird es schon im Frühjahr nach kurzer Sonnenscheindauer mächtig warm: „Wie mit der Lötlampe angestrahlt", bemerkte ein Freund zum ersten Sonnenbad. Auch innen nicht nur Touristenbetrieb, sondern rund ums Jahr auf zwei Etagen gemütliche Enge. Serviert werden einfache, osteriatypische Gerichte (Caprese, Bresaola, Salat des Hauses, Salami, eine gute Käseplatte, natürlich verschiedene Pastagerichte). Nicht selbstverständlich beim Weinservice: man bezahlt pro Flasche nur, was man ausgetrunken hat (gilt natürlich nicht für die teuren Spitzenweine). Ausgezeichneter Espresso: hinter

Der Markt an der Westküste – am Samstag in Intra

der Bar steht eine originale alte *Faema E-61!* Dazu paßt einer der 40 Grappas. ♠ Kommunikative Terrasse.

→ *Osteria del Castello,* Piazza Castello 9, I-28921 Verbania-Intra. Tel. +39-0323-51.65.79, RT: So. Faire **Preise**.

Der Samstagsmarkt in Intra: Ein großer Markt in und um die Via Roma (parallel zum südlichen Flußbett), oder besser: *der* Markt an der Westküste mit einem kulinarisch überaus reichem Angebot, aber ohne die touristisch-folkloristischen Zugaben und Auswüchse wie etwa in Cannobio (So) oder Luino (Mi). Auch nicht gar so viel Nippes und Tand. Für ernsthafte Einkäufer (neben Arona) die beste Marktadresse an der Westküste, Dauer bis ca. 16 Uhr.

■ **Fährverbindungen**: Von *Intra* und *Stresa* am Westufer pendeln Fähren nach *Laveno* auf der Ostseite. Die Verbindung erspart – besonders während der Saison – die stundenlange Kurbelei auf der stark befahrenen Uferstraße, zudem bietet die Kurzpassage (ca. 15 min) nette Möglichkeit zum Durchatmen. Fährverbindung alle 20 min. Ab *Stresa* nur Fußgänger, ab *Intra* Fußgänger und Autos, Fahrräder.

Villa Taranto *(Giardini Botanici di Villa Taranto)*

Ein englischer Garten mit italienischer Gartenbaukunst. Neben den nicht weniger intensiv besuchten Gärten der Isola Madre und Isola Bella die repräsentativste Parkanlage an der Westküste, auf der Halbinsel zwischen Intra und Pallanza gelegen. Eine der Hauptattraktionen der Region mit einer reichen Sammlung heimischer und exotischer Blütenpflanzen und Ziergehölze. Eigener Bootsanleger für die Linienschiffe der *Navigazione Lago Maggiore*.

Wandkeramik im Garten der Villa Taranto, Verbania-Intra

Villa und Park entstanden Ende des 19. Jahrhunderts auf Initiative des schottischen Kapitäns *Mac Eacharn*, der die Anlage 1938 dem italienischen Staat übertrug. Was die ruhige Idylle angeht, läßt schon die Dimension der Busparkplätze keine Illusionen aufkommen. Suchende finden in der 20 Hektar großen Anlage mit insgesamt 7 Kilometer Alleen und Wegen dennoch ihr Eckchen.

Es blühen: die über 80.000 Zwiebel- und Knollenpflanzen ab April; die einjährigen Beete und Wasserpflanzen im Früh- und Hochsommer; die Dahliensammlung mit über 300 Sorten im Spätsommer.

→ Geöffnet vom 1. April bis 31. Oktober, ab 8.30 Uhr bis abends, Kasse bis 18.30 Uhr geöffnet. www. villataranto.it

Billet anno 1976

ENTE
Giardini Villa Taranto
"Cap Neil McEacharn"
I - 28048 VERBANIA - Lago Maggiore

Biglietto d'Ingresso L. 1200

№ 31183

Esente da IVA. Art. 10 n. 16 D.P.R. del 26-1-72 n. 633

Werden und Vergehen in Pallanza

Intra und Pallanza – Pallanza liegt abseits des Küsten-Durchgangsverkehrs und das tut dem Ort gut. Anders als Verbania-Intra eignet sich Pallanza durchaus als zentraler Stützpunkt an der Westküste. Seepromenade, Gassencharme, Gastronomie, alles da, aber eben ohne banalen Umtrieb. Pallanza wirkt eine Spur ruhiger, gediegener getaktet als Intra nebenan, trotzdem bietet der Platz genug Eigenleben und Inspiration.

Das Drama eines mal blühenden, mal niedergehenden Lago Maggiore-Tourismus erschließt sich auf der kurzen Fahrt um die Landspitze der Parkhalbinsel zwischen *Intra* und *Pallanza*. Vom Eingang der Villa-Taranto-Gärten (s.o.) führt die Via Veneto nach Süden über die *Punta della Castagnola* bis *Pallanza* (Einbahnstraße, gut auch per Rad oder zu Fuß möglich, zurück dann evtl. mit dem Linienschiff).

Auf der gerade mal zwei Kilometer langen Strecke sind alle Stadien des Verfalls und Wiederaufbaus von altem Glanz

Oleander und Wellenschlag: an der Bar Imbarcadero, Pallanza

zu sehen: morsche Villen mit traurig hängenden Fensterläden, renovierte Residenzen mit kamerabewachter Einfahrt. Auf halber Strecke rechterhand die *Villa Tilde*, eine dieser mürben Einsternpensionen mit Park, eine Adresse, wo eine ältere Dame ein paar ältere Zimmer anbietet. Die nachfolgende Generation wird schon wissen, wie solche Objekte ausgebeint werden.

Nur ein paarhundert Meter weiter in Richtung Pallanza das prächtig renovierte und neu aufgemöbelte *Grand Hotel Majestic*****. Dabei hatte das Haus schon einmal große Zeiten: „Debussy and Toscanini were here". Die jüngste Reanimation des 1870 erbauten Belle Epoque Hauses scheint besonders erfolgreich sein, meist steht ein beachtlicher Wagenpark vor dem Eingang, 2004 kam noch eine Spa-Anlage dazu. Auch drinnen wirkt alles bestens in Schuß, also kein alter Kasten in seinen letzten Tagen, sondern alte Pracht, zeitgemäß inszeniert, inklusive der bereits an anderer Stelle erwähnten denkwürdigen Einrichtung von teppichgedämpften Telephonkabinen. Die Terrassen zum See sind großartig,

Jugendstil trifft Gourmet – Ristorante Milano in Pallanza

die Bar hat Stil. Den Genuß eines Apéritifes an einer der schönsten Stellen des Lago Maggiore sollte man sich eigentlich nicht entgehen lassen. Alles weitere ist eine Frage von Neigung und Kapital.

→ *Grand Hotel Majestic*, I-28922 Verbania-Pallanza, Via Veneto 32, Tel. 0039-0323-50.43.05, Fax: 55.63.79, www.grandhotelmajestic.it. **Preise**: hoch (Standarddoppelzimmer Seesicht ca. 250 Euro, Suite um ca. 500 Euro).

Tisch und Bett in Pallanza

Ristorante MILANO – Pallanza. Oft und allüberall empfohlenes Nobelrestaurant mit sehenswertem Speisesaal direkt über dem Wasser. Dabei wird das altgediente Haus sicher nicht nur wegen seiner Küche, sondern auch wegen des prächtigen Jugendstilinterieurs besucht. Konventionell, gepflegtes Ambiente im traditionellen Stil, die Karte bietet eher erwartbare Positionen zu gehobenen Preisen. Für Kulissenesser ein Muß, sonst eher eine Sehenswürdigkeit.

Einkehr ohne Reue: Ristorante Il Torchio, Pallanza

→ *Rist. Milano*, Corso Zanitello 2, I-28922 Verbania Pallanza, Tel. +39-0323-55.68.16, RT: Mo-abend und Di. **Preise:** gehoben-hoch.

Ristorante IL TORCHIO – Pallanza. Von außen wirkt der ehemalige Kelterkeller garnicht mal so besonders, aber drinnen unterscheidet sich das Restaurant doch gleich von den Durchlauferhitzern an der Seeseite. In der Mitte setzt eine fulminante, handbetriebene Schinkenschneidemaschine (Marke: BERKEL) ein deutliches Zeichen. Einrichtung, Service und Stimmung sind gepflegt, ohne ins Prätentiöse zu kippen. Für die gediegene, qualitativ gute Tafel gibt es in Pallanza-Zentrum wenig Alternativen zum Klassiker Torcino. Seeblick und Terrasse fehlen zwar im Kelterkeller an der via Manzoni, dafür paßt der Rest: professioneller, sympathischer Gastgeber, gelernte Gäste und eine frische, animierende Qualitätsküche, die ohne preistreibende Exzesse auskommt.

Reichlich Blech an der Tür – Osteria dell' Angolo, Pallanza

→ *Il Torchio* (Fabio Maulini), via Manzoni, 20 (wenige Schritte oberhalb der zentralen Piazza del Municipio, Parken auf dem Rathausplatz), 28922 Verbania-Pallanza, Tel. +39-0323 207 50 33 52, www.iltorchio.net. RT: Mi, Do-mittag. **Preise**: gehoben.

Osteria DELL' ANGOLO – Pallanza. Eine potentiell charmante Osteria mit reichlich Blech an der Tür („Feinschmekker" et al). Die üppig mit Pflanzen begrenzte Freisitzfläche auf der Piazza kontrastierte bei unserem letzten Besuch jedoch mit dem weniger liebevoll, eher routiniert agierenden Service. Dazu paßte eine wenig inspirierte Standardkarte, die nicht mehr als ordentlich runtergekocht wurde. Die Portionen waren auffallend klein, die Preise stattlich, das als Beilage gereichte Industriebrot eine Provokation, versöhnlich allenfalls die schöne Weinkarte.

→ *Osteria dell'Angolo*, piazza Garibaldi 35. I-28922 Verbania-Pallanza. RT: Mo. Tel. +39-0323.55.63.62. **Preise**: gehoben-hoch

Herbe Holzbankstimmung: Hosteria il Cortile

Hostaria IL CORTILE – Pallanza. Unter den einfachen Lösungen vielleicht die behaglichste. Drinnen ein älteres Gewölbe mit derb, rohem Holzmobiliar, ein Teil Speiseraum mit Kamin, ein Teil Bar, dazu Tische im Innenhof und unter den Arkaden. Geboten werden einfache, aber aufrichtige Standards, die zum schlichten, aber nicht stillosen Holzbankambiente passen. Auf der Schiefertafel stehen ein paar Extras von Gnocchetti in Salsa e Zucchine bis zur Bistecca di Angus. Der frische, offene weiße Hauswein wird mit Kohlensäure (vivace), aber auch ohne gereicht, auch der Rote ist von erstaunlicher Qualität. In der Summe keine Operette, sondern eine robuste Adresse.

→ *Il Cortile*, Via Albertazzi 14 (zentral, in einem Innenhof, im historischen Zentrum), I-28922 Verbania-Pallanza. Tel. 0039-0323-50.28.16. RT: Mi, **Preise**: günstig.

Hotel PALLANZA**** – Pallanza. Ein renoviertes Komforthotel in Seefrontlage an der Uferstraße, inwändig mit etwas sterilem Charme. Unter gleicher Leitung ein paar Häuser

Treff am Wasser – Bar Imbarcadero, Pallanza

weiter an der mittelstark befahrenen Uferstraße: *Italia****
(Via Magnolia 10) und *San Gottardo**** (Via Magnolie 4).

→ Hotel *Pallanza*, Viale Magnolie 8, I-28922 Verbania-Pallanza, Tel.
0039-0323-50.32.02, Fax 0323-50.51.94, www.pallanzahotels.com.
Preise: gehoben-hoch.

Bar IMBARCADERO (beim Anleger der Lago Maggiore Li-
nienflotte) – eine Bar ist eine Bar, oder auch nicht. Die Bar
Imbarcadero bietet gewisse Extras, die den Platz zur Pflicht-
station werden lassen. Zu Bier, Vino oder Prosecco bekommt
man dreierlei Sorten Salziges; ♠ auf der schattigen Terrasse
lesen und verhandeln Einheimische gestenreich ihren »Tut-
tosport«, im Sommer duftet ein kapitaler Oleanderbaum
vorne am Geländer, der Blick auf Stresa und die Borromäischen Inseln ist grandios und ab und zu legt ein Schiff an.
Lago Maggiore komplett.

🏄 **Baden:** drei kleinere öffentliche Strandbäder mit Minimalkom-
fort an der Uferstraße (Via Troubetzkoy) im Ortsteil *Suna* (Richtung
Mergozzo). Eines davon, *spiaggia Beata Giovannina*, mit Kiosk, Lie-
gen- und Sonnenschirmverleih.

Charme und Renovierungsbedarf: Villa Azalea, Pallanza

→ An der Via Troubetzkoy auch die Osteria *Dam a traa* (im Dialekt: „Hör mir zu!"). Beliebter Treff der einheimischen Jugend, günstige Pastagerichte. Via Troubetzkoy 106, Tel. 0323-557152. Mo RT.

VILLA AZALEA** – **Pallanza**. Eine betagte Villa (teils mit Renovierungsstau) im kleinen Park. Ruhige Lage oberhalb des centro storico, etwa 400 m von See und Ortszentrum entfernt, persönliche Atmosphäre. Die Zimmer sind ordentlich renoviert und haben meist wunderschönen Blick auf den Park, in dem auch das Frühstücksbuffet wartet. Die Gäste kommen vorwiegend aus Deutschland und Frankreich. Parkplätze sind beim Haus vorhanden (meist ist die Zufahrt bis zum Frühstücksplatz zugeparkt), was für eine Enge sorgt, die der ganzen Anlage eigen ist. Der Inhaber betreibt die Villa nonchalant – eine Wahl für preisbewußte Nostalgiker. Daran hat sich bis heute wenig geändert, auch am etwas holprigen Service nicht. ♠ Frühstücksgarten im Park.

→ *Albergo Villa Azalea* (Enrico Leccardi), Via San Remigio, 4, I-28922 Verbania Pallanza, Tel. 0039-0323-55.66.92, Fax 0323-50.80.62. **Preise**: moderat. www.albergovillaazalea.com

Ein Brummer: Agriturismo Monterosso, ob Pallanza

☼ **Agriturismo IL MONTEROSSO – Pallanza.** Sechs
Kilometer sind es von der Via Azari in Pallanza bis auf
den 693 m hohen, dicht bewaldeten Monterosso-Bergkegel
– macht 40 extreme Haarnadelkurven, aber die Kurbelei
lohnt sich. Die Azienda Agrituristica Monterosso ist mehr
als eine Biolandwirtschaft mit Bewirtung und Gästezimmern
(darunter eines im Aussichtsturm, der ans Haupthaus an-
gebaut wurde). Die Adresse ist auch ein Beispiel für die Lei-
stungsfähigkeit eines selbstvermarktenden Agrarbetriebes
(wobei Einheimische gerne hinzufügen, daß die Menge der
vermarkteten Produkte kaum zur Gänze aus eigener Produktion stammen kann). Tatsächlich ist Monterosso kein verträumter Agriturismo, sondern eine rustikal-leistungsfähige
Ausflugsgaststätte. Das ganze Jahr über wird ein fixes „Menù
tipico" angeboten, und das kommt in der Substanz besser
daher als in manchem aufgemotzten Restaurant, es kostet
aber nur die Hälfte, nämlich um 21 Euro. Dafür gibt es zum
Beispiel: vorweg erst mal eine vorzügliche Salumi nostrano,
eingelegtes Gemüse in süßem Essig sowie Salat, dann zwei

Menù tipico agrituristico

Tagliere di salumi nostrani
Verdure in agro dolce
Insalata russa

Risotto ai funghi porcini
Ravioli caserecci alla Monterosso

Porchetta allo spiedo
Coniglio al forno
Patate dorate al rosmarino

Speisen mit den Jahreszeiten – Agriturismo Monterosso

Pastagänge (gleichzeitig serviert): Risotto mit Steinpilzen und hausgemachte Ravioli, und danach Spanferkel, sowie Kaninchen aus dem Ofen und Rosmarinkartoffeln.

Hinzu kommen auf dem Monterosso Sonderveranstaltungen, wie die „serate gastronomiche" (jeweils Freitagabend, dann unbedingt reservieren) mit einem erweiterten Menü, das jahreszeitlich bestimmt ist (im Juni z.B. vom Thema „Spargel", September „Pilze", November „Wildschwein". Serviert wird, sowohl im Normalbetrieb, als auch an den Sonderabenden, jeweils ein üppig! bemessenes Menu, dessen Ablauf man sich – nach piemonteser Manier – ohne Murren einfach fügen sollte. Service und Stimmung sind rustikal, aber kulinarisch ordentlich. Bei gutem Wetter auch Terrassenbetrieb. Also nicht bei Kurve 29 aufgeben: die Kurbelei lohnt sich.

→ *Agriturismo Il Monterosso*, I-28921 Pallanza, Località Cima Monte Rosso, www.ilmonterosso.it, Tel. 0039-0323-55.65.10, Fax: 51.97.06. Appartements in einem Nebengebäude, ein Gästezimmer mit Bad im Turmgebäude am Haupthaus, von dort grandiose Sicht auf See und Berge, empfohlen zum Abliegen nach einem abendlichen Ge-

Süßer Klassiker – Pasticceria Baudo, Pallanza

lage. Verkauf der Hofprodukte. RT: Mo und Di. Geschlossen Mitte Januar bis Mitte Februar; sonst das ganze Jahr geöffnet, mittags und abends. Für Fr-abend möglichst reservieren. **Preise**: günstig (Menu um 21 Euro). Zufahrt ab Pallanza von der Viale Azari, nähe Chiesa Madonna di Campagna.

– Ein weiterer Agriturismo 15 km oberhalb von Verbania auf 290 m Höhe: *Al Motto*, I-28814 Cambiasca, Frazione Comero, am Eingang zum Val Grande. Restaurant, 3 Zimmer und 4 kleine Wohnungen. Ganzjährig. Tel. 0039-0323 55.91.22. e-mail: mottovb@tin.it

■ **Einkaufen in Pallanza**: Ein Gassenviertel direkt hinter Hafenpromenade und Schiffsanleger, Haupteinkaufsstraße im „centro storico" ist die verkehrsfreie *Via Ruga*, die von der zentralen Piazza Garibaldi nach oben führt.

- **Pasticceria in der via Ruga**: Hier, im oberen Teil, auch die oft gelobte Pasticceria Baudo (via Ruga 47). Süße Spezialität der Gegend: *amaretti di Pallanza* und *dolce camelia* mit glacierten Früchten. Schön verpackt auch als Mitbringsel geeignet.

Lago di Mergozzo

Der kleine Ableger des Lago Maggiore ist nur zweieinhalb Kilometer lang und gut einen breit. Die dramatische Berg- und Tallandschaft des nördlichen Lago Maggiore verwandelt sich westlich Verbania zu einer beschaulichen Kulisse. Dennoch bietet der Mergozzo-See und sein gleichnamiger Hauptort Dinge, die man nebenan am großen Lago lange suchen kann. Etwa ein herausragendes Spitzenrestaurant direkt am Ufer, gute Einkaufs- und Einkehrmöglichkeiten in Mergozzo und überhaupt eine ganz angenehme, aber keinesfalls verschlafene Nebenschauplatz-Stimmung. Auf einer An- oder Abreise via Simplonpaß wäre Mergozzo ohnehin die Haltestelle für einen Cafè mit Seeblick.

Lago di Mergozzo und Lago Maggiore waren ursprünglich miteinander verbunden, die beiden Seebecken wurden erst im 9. Jahrhundert durch den Dammbau in Sesto Calen-

Gut erhalten: Historisches Idyll am Mergozzo See

de ganz im Süden des Lago Maggiore getrennt. Der kleine Mergozzo-See liegt im Revier des Naturschutzgebietes *Fondotoce*, er gilt als einer der saubersten und ruhigsten Seen Europas, große Motorboote sind hier verboten. An der nördlichen Seeseite führt eine Straße entlang, der östliche Teil ist unerschlossen und vollständig mit Schilf bewachsen.

Das Mergozzo-Hinterland galt in den guten alten Lago-Maggiore-Zeiten, als im August noch das letzte Bett vermietet wurde, als beliebter Gäste-Puffer. Heute ist der See aber sicher mehr als ein Ausweichquartier, zum einen hat Mergozzo selbst einen durchaus ansehnlichen kleinen Hafen mit Promenade und Mittelklassehotel und Badeplatz – pittoresker als mancher Ort am großen Lago. Und nicht weit davon warten ein paar Adressen, die für sich schon einen Umweg wert wären:

Gute Küche mit Gassencharme: Osteria Pagul, Mergozzo

Osteria PAGUL – Mergozzo. Eines dieser kleinen, sorgfältig geführten, aber nicht überdrehten Restaurants, das wir alle suchen, aber so selten finden. Deshalb, zum Vormerken: hier wird sorgfältig gekocht und engagiert gewirtet! Es gibt eine leichte, tatsächlich mediterrane Küche, etwa: Salat von Sepia, Zucchini und Borlotti-Bohnen, Gemüse mit bagna cauda, sehr gute hausgemachte Pasta (etwa: Lasagne, Ravioli, Gnocchi!), Grigliata mista al mare, hausgemachte Dolce, dazu das ausgezeichnete Gebäck aus der Pasticceria eine Gasse weiter (siehe unten). Alles wirkt durchweg solide, wohl auch, weil es hier keine grundlose kulinarische Aufgeregtheit gibt. Für eine vergleichbare Leistung müßte man am Lago Maggiore weit fahren. Bürgerliche Piemonteser Wirtsstuben parterre und im 1. Stock, ♠ zwei Tischlein-deck-dich auf der stillen Seitengass'. Ein sehr angenehmer Fleck, einfach mal reinschmecken!

→ *La Pagul* (Giovanna e Giovanni Gambogi), I-28802 Mergozzo (VB), Vicolo XI, Tel. 0039.0323.800949. Am Wochenende und während der Saison abends unbedingt reservieren, RT: Di, Mi-mittag. **Preise**: mittel.

Hier wird gut gebacken – Pasticcere La Fugascina, Mergozzo

■ **Pasticcere LA FUGASCINA** – **Mergozzo.** Das traditionelle Dolce Tipico di Mergozzo soll DON ERNESTO COLLI, dem ehemaligen Dorfpfarrer von Mergozzo, besonders geschmeckt haben. Doch in der Pasticceria von Patrizie und Giordano warten noch andere Süßig- und Salzigkeiten, zum Beispiel: *La Fugascina*, Plätzchen mit wundervoll fruchtiger und nicht pappig, süßer Marmelade (u.a. Bitterorange, Heidelbeere und Aprikose). Wegen des *pane rustico*, dunkle flache Brotlaibe (auf dem Foto oben im Regal), kommen Einheimische und Touristen gleichermaßen, es schmeckt so gut, wie es aussieht. Außerdem schleicht jeden Morgen der Duft von frischer Focaccia durch die Gasse beim alten Ofen. Dringender Rat: Probare!

→ Al Vecchio Fornaio Past. *La Fugascina* (Patrizie Baroni & Giordano Pavesi), via Frattini 6 (Gasse gegenüber vom Pagul), I-28802-Mergozzo, Tel. 0039-0323.80136. Von Sept. bis Juni nur vormittags 6-12 Uhr, So geschl.; Juli, Aug. 6-12, 16-19 Uhr; Mi u. So-nachmittags geschl.

Großzügiges Goumetstüble – Piccolo Lago am Mergozzo See

Hotel Ristorante PICCOLO LAGO – Fondotoce. Die weithin bekannte Gourmetstation direkt über dem Ufer des Mergozzo-Sees ist eine kleine Welt für sich, die in den letzten Jahren parallel zu ihrem kulinarischen Aufstieg immer weiter ausgebaut wurde. Auf der Seeseite der Küstenstraße das Zweistern-Restaurant, seine flächigen Glasfronten bieten ein weites Seepanorama. Der Stil im Haus pendelt gekonnt zwischen eleganter Ausgeh- und Aussichtsgondel und heimeligem Riesenchalet. Weniger spektakulär auf der anderen Straßenseite liegt der Hotelkomplex, der eher als notwendige Fortsetzung der Menükarte gedacht ist. Wer im Piccolo Lago ausgiebig einkehrt, findet hier auf kurzem Wege eine Bleibe übernacht.

Mit dem freundlichen Empfang, einem offenen Grill und einer langen Bar wirkt das Restaurant – bei allem Luxus – offen und lebensfroh. Nichts erinnert hier an kulinarische Verspannungen, die einem nördlich der Alpen in Häusern vergleichbarer Klasse des öfteren begegnen. Schon die fulminante, aber fair gepreiste Weinkarte, die historische Ber-

Dessertalternative: ein Nachmittag am Pool – Piccolo Lago

kel-Schinkenschneidestation und der offene Grill mit seinen
daumendicken Metallstäben (unter denen schon am späten
Vormittag die Holzkohle glüht) passen ins Bild eines Hauses,
das substanzielle Feinkost statt kulinarischer Inszenierung
bietet. Man könnte jetzt das übliche Stroh von regionaler
Saisonküche und hoch entwickeltem Sinn für lokale Produkte ausdreschen, aber lassen wir das. Nur soviel: Angebot und Küche sind erwartbar hochklassig, die Preise auch,
aber nicht überrissen. Wer hier einfach mal reinschmecken
möchte, beginnt vielleicht mit einer kleinen Mittagsrast und
zwei, drei leichten Tellern, die sich um einen Nachmittag am
hoteleigenen Poolstrand erweitern lassen. Ein Seebad ist ja
oft das bessere Dessert; hinaus schwimmend ließe sich dann
alles weitere abklären. Vielleicht auch ein anschließendes
Abendmenü.

→ *Piccolo Lago* (Fam. Sacci), Via Filippo Turati, I-28924 Fondotoce,
Tel. +39-0323-586792, www.piccololago.it. **Preise:** hoch (drei Menüs
„il classici de piccolo Lago" ab 70 Euro. Ferien im Jan./Februar, RT:
So-abend, Mo, Di.

Gute Aussichten: Mauricia und Mergozzosee, B&B Il Picchio

☼ Bed & Breakfast IL PICCHIO – bei Mergozzo. Bett, Frühstück & Landluft: *Il Picchio,* der Specht, liegt im mittelsteilen Hügelland zwei Kilometer oberhalb von Mergozzo inmitten einer heiteren Parklandschaft, darüber Eichen- und Kastanienwald. Am Ende einer Straße das frei gelegene Landhaus mit drei modern und wohnlich eingerichteten Zimmern, Frühstücksraum und ♠ Garten mit Panoramablick über den Lago Mergozzo bis zum Lago Maggiore (der liegt nur 5 km entfernt). Die Tochter des Hauses Maurizia spricht fast perfekt deutsch, englisch und französisch. Preis und Lage, Leistung und Stimmung, alles voll befriedigend; man fühlt sich hier oben gut aufgehoben. Ideal für alle, die eine ruhige und preiswerte Ausflugsbasis suchen.

→ *B&B Il Picchio,* Via Tarì 9, I-28802 Mergozzo (VB), Zufahrt vom Zentrum über die Straße nach Bracchio, nach ca. 2 km, Hinweisschilder, www.ilpicchio.eu. Tel./Fax: 0039-0323 80 200. Faire Preise.

→ Ebenfalls an der Straße Mergozzo-Bracchio: *Hotel Le Oche di Bracchio,* Dreistern-Mittelklasse in erhöhter Aussichtslage, Räume für Seminare und Veranstaltungen, Restaurant, Tel. 0039- 0323-801 122, www.leochedibracchio.it

Von Verbania nach Stresa

Von Verbania nach Stresa führt die Seestraße SS 34 nun zunächst landeinwärts bis zur Abzweigung nach Süden bei *Fondotoce*. Wie andere Streckenabschnitte im Tal des Toce auch hier ein verkehrsreiches Gewühl, das schon etwas an die unansehnlichen Verhältnisse an der Südspitze des Sees zwischen Arona und Sesto Calende erinnert.

Aber es sind es ja nur ein paar Kilometer bis Fondotoce und spätestens um Baveno bekommt der Streckenverlauf der nun als SS 33 signierten Staatstraße nochmal eine zweite Luft, rein landschaftsästhetisch gesehen. Der Liebreiz der nördlichen Uferstraße wird hier allerdings nicht mehr erreicht, von einer zwingenden Hoteladresse ist auch nicht zu berichten, eher von kuriosen, darunter etwa der Albergo *La Ripa*, am südlichen Ortsende von Baveno direkt an der SS 33 gelegen (Via Sempione 11, Tel. 0039-0323-92.45.89, preiswert, einfach). Wieder so eine hochbetagte Institution in

Fünfsternlegende – Grand Hotel des Iles Borromées, Stresa

glänzender Lage, jedoch in besorgniserregender Verfassung. Der kleine Park nach vorne raus ist ein Juwel. Gleich wie, die betagten Damen des Hauses wird La Ripa noch aushalten und was danach kommt, steht auf anderen Blättern.

Espresso im Grand Hotel

Weiter bis nach **Stresa**, das mit seinen prätentiösen Seefrontfassaden gleich bei der Einfahrt seine besten Trümpfe ausspielt. Allen voran die Fünfsternlegende *Grand Hotel des Iles Borromées*, ein Luxusliner am Corso Umberto. Was tun? Vielleicht doch ganz selbstverständlich Blinker setzen, einfahren, die Carabinieri-Streife freundlich ignorieren und auf dem geräumigen Parkdeck ausrollen. Hernach längs penibel gepflegter Rabatten zur Rezeption schreiten und hier schon mal das alte Ornament bewundern. Eventuell zur Bar durchgehen und dort auf einen Drink verweilen. Keine Angst, es wird keinesfalls teurer als auf dem Markusplatz.

Cappuccinolegende – Gigi Bar, Stresa

Ein kleineres Einzel wäre schon für weniger als 300 Euro zu haben und Hemingways Kammer käme knapp unter 3.000 Euro. Mitunter erregen die Gäste auch anderweitig Mitleid – allein das Ausladen der Golfutensilien bringt manches Paar an die Grenze seiner Belastbarkeit. Da dürfte eine Nacht in der Imperial Suite vollends zum Handicap werden. Als Passant kann man solche Beschwernisse des Wohllebens gelassen aus der Distanz beobachten und sich hernach für vergleichsweise kleines Geld einen Espresso an der sehenswert dekadenten Bar gönnen. Grand Hotels haben auch Herz für Normalverdiener.

In Stresa an der Seefront geht es keine fünf Minuten, bis man von unterbeschäftigten Bootsleuten zur Kahnpartie auf die Borromäischen Inseln aufgefordert wird. „An der imposanten Uferpromenade traf sich die elegante Welt und die Welt des Geistes", hieß es einmal so schön. Im touristisch erwartungsgemäß aufgerüschten Centro storico sitzen, kaufen und trinken die Gäste heute im Rahmen ihrer Möglichkei-

Mannschaft beim caffè – Gigi Bar, Stresa

ten. Sintra, Portofino oder Stresa, es läuft im Grunde überall ähnlich – zunächst waren die Gästelisten beachtlich, heute sind es die Busparkplätze und Eisbecher.

Der Stop für Passanten – die *Gigi Bar* am Corso Italia. Die legendäre Kaffeetheke gegenüber dem Fährhafen und der Isola Bella. Mittlerweile nach Angebot, Einrichtung und Service nicht mehr so taufrisch, aber Legenden sind zäh. Das Besondere: der cappuccino wird mit einer Prise Zimt im Milchschaum serviert, die in Form einer Pfauenfeder ausgezogen wird. Ein Gruß an die Isola Bella und die exotischen Vögel ebendort. Bekannt und gelobt ist die Gigi Bar für ihre *margheritine* (feine Butterteigplätzchen) – diese auch zum Mitnehmen.

Über Lesa nach Süden bis Arona

Zwischen Stresa, Lesa und *Arona* bleibt die Küstenstraße (SS 33) nach wie vor direkt am Ufer, aber die Dramatik der nördlichen Abschnitte wird nicht mehr erreicht. Aus Gebirge wird Mittelgebirge, die Steilküste verflacht, je weiter man nach Süden vorankommt. Die Küstenorte liegen nun schon im Zugriff des norditalienischen Wochenendtourismus. Der sorgt allerdings für eine stattliche Anzahl von guten **Einkehrmöglichkeiten** im Hinterland, aber auch an den Promenaden (besonders Arona). Die kulinarische Qualität ist im Süden jedenfalls deutlich fortgeschrittener als oben im Norden, wo Pasta- und Pizzerieneinerlei dominiert.

Unsere Regel: Was im Süden an landschaftlicher Attraktion verlorengeht, wird mit kulinarischer Leistung allemal aufgewogen.

Lesa – liegt weit gestreut auf einer flachen Schwemmebene, stimmungsvoller der alte Ortsteil oberhalb der Durchgangsstraße. Um seine höhergelegene Kirche, auch im alten Ortskern am Hang, wirkt Lesa bis heute stiller und privater als die Nachbarorte. Zum See hin verändert sich Lesa: es beginnt eine flächige Ferienhaus- und Villensiedlung ohne bemerkenswerte Höhepunkte. Wohlstand hinter hohen Mauern und automatischen Toreinfahrten.

An den Enden der Halbinsel jeweils eine kleine, aber geschützte **Badestelle** (Zugang über Via Davinci, campo sportivo).

- Im Ort, nahe der Ortsdurchfahrt, die einfache *Pizzeria Ruggero*. Mittags zum preiswerten Einheitsmenü ein Treff für Handwerker, außerdem gute Pizza mit dünnem Teig aus dem Holzofen, man sitzt im Freien auf einer derb gezimmerten Terrasse, auch drinnen wirkt der Laden schmucklos, aber nicht herzlos. Am besten auf einen Truckstop. Zufahrt an der Hauptkreuzung in Lesa angeschrieben (Via Opifici 66) – Pizza wird hier auch mittags serviert.

Weiter oben in den Bergen liegt die interessante Panoramagaststätte:

Ristorante AL CAMINO – Lesa-Comnago. Bereits kurz vor der Pizzeria Ruggero kommt die Abzweigung zum Bergdorf *Comnago* und nach etwa einem Kilometer ist das Restaurant *Al Camino* erreicht. Die urig-rustikale Hostaria liegt direkt unterhalb dem Bergsträßchen, das nach Comnago hochführt. Als besondere Attraktion lockt die Panoramaterrasse mit großartigem Blick auf Lesa und See. Die kompakte, durchaus anregende Karte bietet Klassiker der piemonteser Landküche: fünf Vorspeisen, darunter Carpaccio von geräuchertem Ochsenfilet, vier Pastagänge, fünf Hauptgerichte mit Fisch und Fleisch, als Dessert piemonteser Käse oder Castelmagno mit Honig. ♠ Panoramaterrasse.

Ein kulinarisches Lehrstück – Salumeria Rosa, Meina

→ *Al Camino*, I-28040 Lesa-Comnago, via per Comnago 30. RT: Mi. Küche von 12.30 bis 20 Uhr, außerhalb der Hochsaison von Mo bis Fr und Mittagessen nur nach Voranmeldung: Tel. 0039-0322-74.71. **Preise**: günstig-moderat.

Das kleine Wunder von Meina: Der eigentliche Ortskern von Meina wird von der Küstenstraße nicht tangiert, so konnten die alten Villen- und Gartenviertel, die sich weit den Hang in Richtung Pisano und Autobahn A 26 hinaufziehen, noch einigen Reiz erhalten. Sichtbar hat es hierher nicht unbedingt die Verlierer verschlagen, Parkgröße und Baumhöhe sprechen für sich. Mit dem Wohlstand hat sich auf mancher Steinmauer auch Moos angesiedelt. Auch die Nachfrage nach Kulinaria scheint intakt:

Salumeria ROSA – Meina. Die reine Einkaufsfreude, auch wenn man nichts Konkretes braucht. Ein Laden wie die Salumeria in der Via Viotti 30 ist einfach ein Genuß – und ein Lehrstück in Sachen Lebenskunst: von einfachen Alimentari bis zur hervorragenden Auswahl an Schinken und Salume, die mit der „großen Roten" aufgeschnitten werden. Dazu frische Pasta, hausgemachte warme Gerichte zum Mitnehmen, alles in einer Qualität, um die nördlich der Alpen einiges Tamtam gemacht würde (wenn es sie denn gäbe). Kulinarische Kultur eben, in Meina gehört so etwas zum gehobenen Alltagsbedarf. Schauen Sie sich nur mal die diversen Schinkensorten an, das informierte Personal und die Leute, die hierher finden. Man ist entzückt und zugleich entsetzt, wie weit die kulinarische Verlumpung bei uns zuhause gediehen ist.

→ **Salumeria – Gastronomia, Tavola Calda, Frutta, Verdure, Polleria:** *Antonio e Maria Rosa,* I-28046 Meina, Via Viotti 30 (parallel zur Küstenstraße im Ortszentrum). Die korrespondierende Bäckerei in der gleichen Gasse, gleich gegenüber.

Arona

Das lebhafte Zentrum am südlichen lombardischen Ufer des Sees hat eine unterschiedliche Struktur. Wer von Norden kommt, erreicht zunächst den alten, immer noch etwas müde wirkenden historischen Teil um die alte, verkehrsberuhigte *Piazza del Popolo*. Hier wurde in den letzten Jahren zwar einiges renoviert, aber das urbane Leben beginnt so richtig erst weiter südlich, in der Zone um den Fähranleger. Dort lebt Arona nicht nur vom Pittoresken und vom Tourismus.

Der kilometerlange, erst 2006 aufgewertete **Lungolago**, bietet sich nun auch als zentrale Sonnenbank mit Badestelle an. Die neue, pergolagesäumte Seepromenade verbindet das alte Zentrum mit den belebteren Zonen, die erst südlich vom Centro storico und der Piazza del Popolo beginnen und bis zum Hafen und den Werften reichen. Dort und in der attraktiven (verkehrsfreien) Haupteinkaufstraße, die parallel

Seepromenade, Arona

zum Lungolago durch die Altstadt führt, wirkt Arona (mit 12.000 Einwohnern) viel urbaner und nicht so monotouristisch wie andere Städte am See.

Italienische Wochenendtouristen und Einheimische aus dem südlichen Seebecken kommen gerne nach Arona, weil man hier gut einkaufen kann, es ist was los und die Restaurantausstattung am Lungolago spricht für sich. Wer also mehr Italienità und weniger Postkarten-Gassen sucht, ist in Arona durchaus richtig. Atmosphärisch fühlt man sich somit eher an einem Binnentourismusziel, das auch mit dem Rhythmus der Ballungsgebiete in der Poebene lebt, und wieder einschläft. Entsprechend schwankend (zwischen Woche und Wochenende) wirkt der Betrieb. Auch vom anderen, östlichen Seeufer bei Angera kommt man schnell rüber, es verkehren tagsüber praktisch im Stundentakt Personenfähren. Allein die Hotelsituation ist für Ferienbedürfnisse weniger geeignet, hier ist man um Angera viel besser versorgt.

Beim Fähranleger, Arona

■ **Arona – Angera:** Zwei Ziele an zwei Ufern, aber nur fünf Minuten voneinander entfernt. Mit der Fähre, die verkehrt tagsüber praktisch jede Stunde. Damit liegen Arona und Angera eigentlich nicht gegenüber, sondern fast zusammen.

■ **Einkaufen**: Am Lungolago (auf halbem Weg zwischen Fähranleger und Piazza del Popolo): *Gastronomia L'Angolo de la Bontà*, überschaubares aber qualitativ gehobenes Feinkostangebot, darunter Salami aus dem Veneto, guter Käse, frische Pasta und vieles mehr für eine feine Tafel.

Im Centro storico, am nördl. Ende vom Lungolago: Eine *Panetteria* mit wirklich hervorragenden Grissini, auch Pizze & pane und einiges mehr, in einem charmanten, alten Laden (direkt neben dem Ristorante Al Cantuccio) unter den alten Arkaden der Piazza del Popolo, also im oberen, nördlichen Ortsteil.

Markt: Wochenmarkt jeden Dienstag (von 8 bis 12.30 Uhr) am Hafen. Großer Markt am Lungolago, jeden 3. Sonntag im Monat.

Fünf Generationen Käse: Guffanti, Arona

■ **Luigi GUFFANTI** – **Arona.** *Formaggi per Tradizione* (SEIT 1876). Für Käsefreunde eine Adresse, die auch eine weitere Anfahrt lohnt! Kein anderer Affineur in der Region bietet eine solche Auswahl. Erwarten Sie aber keinen schmucken Laden im Centro storico, der Betrieb liegt jenseits der Bahnlinie in einer Vorstadtzone Aronas und die Öffnungszeiten für den Detailverkauf beschränken sich auf wenige Stunden pro Woche. Schwerpunkt von Guffanti ist der Versand, seine formaggi werden weltweit verschickt.

Die fünf Generationen-Geschichte: „Als der Urgroßvater Luigi Guffanti 1876 anfing, mit der Reifung von Gorgonzola zu experimentieren, hatte er die Idee, eine verlassene Silbermine in der Valganna in der Provinz Varese zu kaufen. Wegen der rund ums Jahr gleichbleibenden Temperatur und Feuchtigkeit reifte der Käse so hervorragend, daß Luigi Guffanti innerhalb kurzer Zeit Marktführer wurde: Seine Söhne Carlo und Mario exportierten zu Beginn des 20. Jahrhunderts nach Argentinien und Kalifornien, in die Auswanderungsländer von Piemontesern und Lombarden.

Käseverkauf bei Guffanti, Arona

Die Gorgonzola-Erfahrung wurde dann schrittweise auf die Toma-Sorten des *Val d'Ossola,* auf den Parmigiano Reggiano, schließlich auch auf die französischen, spanischen, Schweizer und portugiesischen Käsesorten angewandt." Spezialitäten: *Ziegenkäslein, Parmesan, Caciocavalli* und natürlich jener *Gorgonzola*, mit dem alles begann.

Für Privatleute ist samstagvormittags geöffnet. Wünsche möglichst im voraus – auf italienisch! – sortieren, das Angebot in den Kühlkammern ist überwältigend und der freundliche Verkäufer (Foto) spricht kein Deutsch. Man kann sich aber – auf Vorbestellung – ein gemischtes Käsesortiment *(Assortimenti misti)* oder eine Ziegenkäseauswahl *(Assortimenti di Formaggi di Capra)* zusammenstellen lassen.

→ *Luigi Guffanti,* via Milano 140, I-28041 Arona, Tel. +39-0322-24 20 38/47222, Fax 0322-241356, www.guffantiformaggi.com. Anfahrt: von Süden kommend nach dem Ortsschild Arona der Straße links unter der Eisenbahnbrücke folgen. Guffanti liegt links gegenüber des großen FIAT-Autohauses (etwas versteckter Eingang über einen Innenhof). Einkauf für Privatkunden samstagvormittags (bei „uffici" läuten).

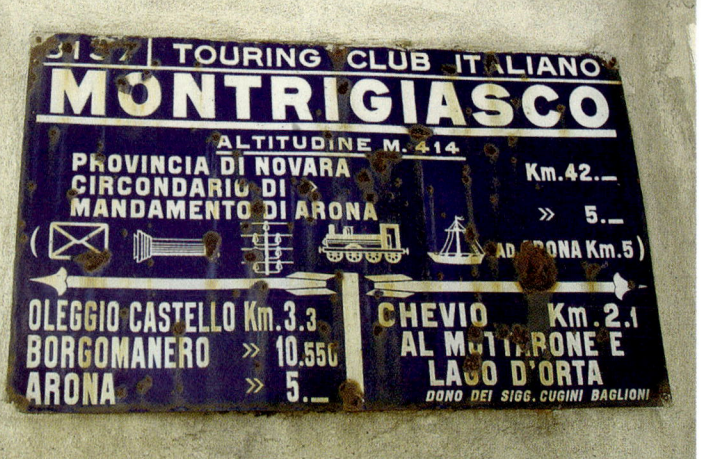

Wegweiser aus der vor-SUV-Zeit

Einkehren im Hinterland: Das piemonteser Hügelland zwischen Arona und der landeinwärts verlaufenden Autobahn A 8 gilt unter Einheimischen als Freßziel von Rang. Im gemütlichen, um die 400 m hohen piemonteser Berg- und Hügelland liegen keine besonderen Sehenswürdigkeiten, aber diverse gute Osterien, auch Ausflugslokale, die mehr vom Binnenbedarf als von internationalen Ansprüchen leben, was der Qualität gut tut. Man erreicht die landschaftlich nicht sonderlich spektakuläre Gegend ab Arona z.B. auf der Straße nach dem Ortsteil *Montrigiasco*. Die Strecke führt zunächst zur unübersehbaren, weil 35 Meter hohen und bis zu den Augenlöchern begehbaren Kolossalstatue des „Carlone" (zur Erinnerung an den Heiligen KARL BORROMÄUS 1538–1584, Kardinal und Erzbischof in Mailand; um das Ausflugsziel die üblichen Stände). Aber die Weiterfahrt lohnt. Wenige Meter nördlich der Statue dann nach links der Abzweig zu den Ortsteilen Campagna und Montrigiasco. Nach einem Kilometer wäre mit der *Trattoria Campagna* schon das erste kulinarische Ziel erreicht.

Aufgeräumte Stimmung, gute Küche – Trattoria Campagna

☼ **Trattoria CAMPAGNA – Arona/Campagna**. Von außen ein unauffälliges Landhaus rechts der Landstraße, die Speisen stehen fein, säuberlich aufgeschrieben auf einem Anschlag an der Tür. Drinnen erwartet einen aufgeräumte Trattoriastimmung der gepflegten Art. Bei den Antipasti zeigt schon das Angebot eines Culatello di Zibello, daß hier keine Allerweltsküche geboten wird, sondern Qualität zu verträglichen Preisen. Gute, tragende Basisküche, darunter frische und sehr gute Pasta, aromatischer arrosto, aufmerksamer Service, angenehm informelle Stimmung im schlichten Gastraum. Gepflegte Weinauswahl von offen bis zum Renommierfläschle. ♠ Mit kleiner, beschatteter Gartenterrasse.

→ Trattoria *Campagna* (Zanetta Lucio), in Arona-Campagna, direkt an der Straße nach Montrigiasco. Via Vergante, 12, I-28041 Arona (fraz. Campagna, 1 km von S.Carlo), Tel. 0039-0322-572.94. RT: Mo-abend, Di. Im Juli und August nur Di. **Preise**: mittel.

Weiter oben in **Montrigiasco** an der Kreuzung mitten im Ort gab es früher die wundervolle „Osteria Buoni Amici", aber nach Renovierung und Pächterwechsel ist hier nichts mehr wie es war. Wer

es bürgerlich und repräsentativ haben möchte, findet am oberen Ortsrand ein Ausflugslokal, das an Wochenenden gerne vom lokalen Bürgertum besucht wird: *Il Castagneto;* ♠ mit großer Terrasse.

VECCHIO GLICINE – Colazza. Auch zwei Dörfer weiter, schon auf der Westseite der Autobahn A 8 nochmals eine dieser lohnenden Adressen im Hügelland: Die alte, baumdicke Glycinie beschattet die kleine, gedeckte Innenhof-Terrasse, der gemütlich-ländlich möblierte Saal drinnen wäre auch was für ein längeres, opulentes Wintermahl. Das Angebot, eine typische piemonteser Landküche, paßt zum ambitionierten Familienbetrieb der Familie Bernardelli. Möglichkeiten vom Fasanencarpaccio über diverse Risotti bis zum Lammmcarrée in Marsalasauce, dazu kommen Saisongerichte und Regionales, sowie die beruhigende Atmosphäre eines in langen Jahren eingespielten Betriebs. Eine sichere Bank. ♠ Terrasse im Innenhof.

→ Ristorante *Vecchio Glicine*, I-28010 Colazza (ca. 12 km nordwestl. Arona, bzw. 8 km westl. Meina), Tel. 0039-0322-21.81.23. RT: Mo-abend, Di, im Januar geschl. Zum Ristorante gehört ein kleines Ladenlokal „Al Butighin", in dem auch regionale und Haus-Spezialitäten verkauft werden.

Lago Maggiore | Ostküste

Gambarogno (CH) – Am Kreisel bei *Quartino* fällt die Entscheidung: Ostküste oder Westküste (vgl. auch S. 106ff). Wer sich für die etwas ruhigere, im Norden auch rauhere Ostküste entscheidet, erreicht den See bei Magadino, nahe der Mündung des Ticino. Das brettebene, landschaftlich wenig aufregende Tal des Ticino heißt wie die Siedlung: Die *Magadinoebene* ist mit knapp 2 000 Hektar zwar die größte landwirtschaftlich genutzte Fläche der Schweiz, aber die etwas indifferente Mischung aus Treibhäusern, Lagerhallen, Einkaufszentren und einer kerzengrad durchziehenden Schnellstraße ist alles, nur keine Augenweide.

Auch auf den ersten Kilometern Seeufer zwischen Magadino und Vira keine besonderen Vorkommnisse, das Wesentliche hat *Siegfried Obermeier* in einem (leider vergriffenen) PRESTEL-Band anno 1972 festgehalten: „Das schmale, saubere Vira scheint sich in den letzten Jahren vom Fischfang auf

Parco Botanico Gambarogno (Gärtnerei Eisenhut)

Touristenfang umgestellt zu haben. Die Techniken wurden weiter verfeinert, ein Anhalten ohne Gebühren ist in den Küstenorten nahezu unmöglich."

Nun gilt eine verschärfte Abgabenordnung mittlerweile für diverse Seepartien, speziell an der *Riviera del Gambarogno*, also am dicht besiedelten Schweizer Teil des Ostufers, sieht sich der Reisende aber einem besonders engen Netz touristischer Einrichtungen gegenüber. Blick, Land und Luft bieten allenfalls die höhergelegenen Ortsteile. Exemplarisch hier zum Beispiel der Ausflug hinauf nach **Vairano**:

PARCO BOTANICO del Gambarogno – **Piazzogna / Vairano:** Baumschule und Botanische Gärten von *Otto Eisenhut*. Unter den vielen namhaften Gärten und Baumschulen am See eine der herausragenden Adressen. Fast eintausend Kameliensorten, eines der größten Magnoliensortimente mit 450 verschiedenen Mutterpflanzen, 800 Azaleen und gleichviel Rhododendren, außerdem Zitrusfrüchte in mehr

150 Zitrusarten, Parco Botanico Gambarogno

als 150 Varietäten, darunter Züchtungen, die bis minus 15 Grad Celsius frosthart sind. Dies und noch vielmehr auf einem knapp zwanzig Hektar großen Parkgelände über dem Schweizer Ostufer des Lago Maggiore, romantisch bis dramatisch am Steilhang gelegen, Blick auf das andere Ufer mit Locarno und Ascona.

Das Gärtnerei-Grundstück liegt zwischen zwei Bächen, die für ausreichend Wasser sorgen, auch die Lage auf der Schattenseite des Berges ist ideal für Kamelien, Rhododendren und Azaleen. Im Winter kommt kaum Sonne hierher und der schützende Schnee bleibt lange liegen, zudem wird es bei Frostperioden selten kälter als minus 5 Grad, unter minus 9 Grad gibt es nie. Im Sommerhalbjahr bekommt das Hanggelände vom frühen Morgen bis abends Sonne.

Baumschule, botanischer Garten, Lebenstraum: Vor 50 Jahren begann Otto Eisenhut mit der Anlage einer kleinen und eher am Praktischen orientierten Stauden- und Schnittblumengärtnerei, die erst mit den Jahren zum überregional bekannten Spezialitätenstandort heranwuchs. Verantwort-

Eine von 450: Magnolie im Parco Botanico Gambarogno

lich war der Austausch mit einer Schar internationaler Gartenliebhaber, die sich am See niedergelassen hatte. So wurde Eisenhut von einem SIR PETER SMITHERS gebeten, sich um die kränkelnde Magnolie »Princess Margaret« zu kümmern. Die Rettung der Schönheit gelang durch die Veredlung auf eine robuste Unterlage, womit zugleich eine Grundlage für das heute weltweit einzigartige Magnoliensortiment gelegt war. Eisenhuts Sohn *Reto* erweiterte das mannigfaltige Angebot um die Großfamilie der Zitrusfrüchte. Limone, Thai-Limette, Mandarine, Satsuma, Clementine, ovale Kumquat, bittere Sevilla-Orange – die Auswahl ist enorm.

Ausgehend von der Gärtnerei wurden 1980 die ersten Wege am Steilhang angelegt, neun Jahre später wurde der Park für das Publikum geöffnet, seit 2000 betreut eine Stiftung die Anlagen des Parks, in dessen Mitte die Gewächshäuser und Beete der Baumschule Eisenhut liegen. Die schmalen, schattigen Hangwege erschließen nicht nur botanische Besonderheiten, sie bieten auch Blick auf den See und die Gegenküste zwischen Locarno und Brissago. Eine Welt für sich.

Einkehr beim botanischen Garten: Ristorante Gambarogno

Allein der betörende Duft in Eisenhuts Orangerien könnte ein Reisemotiv sein. Wo Zitronen blüh'n, sind Nordländer bekanntlich selten fern. Die alljährliche Kamelienausstellung der Gärtnerei Eisenhut beginnt am 25. März, wobei das Blühen und Duften zum Glück nicht auf Ausstellungstermine und Feste beschränkt bleibt. Ein, zwei Stunden sollte man sich für den Eisenhut-Park schon gönnen, und je nach eigener Gartengröße und Pflanzabsicht mit leerem Kofferraum anreisen.

→ *Parco Botanico del Gambarogno* und Baumschule von **Otto und Reto Eisenhut** (zwischen Piazzogna und Vairano), geöffnet ganzjährig, 9-18 Uhr. Schönste Blütezeit März bis Juni, Besichtigung ca. 2 h. Baumschule Tel. 0041-(0)91-795.18.67. Das überaus umfangreiche Pflanzensortiment steht auch im Internet unter: www.eisenhut.ch; Stiftung: Tel. 0041-(0)91-795.26.20, www.parcobotanico.ch.

■ Die obligatorische Piatta Ticinese kann gleich nebenan im *Ristorante Gambarogno* eingenommen werden. ♠ Traumhafte Panoramaterrasse, im ersten Stock ein paar einfache Zimmer mit Etagenbad und großer Aussicht.

Badplatz unter Palmen: Gerra

→ Ristorante-Pensione *Gambarogno* (Jvana und Matteo Cosic), CH-6579 Piazzogna. Tel. 0041-795-15.62. **Preise:** günstig. Von März bis Dezember.

Baden in CH-Gerra: Eigentlich nichts Besonderes, nur einer dieser öffentlichen Badeplätze, die es an Schweizer Seen öfter mal gibt: Sprungbrett, alte Bäume, ein Kiosk, kein Eintritt. Im Hochsommer hält sich etwas feuchtkühle Luft in der Schlucht des Bachbetts, vorne an der Uferbefestigung warten warme Steinquader zum Sonnen nach dem Bad im klaren Seewasser. Darüber gepflegter Rasen, etwas Palmenschatten und Blick auf das gegenüberliegende Ufer mit Ascona. Nichts Besonderes?

Lombardisches Ufer: Von Dirinella bis Luino

Die Landesgrenze bei der Straßensiedlung *Dirinella* bestätigt die üblichen Erwartungen: Kiosk, Schnaps- und Weinboutique, eine Straßenbar, kein Platz zum Bleiben. Aber schon ein paar Meter weiter, im ebenfalls wenig aufregenden Straßendorf **Zenna,** wäre ein längerer Halt möglich.

Aus der klammen, sacksteilen *Valle Molinera* schießt ein Bach, der vorn am Ufer etwas Schwemmland aufgeschüttet hat. Der großzügige und ganz selten überfüllte **Strand** links und rechts der Mündung ist durchaus beachtlich, allerdings wegen der Nordexposition nur im Hochsommer richtig warm und freundlich (wie so viele Plätze an der oberen Ostküste). Im Sommer, wenn sich an der Westküste alles auf den Füßen steht, wäre hier aber noch Platz für einen langen, ruhigen Badetag. Wer noch länger bleiben möchte, findet am Strand mit der *Villa delle Palme/Hotel Lido* eine komfortable Pension, deren Seezimmer und Terrassen einen selten schönen Blick bieten.

Klara Espositos Reich: Villa delle Palme, Zenna

Hotel Lido/VILLA DELLE PALME – Zenna. Gleich hinter
der Grenze heißt es aufpassen. Die Straßenfront und der ge-
pflasterte Parkplatz vor der Villa delle Palme verraten wenig
vom Charme der anderen Hausseite. Auch die alten Palmen mußten bei der Anlage des neuen Parkplatzes weichen.
Nach vorne raus (und nur nach vorne raus) biete das solid
renovierte Garni aber Seekontakt erster Güte. Unmittelbarer
als hier sitzt man selten über dem Wasser und die kleine Liegewiese über der Ufermauer ist ein selten gelungener Platz:
Schwimmen geht schon vor dem Frühstück, die Zimmer
nach vorn bieten großartigen Panoramablick. Geführt wird
das Haus im Stile einer deutschen Frühstückspension von
Klara Esposito, die kam vor langen Jahren von Köln an den
Lago Maggiore und hält nun hier Stellung; mit dem zupak-
kenden Charme einer Dame, die weder Hochwasser noch
Touristen fürchtet. Für zahlreiche (deutsche) Stammgäste
sind Villa, Lago und Frau Klara Esposito ein Akkord, der zum
Sommerglück gehört. Die Seeseite-Zimmer sind nicht all-
zugroß, aber in Schuß und funktional möbliert, gute Betten

Schwimmen vor dem Frühstück – Villa delle Palme, Zenna

sind selbstverständlich und von der Durchgangsstraße ist hier nichts zu hören (nur die Bahn rumpelt ab und an). In den Zimmern zur Straßenseite hat man von der einmaligen Lage des Hauses natürlich nur Bruchteile. So gilt, besonders während der Sommermonate: rechtzeitig und richtig reservieren.

→ *Villa delle Palme/Hotel Lido* (garni), Klara Esposito & Söhne, Corso Europa, 23, I-21010 Zenna-Pino (VA). Tel./Fax 0039-0332-56.62.38. **Preise**: mittel.

■ *Osteria-Pizzeria Molinera:* Wenige Meter südlich der Villa delle Palme und unmittelbar unterhalb der Straße gelegen wirkt die Adresse zunächst etwas abweisend, aber drinnen ist die Straßennähe überhaupt kein Problem und die Holzofenpizza ist gelungen. Dazu eine Standardkarte mit Pasta in vernünftiger Qualität. Munterer Betrieb, in Zenna ohne Alternative.

– In der Gegenrichtung, also zwischen Villa delle Palme und CH-Grenze noch eine Weinhandlung mit Restaurant und Seeterrasse: Lage verführerisch, Speisenqualität und Service allerdings ausgesprochen ernüchternd.

Eine Bergfahrt bei Maccagno

Maccagno liegt auf Schwemmland zu beiden Seiten der *Giona*, schon das mächtige Geröll und Geschiebe im breit ausgewaschenen Flußbett zeigt, was hier bei Starkregen abgehen kann. Wenige Meter nördlich der Brücke über die Giona beginnt, zunächst eher unscheinbar, eine der reizvollsten Bergfahrten am Lago Maggiore: eine serpentinenreiche

Himmel, Berg und Tal – oberhalb Maccagno

Straße führt über die höhergelegenen Villenviertel Maccagnos, rasant Höhe und Blick gewinnend, entweder steil hoch nach *Campagnano* (Ristorante Al Pozzo, vgl. nächste Seite) und weiter bis zum Stausee *Lago Delio*.

Reizvoll auch die Bergroute, die erst seit Mitte der 70er Jahre die gesamte Sonnenseite des Valle Veddasca erschließt,

Von Maccagno in die Berge: Wegweiser in Zenna

sie geht über die Dörfer: Càdero, Graglio (850 m), Armio, Lozzo (900 m) und Biegno, schließlich wird über 1.000 m hinaus die CH-Grenze bei *Indemini* erreicht. Im Wechsel Wald- und freie Alppassagen, immer wieder großartige Blikke in die abgrundtiefe Giona-Schlucht.

Die seenähere Route hoch nach Campagnano und weiter zum Lago Delio kann dagegen nur im ersten Abschnitt mithalten. **Campagnano** selbst liegt noch eng und einzigartig exponiert an den Sonnenhang gebaut: Horstlage 400 Meter über dem Seespiegel, der Blick reicht weit nach Süden bis ins untere Seebecken, in terrassierten, liebevoll beharkten Parzellen reift alles für die Minestrone und noch mehr, wirklich ein Gunstflecken.

Ristorante AL POZZO – Campagnano. Ein Kuriosum, hier von Renovierungsstau zu sprechen, wäre untertrieben und kleinlich. Das Institut in der Kurve beim Brunnen bietet Blick wie aus dem Hubschrauber und ein Interieur wie in der Maultierzeit. Dazu paßt ein abgehangenes Betriebssystem,

Bergfahrt historisch: Die neue Straße nach Musignano

das auf den ersten Blick schwer zu durchschauen ist. Aber mit der Zeit kommen die Dinge, wie sie halt kommen, eine einfache, irgendwie auch rechtschaffen gemeinte „cucina casalinga", wobei die casa deutlich in die Jahre gekommen ist. Trotz oder wegen seiner Eigenheiten ist das Haus hoch überm See keine verschwiegene Adresse, an den Nachbartischen nebenan klingt es oft nach Nordalpen. Macht nichts, ein Sonnenuntergang im Al Pozzo vergoldet alles, auch den offenen Roten.

→ *Ristorante Al Pozzo*, (Elena Ravizza), I-Campagnano di Maccagno, Tel. 0039-0332-56.01.45. Kein RT.

Von Maccagno über Musignano zum Lago Delio (930 m). Bis Musignano (680 m) noch eine reizvolle Panoramafahrt (wenngleich nicht mehr so rustikal wie auf der alten Aufnahme oben), später wird die Strecke zur durchschnittlichen Bergfahrt durch junge Kastanienwälder. Der Lago Delio hat durch den Ausbau zum Stausee den natürlichen Reiz bewachsener Uferpartien eingebüßt. Ein älterer Albergo auf der Zufahrt wirkt derzeit verlassen, die Wanderer-Sitzgruppen über dem Ufer sind wie überall im Bonanza-Stil gehalten, die Landschaft auch nicht sonderlich aufregend, so gibt es für die Bergfahrt zum See eigentlich wenig Gründe, allenfalls als Wanderetappe, aber schon die Umrundung des See ist eher was für Stoiker. Ein paarhundert Meter vom nördlichen Seeufer entfernt und nun auch mit schönem Blick auf Locarno und das nördliche Seebecken dann doch noch ein besonderer Fleck, reizvoll auch als Wander- oder MTB-Ziel:

Berggasthofstimmung – Albergo Diana am Lago Delio

Albergo DIANA* – Lago Delio. Eine einfach, sympathische Bergstation: der Familienbetrieb liegt in herber Alleinlage auf 950 Metern Höhe, nahe beim Lago Delio und hoch über dem Lago Maggiore. Typische Berggasthofstimmung, die einfachen Zimmer bieten teilweise schönen Blick auf den Lago. ♠ Große Freiterrasse; kleiner, recht dunkler Gastraum. Nette Wirtsleute und solides Essen, bemerkenswerte Weinkarte. Außerhalb der Wander- und Ausflugssaison ein sehr ruhiger Außenposten.

→ *Alb. Rist. Diana* (Fam. Dellea), I-Tronzano-L. Delio, Tel. 0039-0332-56.61.02, RT: Di. **Preise**: günstig. Zufahrt über Maccagno-Lago Delio (ca. 12 km schmale, aber gut befestigte Bergstraße).

Luino

Mit gut 12.000 Einwohnern ist Luino ein Zentrum der Ostküste. Sommertourismus, aber auch Kleingewerbe, Produktion und Handel sorgen dafür, daß es im weiten Taleinschnitt
von Tresa und Margorabbia nicht nur touristisch zugeht. Die
lange Uferpromenade glänzt mit besonders stattlichem Pla-
tanenbestand, dazu kommt eine historische Altstadt und ein
paar Repräsentationsbauten aus den goldenen Jahren des
Lago Maggiore Tourismus, etwa das Jugendstil-Relikt *Camin
Hotel Luino* direkt hinter der Promenade. Schon eine erste
Durchfahrt zeigt, daß Luino schon seit langem eine zentrale
Funktion an der Ostküste besitzt. Dafür spricht auch der
üppige Bestand an Läden, Cafés und dergleichen, für den
kleinen Stadtausflug bietet Luino also allemal genug.

Insofern braucht es für einen Besuch Luinos sicher nicht
den weitbekannten und entsprechend überlaufenen Mitt-
wochsmarkt (von 8 bis 16 Uhr), der längst vom seriösen
Markt zum kunterbunten Touristenspektakel verkommen

Ausguck am Hafen in Luino

ist. Gemeinde und Aussteller werden das verschmerzen können. Wer ernsthaft einkaufen will, meidet eher den Mittwoch in Luino, wenn Kolonnenverkehr, Parkwächter und Ausflugsbusse das Bild bestimmen.

■ **Einkaufen**: Entsprechend seiner zentralen Funktion bietet Luino eine besonders gute Auswahl an Läden und Einkaufsmöglichkeiten, nicht nur für touristischen Bedarf, sondern auch für das italienische Alltagsleben ist gesorgt. Zwei Anregungen zum Warmwerden:

– *Panperfocaccia*, zentral in der Via 15. Agosto, Brot, Pizze und Focaccia in allen Formaten und mit allerlei Belägen, stets frisch aus dem Ofen, auch sonntags. Es geht also doch!

– *Pasticceria Rota*, Via XV Agosto 26. Die zwei süßen Spezialitäten von Luino: baci = Kusskekse und dolce rustico mit Mandeln und Nüssen. In der Pasticceria Rota gibt es ein feines Angebot süßer & salziger Kleinigkeiten, außerdem diverse Kuchen und im Sommer selbstgemachtes „Handwerkereis". Delikat auch die kleinen fünfmarkstückgroßen Pizzateilchen (mit und ohne Sardellen), Focaccia etc. Die Kaufentscheidung fällt jedesmal aufs Neue schwer – deshalb vielleicht erst mal einen Espresso an der Bar nehmen – mit einer kleinen Auswahl zum Probieren.

Sonntagmittag im Grünen – Agricultura Paü, bei Luino

Von Luino in die Berge: Dumenza – Agra

Eine lohnende Bergfahrt führt von Luino nach Nordosten durch das zunächst noch sanft, später aber steil gefaltete Dumentina Tal. Nach gut zweieinhalb Kilometern landeinwärts die erste Haltestelle:

Azienda Agricultura PAÜ – Luino. Der 12 Hektar Hof liegt am Eingang des Val Dumentina auf 300 m Höhe. Im 19. Jahrhundert war hier noch Sumpfland *(Paü* heißt im Dialekt Sumpf) – heute weiden Pferde, Kühe, Schweine, Ziegen und Schafe im mäßig gewellten Hügelland, auch Kleinvieh gibt es und Obstkulturen. Fruchtbares Hinterland.

Agriturismo steht ja nicht nur für preiswertes Essen, sondern auch für Zeit zum Essen. Der klassische Sonntagmittag in Paü läuft langsam an: um halb eins sitzen ein paar Gäste an den langen ♠ Tischen im Grünen, die schon komplett eingedeckt sind. Nach und nach kommt mehr Gesellschaft

Freundlich-rustikal: Agricultura Paü, oberhalb Luino

und so gegen halb zwei sind schließlich alle da – drei Generationen von Opa bis Enkel. Mit dabei ist auch die Muse für ein ausgiebiges Mittagessen, kein Gang wird ausgelassen.

Serviert werden nach Jahreszeit unterschiedliche Menus *(Menu invernale/Prima verile/Estivo/Autunnale)*. Am Anfang immer die hier besonders guten Affetati misti (Aufschnitt eigener Wurst und Schinken: salame, pancetta, bresaola, coppa, lardo und prosciutto d'ocra (Gänseschinken); als Primo minestrone/pasta/Polenta/diverse Risotti; als Secondo Braten vom großen Stück, im Sommer was vom Grill; zum Schluß natürlich dolce: crostata della casa con marmellate (Mürbteigkuchen). Alle Gerichte sind aus eigenen Produkten, gekocht wird nach regionalen Rezepten. Zur ländlichen rustikalen Küche paßt der einfach saubere offene Rote ausnehmend gut. Behend serviert von freundlichen Gastgebern. Die Kinder spielen nicht Handy, sondern streicheln die Zicklein auf der Wiese – fast wie im Bilderbuch. So ein Mittag dauert und vor vier Uhr ging das letzte Mal keiner vom Tisch – ein ganz normaler Sommersonntag.

Wandmotiv in den Bergen bei Dumenza

Auch die besondere Qualität des Affetati-Angebots (luftge-
trocknetes Fleisch und Würste, Salami, Schinken, Käse) wäre
ein Grund, zum Einkaufen vorbeizuschauen. Die Produkte
zum Mitnehmen werden in einer Vitrine im Gastraum ge-
zeigt. Verkauf der ausgezeichneten Bauernhofprodukte von
Paü auch auf dem Mi-Markt in Luino, vgl. unten.

→ *Azienda Agricola Paü,* Bauernhof / Restaurant / Direktverkauf regionaler Produkte (Michele, Christian und Karin Callera), Via Dumenza 12, I-21016 Luino (zwischen Luino und Dumenza). Mo und
Di geschlossen. Reservation notwendig: Tel.: 0039-0332-530962, pau-
agriturismo@libero.it, www.agriturismopau.it. **Preise:** günstig (Menu
23-26 Euro). **Anfahrt**: Agriturismo Paü liegt im Hügelland oberhalb
von Luino (4,5 km von der Schweizer Grenze bei delle Fornasette;
siehe auch Grotto Collina), problemlose geteerte Anfahrt.

- **Hofprodukte** auf dem **Mi-Markt in Luino**. Hier am Stand von Ni-
coletta *Kedo* eigene Fermeprodukte von Ziegen, Käse und Schwein.
Die Anbieter haben einen Agriturismo mit Zimmern in *Piero* (im
Hinterland, Richtung Dumenza). Via Addolorata n. 3, Fraz. Piero,
I-21010 Curiglia con Monteviasco, Tel. +39-0332–56850, www.agri-
turismokedo.it

Dumenza, der Hauptort der rückwärtigen, seeabgewandten Gartenlandschaft, verteilt sich wie üblich über mehrere Fraktionen. Die Kernsiedlung liegt kaum einen Kilometer von der Landesgrenze auf 450 Metern und damit schon 200 Meter über dem Seespiegel in üppig, grünem Hügelland. Von Dumenza geht es in gefälligem Anstieg zum Kreuzungsort *Due Cossani* und weiter bis *Agra* auf 650 Metern. Der sonnig gelegene Bergort wandelte sich schon vor Jahrzehnten vom Dorf zum „Luftkurort". Aber wie das mit Luftkurorten so ist, außerhalb einer recht kurzen Saison hat man hier oben die Luft ziemlich allein fürs sich. Ganz zuoberst wartet aber doch noch ein Treffpunkt:

- Ristorante *Bedore* – ein beliebtes Berg-Wald-Gasthaus auf einer Kuppe oberhalb Agra. Obwohl exponiert gelegen, bietet der Platz wenig Sicht, dafür aber solides Essen in rustikaler Umgebung (im Herbst ein Steinpilzmenu!) – draußen unterm weit ausladenden Dach und drinnen in herber Landschänkenumgebung (mit großem Grill). Die Küche stimmt, unter der Woche kommen Handwerker, am Wochenende wird das Ristorante ein luftiges Wander- und Ausflugsziel. Leider bietet der stark zugewachsene Aussichtsplatz unmittelbar über dem Lokal kaum mehr Sicht auf den See.

→ Ristorante *Bedore*, Loc. Bedore', 21010 Agra (Va), Tel. +39-0332 573648.

Von Colmegna direkt nach Agra: Die reguläre Zufahrt hoch nach Agra ist die über Luino, wer es aber gerne abenteuerlicher mag, kann auch über Luino-*Colmegna* und die verstreuten Villen und Ferienhäuser um *Vigna* hochkurbeln: Die schmale, teils verwegen gelegene Route verläuft so eben am Rande des Möglichen für einen PKW (ohne Alllrad), die Piste ist aber durchgehend befestigt und bietet teils herrliche Blicke, auf Wälder, Lichtungen und den See (auch mit dem MTB lohnend).

Mit Sicht aufs Veddascatal – Fattoria del Roccolo bei Dumenza

Agriturismo hinter den Bergen: Ab Due Cossani wäre ein weiter Abstecher ins Bergdorf *Curiglia* möglich. Eine mittlerweile gut ausgebaute, beeindruckend exponierte Straße führt an der extrem steilen Südflanke tief hinein in die Wälder des **Valle Veddasca.** Auf der gegenüberliegenden Sonnenseite liegen die Bergdörfer wie auf einem Hochseil gereiht (Zufahrt dorthin wie unter Maccagno beschrieben). Die Straße nach Curiglia bleibt auf der bewaldeten und unbesiedelten Schattenseite, teils gondelt man über der abgrundtiefen Schlucht der Giona, vor Curiglia der beschilderte Abzweig zu einem bemerkenswerten Agriturismo:

Azienda Agrituristica Fattoria DEL ROCCOLO. Knapp zwei Kilometer führt die steile, ausgewaschene Piste in Richtung Monte Gradisca. Für einen normalen PKW ist die Strecke eben noch zu schaffen, aber die Kurbelei lohnt sich.

Der Gutsbetrieb Roccolo (bewirtet seit 70 Jahren) liegt in Panoramalage auf 800 Metern. ♠ Unter der Pergola eine Terrasse mit weitem Blick auf die gegenüberliegenden Dörfer. Craglio, Cadero, Armio und Lozzo, die am Sträßchen nach

Brotzeit auf der Fattoria del Roccolo

CH-Indemini (979 m) liegen – ein bekannt-romantischer Schweizer Idyllespot, der während der Saison von Ausflüglern gehörig strapaziert wird. Anders auf Roccolo, außerhalb der Wander-Hochsaison geht es hier ausgesprochen ruhig zu. Typische Bergbauernstimmung mit Grunzen aus dem Stall, dazu frische Luft und freundliche Wirtsleute, die in erster Linie Landwirte und dann Gastwirte sind. Ausgezeichneter eigener Ziegen- und Schafkäse, Salami, Speck und Schinken. Bei Betrieb auch Polenta und Salsiccia, Brasato, Ziegenbraten und ein Dolce-Angebot. Im neuen Anbau vier Doppelzimmer mit Bad und Veranda, auch von hier umfassende Sicht auf das Veddascatal und den Bergweiler Curiglia. Im Sommer ein gutes, freilich abseitiges Quartier für Touren und Wanderungen, oder einfach mal zum Milieuwechsel.

→ *Fattoria del Roccolo* (F.lli Brancher). Strada per Curiglia, Roccolo 1, I-21010 Dumenza. Tel./Fax 0039-0332-56.84.77. Von der Straße zweigt ca. 2 km vor Curiglia ein steiler, stellenweise grenzwertig buckliger 2 km langer Fahrweg ab – evtl. auch als MTB-Tour oder kleine Wanderung. Fahrer von tiefergelegten Fahrzeugen müssen unten bleiben.

Liegt gut, schmeckt gut: Grotto Collina, CH-Monteggio

☀ **GROTTO COLLINA – CH-Monteggio.** Kulinarischer Halt im Tresa-Tal: Unmittelbar bei der kleinen Grenzstation zwischen Luino und Ponte Tresa (Valico Fornaselle) führt auf Schweizer Seite ein Sträßchen den Berg hoch, man kommt zunächst durch freundliches Garten- und Pergolaland: Kastanien, ein paar Palmen und viel Reben. Vom Grotto aus dann wundervolle Fernsicht nach Westen über den Lago bis zum Monte-Rosa-Massiv. Serviert werden authentische Gerichte (Pasta/Prosciutto/Lasagne) auf Granittisch und karierter Decke, alles paßt. Dazu ein freundlicher Service und für (CH-Verhältnisse) noch moderate Preise.

→ *Grotto Collina* (Fam. Ferrari), CH-6998 Monteggio, Tel. +41-(0)91-60 82 478, RT: Mo. ♠ Terrasse im Grotto-Stil.

☀ **HOSTARIA DEI CACCIATORI – I-Ferrara di Varese.** Für anreisende Touristen auf dem Weg nach Luino gibt es wenig Gründe, in der Region südlich der Landesgrenze bei Ponte-Tresa hängenzubleiben. Die meisten fahren durch das reizarme Tresa-Tal direkt an den See. Aber ein

Cucina tradizionale: Hostaria dei Cacciatori, Ferrara di Varese

Tal weiter wartet eine lohnende Etappe. Im unscheinbaren Dorf Ferrara, leicht zu übersehen in einer Seitengasse, das Gasthausschild der Hostaria. Hier wartet eine traditionelle Osteria mit all jenen Zutaten, die für eine unproblematische, aber voll befriedigende Einkehr sprechen: Angenehm unprätentiöse, aber gepflegte Stimmung, im Hängeschränkchen das Olivenölsortiment des Hauses, der routinierte Kellner trägt schwarz-weiß – man fühlt sich aufgehoben. Serviert wird tatsächliche „Cucina tradizionale", frisch gekocht, animierend serviert. Zur Saison auch Angebote aus Wald und Jagd. Auf den Tisch kommt zu Beginn gleich ein Röstbrot mit Olivenöl aromatisiert, dann z.B. Muscheln im Sud, Carpaccio di tonno, Artischockenravioli, Arrosto vom großen Stück. Dazu paßt der ausgezeichnete beerige offene Rotwein. ♠ Freisitz unter der überdachten Terrasse. Die Chefin des Hauses spricht deutsch. Gute Leute, guter Laden, einen Abstecher wert.

→ *Hostaria dei Cacciatori* (Paoli Valentini), Via Mazzini, 8, I-21030 Ferrera (VA), Tel. 0039-0332-716290, RT: Mo, Di-mittag. Ferien im Januar. **Preise**: mittel.

Von Luino nach Castelveccana

Südlich Luino, schon auf der anderen Seite des breiten Schwemmufers der Tresa, zunächst *Germignaga*, früher ein Zentrum der Seidenweberei, das Ausgangsmaterial kam vom Comer See, wo die Seidenraupenzucht besonders gepflegt wurde. Heute, zu Zeiten des Funktionsgewebes, hat der Marktflecken längst seinen Charme verloren.

Nach dem Ort bleibt die Küstenstraße nach Süden wieder strikt am Wasser, wobei die etwas mehr landeinwärts führende Route über die Weiler Bèdero, Brezzo di Bèdero und Muceno die zeitaufwendigere, aber lohnendere Alternative sein kann. Ein paar der alten, reizvoll geschmückten Landhäuser stehen noch in der freundlichen Hügellandschaft überm See.

→ An eben dieser Strecke in **Muceno** die kleine sympathische Bar *Muceno* mit einfachen Zimmern. RT: Mi. Tel. 0039-0332-547584.

→ Albergo *Cacciatore* in **Porto Valtravaglia**: Keine besonderen Vorkommnisse unten am Hafen, Preisbewußte und Komfortmüde können im einfachen Albergo Ristorante Cacciatore vorbeischauen. Mitunter ist schon eine Motorradclique vom Niederrhein da, eventuell Budgetwanderer, der Speiseraum schlicht im Jugendherbergsstil, die Zimmer einfach, dazu Freisitz im Hinterhof statt Seesicht, das Essen soll ordentlich sein. Via Varese 4, Tel. 0039-0332-547.531, Fax: 546.577, www.hotelcacciatore.com.

Zwischen Porto Valtravaglia und Castelveccana werden Siedlungsweise und Straßenführung etwas unübersichtlich. Ein Netz von Nebenstraßen und Zufahrten erschließt diverse Kleinsiedlungen, die im Hügelland überm See verstreut sind. Kein eigentliches Ortszentrum, sondern im Wechsel Gassen und Gärten, auch mal ein Kirchturm und so ziemlich in der Mitte eine ansprechende Pension:

Antica Trattoria PIO – Castelveccana. Etwas versteckt zwischen den Hügeln und mitten in der kleinen Località San Pietro überrascht diese professionelle Pension mit Trattoria. Der Speisesaal blitzblank, die Zimmer nicht minder; ♠ nach hinten raus noch eine ansprechende Terrasse. Wer nicht unbedingt direkt am See logieren möchte, findet hier, knapp einen Kilometer vom Ufergewusel, eine gediegene Rückzugsmöglichkeit mit zuverlässiger Küche und gut sortiertem Weinkeller von Sommelier Claudio Rossi. Die Locanda wird im Stil eines klassischen Familienbetriebs in 4. Generation geführt, aufmerksam und ausreichend komfortabel, aber ohne preistreibende Extras. Eine seit Jahren geplante Aufstockung soll Seesicht von den oberen Räumen bieten. So wäre hier ein Logis für alle, die auf Promenadenbetrieb verzichten können.

→ Antica Trattoria *Pio* (con Locanda), località S.Pietro, I-21010 Castelveccana, Tel. 0039-0332-52.05.11, Fax +39-0332-52.20.14, www.albergodapio.it. **Preise**: mittel.

Mehr sein als scheinen – Caldè bei Castelveccana

Caldè

Eine charmante Nische in begnadeter Lage an der Ostküste, drei Kilometer nördlich von Laveno. Von der Küstenstraße lohnt der Abstecher zum kleinen Hafen von Castelveccana (ausgeschildert: *Caldè/Ristobar Sunset*) – es lockt ein anregender Dreiklang: Hafenstimmung, Promenade, Bademöglichkeit. Das macht zwar noch kein „Portofino am Lago Maggiore", wie da und dort geschrieben wird, aber immerhin einen der lässigsten Plätze an der Ostküste.

Unten am Yachthafen gibt es eine Bootswerft, und wenn es einen exklusiv gelegenen Arbeitsplatz gibt, dann hier:

Spielzeug für Boatpeople

„Heaven is on the back seat of my cadillac", reimte Hot Chocolate im Jahr 1976. Damals war auch die große Zeit der *Riva* Boote, Daycruiser für ein standesgemäßes Posieren auf dem Wasser. Gunter Sachs hatte immerhin drei, in Ceausecaus Nachlaß fanden sich derer sieben und der Schah von Persien verfügte vermutlich über ein paar Exemplare mehr, jedenfalls befuhr er den Suezkanal mit einer neuer Riva. Der Springer Axel schipperte mit seiner »Tritone« über den Wannsee.

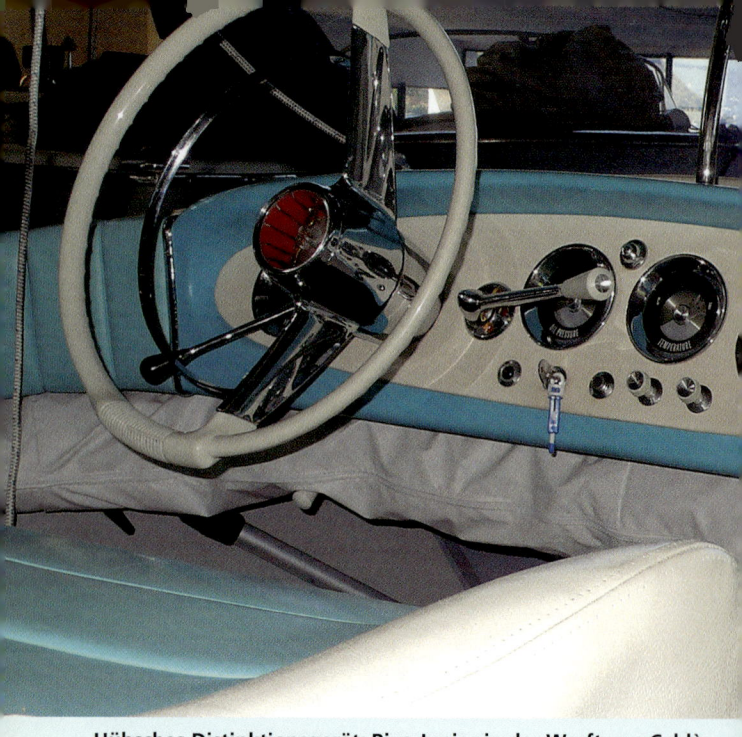

Hübsches Distinktionsgerät: Riva Junior in der Werft von Caldè

Gut 4000 Rivas wurden in den Wirtschaftwunderjahren gebaut, 2000 Klassiker soll es weltweit noch geben, ein paar der prächtigen Oldtimer haben am Lago Maggiore überlebt. Begüterte, denen es an Zeit zum Ausleben ihres Vermögens mangelt, parken in der kleinen Werft von Caldè gerne ihre Riva-Pretiosen. Straßenkreuzer fürs Wasser, ideale Vehikel zur Statusdemonstration, gerade auch auf den oberitalienischen Seen.

Zum Heulen elegant

Die Baureihen der mondänen Daycruiser heißen *Junior*, *Aquarama* oder *Ariston Cadillac*. Wer Glück hat, sieht sie in der Werfthalle von Caldè: Oldtimer mit schimmerndem

Mahagonirumpf und exaltierten Armaturen, die an Straßenkreuzer erinnern: Zigarettenanzünder am Armaturenbrett,
Bootshupen wie Polizeisirenen. „Rivas wurden nicht gebaut,
sie wurden getischlert", hieß es einst. Das besonders warme
Mahagoni für die Innenverkleidung stammte aus Honduras.
Die Übermotorisierung mit Achtzylindern von Chrysler und
Cadillac war Programm, selbst die mächtige Bugwelle war
kein Zufall. Vom Konstrukteur CARLO RIVA heißt es, er habe
sie dem Wasserspiel einer Fontäne abgeschaut.

Auf den softeisfarbenen Polstern der Riva-Sonnendecks
wird bis heute eine Art Table Dance der besseren Kreise
gegeben. Die engen Schlupfkabinen unterm Cockpit wirken dagegen spartanisch. Ein Einheimischer, der schon auf

Der Hangout in Caldè: Ristobar Sunset

einigen Modellen fahren durfte, bemängelt, es sei eng und ziemlich unkommod an Bord, eben wie in einem alten Straßenkreuzer. Immerhin reicht der Platz für eine Kühlbox mit Prosecco. Zum Heulen elegant sehen sie aus, vor allem aber schön teuer. Playboys altern, ihre Rivas glänzen bis heute.

Castelveccana-Caldè: Riva hin und her, in einer Rangliste der schönsten Arbeitsplätze Europas hätte die Bootswerft von Caldè jedenfalls einen Spitzenplatz verdient. In Caldè werden aber nicht nur maritime Pretiosen gehütet, auch die Piazza gleich nebenan ist eine Bühne: Manchmal kommt ein ambulanter Händler mit seinem Kleinlieferwagen zum Hafen und verkauft Eis oder Gemüse. Außerdem treten ortsansässige Privatiers auf, denen nur schwer anzusehen ist, ob sie vom Kapitalertrag oder von staatlicher Hilfe leben. Vermutlich profitieren die Sommergäste in Caldè aber ohnehin von verschiedenen Säulen der Daseinsvorsorge.

Außerdem gibt es in Caldè, und deshalb sind wir eigentlich hergekommen, eine legendäre Bar namens *Sunset:*

Die üblichen Verdächtigen – Sunset, Castelveccana/Caldè

Ristobar SUNSET – Castelveccana/Caldè. Residenten, die den Lago hoch und runter kennen, meinen: Es gäbe keinen besseren Platz für Sonnenuntergang und absichtloses Dasein. Ordentlich essen kann man im Sunset auch, im Grunde handelt es sich aber um eine klassenlose Sozialstation mit üppigem Weinangebot und kleiner, warmer Küche. Die Speisekarte dient freilich eher der Orientierung, man kann hier fast über alles reden, manchmal muß man es auch, mitunter scheint die Bedienung so zurückhaltend, daß Selbstbedienung angebracht ist. Sofern aktiv, agiert der Service lässig, für die zurückhaltende Strukturierung der Abläufe sorgt Gastgeber Luca, dessen persönlicher Stil zwischen Gelassenheit und kurzen Temperamentsausbrüchen changiert.

Drinnen ist die Sunset Bar nur einfach möbliert, also kein Platz bei kaltem, zugigem Wetter, sondern ein ♠ Treff für die warme Jahreszeit. Bei schönem Wetter verlagert sich ohnehin alles nach draußen, dann wird auch vor der roten Hausfront, über die Gass' am Seeufer oder im überdachten

Minne am See

Annex an der Bootsrampe serviert. Einer der inoffiziellen Pflichtplätze am Ostufer, um mal einen halben Tag am Wasser zu vergeigen.

→ Rist. *Sunset* (Luca serviert, Alessio Erosi kocht), Piazza del Lago 3, I-21010 Caldé di Castelveccana, Tel. 0039-0332-521307. Außerhalb der Saison RT: Di. **Preise**: mittel.

Das Problem, daß man Plätze Caldè und Sunset ungern mitten im Abend verläßt, ist dank Lucas Initiative seit Jahresfrist ebenfalls gelöst:

SANTA VERONICA – Caldè di Castelveccana. Das Gästehaus Santa Veronica liegt nur Schritte von der zugehörigen Bar Sunset entfernt, nicht direkt am Wasser, aber nicht weit davon. In einer historischen, von Grund auf renovierten lombardischen Villa warten sechs geschmackvoll ausgestattete Doppelzimmer, von denen einzelne auch zur Ferienwohnung (mit Kochgelegenheit) kombiniert werden können. Weil Gastgeber Luca die Sache mit dem Marketing auch hier ziemlich lässig angeht, bewegen sich die Logierpreise

Das Bett zur Bar: Gästehaus Santa Veronica in Caldé

im Santa Veronica im sozialverträglichen Rahmen. Freilich bleiben Betreuung und Service aufs nötigste beschränkt.

→ *Santa Veronica Guest House*, via Monfalcone, 7, I-21010 Caldè di Castelveccana (VA), Tel. (+39) 0332.521320. www.santaveronicaguesthouse.com. **Faire Preise** (Doppel 50 Euro, zzgl. 10 Euro Aufschlag bei weniger als 3 Tagen).

Baden: Das Ufersträßlein in Caldè führt zunächst als kleine Promenade gefällig am Hafen entlang nach Süden; später als Fußweg über Privatgärten mit Seeanstoß bis zu diversen kiesigen öffentlichen Strandabschnitten. Hier warten Bademöglichkeiten von belebt bis ruhig, im Sommer ein Kiosk. Im Bereich weiter südlich ist genug Platz (und Schatten) für einen langen, ruhigen Badetag mit großartigem Blick auf die *Rocca di Caldè*, kaum je herrscht hier Hochbetrieb.

- Die Zone nördlich der Bootswerft, zwischen *Rio dell' Asino* und den Ruinen der ehemaligen Zementfabrik, wurde erst 2007 aufgewertet. Nun führt eine Verbundholzbrücke über den Rio und der Uferweg wurde zur kleinen Promenade, auch hier Möglichkeiten für ein Bad.

Felsstraße und Überraschungsbucht

Von Caldè bis Laveno – Typisch Ostküste: unmittelbar vor Laveno verschwindet die Uferstraße in einer Reihe von Tunneln und dunklen, rußgeschwärzten Galerien. Aber wenig davor (gut einen Kilometer südlich Caldè) gibt es noch einmal reichlich Panorama und jene Art spontan auftauchender

Badplätze, die an der Ostküste oft so urplötzlich erscheinen, daß man fast den Parkplatz verpaßt. Der hier ist aber besonders groß (im Sommer mit Kiosk), er heißt ✦ *Spiaggia pubblica cinque arcate.* Unterhalb der Straße kleine Badebuchten im Fels und eine famose Aussichtsplatte.

Laveno

Das sympathische Hafenstädtchen mit Kopfbahnhof und Autofähre liegt am Fuße des Aussichtsberges *Sasso del Ferro* (1 062 m, Seilbahn bis knapp unter den Gipfel); von dort einzigartiger Blick über den See, sowie in die Bucht von Stresa, in der Mitte die drei Borromäischen Inseln im dunkelblauen Wasserspiegel! Bei hellem Wetter zudem Blick auf die Schneegipfel des Monte Rosa und den Simplon. Nach Lage und Sicht ist die Bergstation vielleicht der exponierteste Ort am gesamten Ostufer des Sees. Aber Laveno ist mehr als eine Aussichtsplattform, Bahn und ganzjährige Autofährverbindung nach Verbania-Intra sorgen für einigen Umtrieb vorne am Hafen, auch in den – erstaunlich weitläufigen – Vierteln dahinter bis zum Bahnhof ist nicht alles für den Tourismus zurechtfrisiert. So wirkt Laveno etwas normaler und alltäglicher, Altstadt-Gassencharme wie an der Westküste gibt es freilich nicht.

Der einzige Naturhafen an der Ostküste: Laveno

■ *Focacceria Lo Spuntino*. Für die schnelle Pizza am Hafen. Die kommt hier frisch aus dem Ofen und direkt vom Blech – z.B. eine dünne Tranche Margherita auf die Hand für 1 € 50. Außerdem eine Auswahl an: Tortellini, Lasagne und diverse Panini; Sitzen und Gucken geht auch, auf dem kleinen überdachten Abteil auf dem Platz gegenüber vom Fährhafen: Via L.A. Volta 9. Das Warten auf die nächste Fähre kann so schön sein!

■ *Macelleria Stefanelli,* via Labiena 48 (vom Kreisel am Hafen Richtung Varese), dann in der Straße rechter Hand. Kleine Qualitätsmetzgerei mit ausgezeichneter Salami, Bresaola und San Daniele Schinken.

■ Restaurant *Concordia*. Aus einem Leserbrief: „Hier stimmt alles im besten Sinne: italienische Küche der alten Schule – hervorragende Qualität der Zutaten, freundlicher Patrone und das Preis/Leistungsverhältnis in Ordnung."

→ Ristorante *Concordia*, Piazza Marchetti 7, I-21014 Laveno Mombello. RT: Mo, Di.

Navigazione Laghi

Straßenbau an der steilen Felsküste des Lago Maggiore war und ist schwierig und teuer – so begann die Personenschiffahrt auf dem See früh und ihre Bedeutung reicht bis lange in die automobile Zeit. Schon 1826 wurde mit dem dampfge-

triebenen Holzschiff »Verbano« ein schneller Linienverkehr zwischen Magadino und Sesto Calende aufgenommen. Für die 66 Kilometer zwischen der nördlichen und der südlichen Seespitze brauchte das Schiff jeweils einen ganzen Tag. Ab 1842 verkehrte dann das erste Personenschiff mit Eisenrumpf (und 32 PS Dampfmaschine), 1876 wurde die

Anleger am Lungolago von Laveno, Aufnahme um 1930

»Verbano 3« in Dienst gestellt, schon mit 500 PS und einer Kapazität von 600 Passagieren.

Bereits gegen Ende des 19. Jahrhunderts legten pro Tag mehr als ein Dutzend Linienschiffe im Hafen von Laveno an. In die Zeit vom Ende des 19. Jahrhunderts bis zum Beginn des ersten Weltkriegs fällt auch die erfolgreichste Phase der Lago Maggiore Schiffahrt: Sogenannte „Salondampfer", alle mit geräumigen 1. Klasse Decks, wurden in Dienst gestellt. An Land sorgten kunstvoll gestaltete (teils bis heute erhaltene) Jugendstilhallen für Schutz vor Wetter und standesgemäßes Warten.

»Piemonte« heißt der letzte mit Dampf betriebene Schaufelraddampfer der modernen Lago Maggiore Flotte. 500 Passagiere passen auf den eleganten, gut 50 Meter langen Seitenraddampfer, der bereits 1904 in Dienst gestellt wurde (gebaut von ESCHER WYSS, Zürich). Seine Dampfmaschine leistet 400 PS, die maximale Geschwindigkeit beträgt knapp 22 km/h, das rundum verglaste Restaurant hat 150 Sitzplätze, auf den Decks sind weitere 120 Sitzplätze. Ansonsten

Kleine Kreuzfahrt: Autofähre Laveno – Intra

gehören heute zur *Navigazione sul Lago Maggiore* mit Basis und Werft in Arona: Sieben Autofähren (Verkehr zwischen Laveno und Verbania Intra), 13 Motorschiffe mit einer Kapazität zwischen 840 und 280 Passagieren, drei Motorbote (90 Passagiere), sechs schnelle Tragflügelboote (450 bis 180 Passagiere) und ein Catamaran für 150 Passagiere.

Die meisten Fahrten auf dem zweitgrößten See Italiens (Nr. 1 ist der Gardasee) gibt es von März bis Ende Oktober. Neben den Linienverbindungen werden in der Saison noch zahlreiche Sonderrouten gefahren, von der schnellen Punkt zu Punkt Verbindung mit dem Tragflügelboot bis zur gemütlichen Tagesfahrt mit dem großen Motordampfer. Eine der reizvollsten und längsten Touren am Lago ist die große Route, die zwischen Arona und Locarno mehrfach die Küste wechselt, mit Halts in: *Angera, Stresa, Verbania, Luino, Cannobio Brissago* und *Ascona* (im Sommer tägl. außer Mittwoch).

- Fahrpläne und Fahrplanauskunft an jeder Anlegstelle, www.navlahi.it.

Kontrastprogramm: Bergtour auf die Alpe San Michele

Vom Val Cuvia auf die Alpe San Michele

Reservieren Sie einen hellen, schönen Tag für diese Bergfahrt im ruhigen und grünen Bergland von Laveno: Eine reizvolle Nebenstrecke windet sich aus dem Val Cuvia in engen Serpentinen bergwärts. Man gewinnt überraschend schnell an Höhe und Distanz. Oben ein paar Wochenendhäuser am Steilhang, lichte Laubwälder, Bergweiden, einzelne Terrassengärten und immer wieder spektakulärer Ausblick auf Berge und Lago. Unterwegs zwei rustikale Einkehrmöglichkeiten mit Landküche und Panoramaterrassen. Italien wie früher, vor allem aber ein Kontrastprogramm zur voll erschlossenen Küstenlinie.

- **Routenverlauf** (auch als sportive Rad- oder MTB-Strecke möglich): Die empfohlene Route beginnt im Val Cuvia (östlich Laveno), Abzweig von der Talstraße (S 394) in die Berge wenige Meter östlich der Ortsdurchfahrt von **Casalzulgno.** Ab hier beginnt eine reizvolle Bergfahrt in Richtung Arcumeggia und San Antonio: Serpentinenreich und zunächst recht steil aufwärts über die Pässe San Antonio (647 m) und San Michele (890 m); weiter leicht abwärts durch Bergwälder bis auf die weiten, sonnigen Hochweiden um die **Alpe**

Bergstation mit Seeblick: Ristoro Alpe San Michele

San Michele (Siedlung auf 820 m gelegen, Einkehrmöglichkeit vgl. unten).

Auf der Alpe San Michele wäre auch ein guter Ausgangspunkt für Panoramawanderungen, es gibt zahlreiche markierte Wege, Parkplatz und Wegweiser bei der erhöht gelegenen Kapelle). Ehemals war hier ein einfaches, fast entvölkertes Bergdorf; die schlichten, alten Steinhäuser links und rechts der engen Ortsdurchfahrt sind nun als komfortable Wochenendhäuser hergerichtet. Auf dem Parkplatz steht auch mal ein deutscher Allradbolide, im Fond Kindersitze und Spielkonsolen mit Flachbildschirm – zum Daddeln auf die Alpe, na ja.

Weiter ab Alpe San Michele: Mit dem Auto wieder zurück zur Hauptstrecke Richtung Passo San Antonio, dann über San Antonio abwärts zum See bei Castelveccana. Zuvor eine schöne grottoähnliche Einkehrmöglichkeit auf halber Höhe über dem See mit einer grandiosen Terrasse in der Trattoria San Antonio (vgl. unten). Danach kurvenreiche Talfahrt in weiten Schleifen durch Wälder bis Castelveccana.

ALPE SAN MICHELE – Rustikale Küche im kleinen Bergdorf auf 830 m. Der einfache Berggasthof liegt an der Kreuzung diverser Wanderrouten in freier Lage, mit kleiner Terrasse. Es gibt hausgemachte Antipasti und ein lokales Menü und

Piatti rustici aus eigener Produktion: Trattoria San Antonio

andere Spezialitäten aus der Region, etwa Ziegenkäse mit Honig, auch „Polenta per tutti i gusti" oder mal einen Brasato.

→ Ristoro *Alpe San Michele*, Fraz. di Porto (Va). Handy (+39) 338-67.28.822, www.alpesanmichele.it, RT: Mo.

Trattoria SAN ANTONIO, schon die hervorragende Hanglage auf einer Terrasse hoch über dem See spricht für sich; wer hier eine Mittagspause einplant, sitzt richtig. Die einfache, preiswerte und doch voll und ganz genügende Küche orientiert sich an den Notwendigkeiten des Ausflugsbetriebs, ohne in üblichen Niederungen desselben abzugleiten. Die auf Keramik geschriebene Karte bietet „Piatti rustici" aus eigener Herstellung (Salami, Schinken, Speck), einen gemischten Käseteller, auch Pasta und Polenta. Warum, verdammt noch mal, macht sowas niemand im Deutschen Mittelgebirge? Aber lassen wir das und genießen wir Sicht und Stimmung.

→ *Trattoria San Antonio*, loc. S. Antonio 1, bei: I-21010 Castelveccana. Handy (+39) 335-541.44 80. RT: Mo.

Im Lindenschatten: See-Promenade in Cerro di Laveno

Von Laveno bis Reno di Leggiuno

Wenige Kilometer südlich von Laveno verläuft die Küstenstraße weniger ufernah und damit weniger spektakulär. Die Berge ziehen sich zurück, der Verkehr nimmt zu. Einzelne Stichstraßen führen zur Küste, die immer flacher wird und stellenweise breite Schilfgürtel hat. Gleich in Laveno-Mombello wurde das Restaurant *Il Porticciolo* aber nochmal dramatisch eng zwischen Straße und Felsküste geklemmt. Das in diversen Führern gelobte Haus konnte uns nie so recht begeistern. Das Parkdeck liegt direkt über den Zimmern, wegen der Nordwestlage kommt der Schatten früh, der Empfang wirkt reserviert; drei Gabeln im Michelin und einsame Renommierkarossen stehen für heiklen Luxus.

Die Küste südlich Laveno: In den Ortsteilen *Laveno-Cerro* und *Reno* dann zwei volksnähere Gelegenheiten, um schnell und gut ans Wasser zu kommen. Besonders der kleine Küstenvorort *Cerro* hat – mit seiner stattlichen Promenade und den Liegflächen am Ufer – bis heute etwas vom ruhigen

Il Porto di Cerro, Cerro di Laveno

Ausflugsziel behalten. Früher ein Lieblingsort des Dichters MANZONI, heute sind die Steinbänke längs der Lindenpromenade selten belegt, nur an Wochenenden ist der große **Sandstrand** davor belebt. Der Seniorenclub trifft sich am Montagmittag vorne im Restaurant, das Eis im *Croce Bianca* ist hausgemacht, Kastanien spenden dichten Schatten. Gegenüber die feudalen Fassaden der Hotels in Stresa, bei klarem Wetter Blick bis zur verschneiten Monte-Rosa-Gruppe. Ein entspannter Platz am See, typisches Ostküstengefühl.

IL PORTO DI CERRO – Cerro di Laveno Mombello. Zwei in einem: parterre eine etwas aufgerockte Kneipe am Wasser, hier mischen sich Mopedjugend, Stammbesatzung und mäßiger Tourismus. Im ersten Stock ein Restaurant mit Panorama-Speisesaal, dazu gehören sechs einfache Gästezimmer, aber nur zwei davon sind richtig gut, die nach vorne mit grandioser Aussicht auf See und Berge (Leser klagen allerdings nach einem Pächterwechsel über die unpersönliche Bedienung.

Erfrischung mit Alpenblick – Cerro di Laveno

Das Haus so dicht am Wasser ist aber auf alle Fälle geeignet für einen Abstecher auf ein Bier und ein Panini, oder auch nur zum Zeitung lesen, eventfrei. Auch im kleinen Hafen kein Gedöns, sondern schaukelnde Bootle. Die einfachen Zimmer im Porto di Cerro haben direkten Gasthauszugang, Frühstück wird im Panoramasaal serviert, gleich daneben ein öffentlicher Strand. Der reizvolle Platz ist nicht unbekannt – vor allem die beiden Seesichtzimmer müssen früh reserviert werden!

→ *Il Porto di Cerro*, I-21014 Cerro di Laveno Mombello, via dei Pescatori 2, Tel./Fax 0039-0332-66.83.42. Im Parterre des Hauses die belebte, mitunter szenige Bar *Tournee‘*, ♠ ebenfalls mit Sicht auf den See und Freiterrasse, dort breite Weinauswahl auch glasweise, sowie Häppchen und kleine Speisen. Im Hotel Zimmer 6 und 7 mit selten großzügigem Seeblick, die anderen gewöhnlich. **Preise**: günstig.

⚑ **Strandpromenade in Cerro:** wie erwähnt mit ungewöhnlich langem, feinem Sandstrand und einer großen Liegewiese dahinter (auch genug Parkplätze vorhanden). Im Sommer hat das Terrassenrestaurant an der Promenade geöffnet, ein Platz zum Dabeisein.

Albergo Riva, Reno

Reno-Laveno: Gut fünf Kilometer südlich Laveno-Cerro abermals ein kleiner Küstenort und wieder eine Gelegenheit zur stillen Etappe:

Albergo RIVA* – Reno/Laveno-Mombello. Der kleine, einfache Albergo Riva läuft seit Jahr und Tag mit etwas gedrosselter Drehzahl, es ließe sich zweifellos mehr aus einem Haus in solcher Lage machen, aber so haben die Dinge auch ihren Reiz. Eindeutiger Pluspunkt ist die ruhige Alleinlage am Lago (wieder mal eine enge und steile Zufahrt). Jedes Zimmer nach vorne hat eine kleine Veranda und einzigartigen Blick auf See und Gebirge (Monte-Rosa-Gebiet!). Vor dem Albergo wartet ein Freisitz unter der dicht belaubten Pergola, von hier direkter Zugang zum See. Somit bleibt nur noch die Frage: schon vor oder erst nach dem Frühstück schwimmen? Gekocht wird im Hotel seit längerem nicht mehr, aber für den kleinen Hunger gibt's oben im Ort zwei akzeptable Gartenrestaurants, davon eine Pizzeria (gleich nach der scharfen Kurve im Ort). Freundliche Wirtsfamilie,

Mit Dusche und Monte Rosa Blick: Strand in Reno

man spricht französisch, auch etwas deutsch. ♠ Terrasse mit Potential, das freilich selten genutzt wird.

→ *Albergo Riva*, via Lungo Lago, 14. I-21038 Reno-Laveno-Mombello. Tel. 0039-0332-64.71.70, e-mail: albergoriva@virgilio.it. **Preise**: mittel, mit Frühstück um 80 Euro). Ohne Restaurant.

✎ **Spiaggia pubblica** – Ein beliebter Sand- und Kieselstrand mit Monte-Rosa-Blick längs der gesamten Uferpromenade, einer der größten Strände an der Ostküste, Dusche an der Quaimauer, dahinter eine kastanienbeschattete Wiese (sowie ein großer Parkplatz).

Gut Einkehren im VAL CUVIA

Von Laveno-Mombello führt eine Verbindung über das Val
Cuvia nach Ponte Tresa am Luganer See (vgl. auch die Bergtour S. 280). Landschaftlich bietet die Talroute (S 394) über
weite Strecken eher Graubrot, speziell an verkehrsreichen
Tagen. Aber südlich des Tals wäre noch der waldreiche Na-
tionalpark *Campo dei Fiori* (das bis zu 1.200 m hohe Berg-
revier ist mit Wanderwegen gut erschlossen).

→ *Villa Belvedere*, in **Orino**, eine ländliche-rustikale Einkehr mit
Unterkunft direkt am Rand des Parco Naturale. Die Villa aus dem
19. Jahrhundert hat durch ein bewirtetes Terrassenzelt ihren historischen Reiz verloren und der „Belvedere" vom Ortsrand Orinos
hält sich in Grenzen, aber der Platz mit seinem robusten Landgast-
hofcharme hat dennoch was. Die Portionen sind groß, die Leute
freundlich und man fühlt sich aufgehoben. Mo bis Do gibt es ein
günstiges Mittagsmenü in traditioneller Landstraßenqualität, auch
Pizza aus dem Holzofen, zur Saison Steinpilze, die hier so üppig wie
selten portioniert werden. An Wochenenden ein Ausflugsziel. Wan-
der- und Fahrradmöglichkeiten um die Ecke, 10 preiswerte Zimmer

für alle, die sich ins ruhige Hinterland verziehen wollen. **Adresse**: Villa Belvedere, Via San Lorenzo 26, I-21030 Orino (VA), Tel. 0039-0332-63.11.12, Fax: 63.11.27, villa.belvedere@libero.it, RT: Di (nicht Juli und August, geschl. vom 10. bis 31. Januar).

Tiefe Provinz: Ein Dorf weiter, so auf halbem Weg zum Luganer See und abseits der Hauptrouten, liegt das kleine Bergdorf **Castello Cabiaglio** auf 650 Metern Höhe, am Nordhang des waldreichen Naturparks *Campo dei Fiori.*

Castello Cabiaglio sprüht wahrlich nicht vor Vitalität, es wartet vielmehr tiefe, träge Provinz, am Ortsrand angereichert mit ein paar zu groß geratenen Wochenendhäusern. Im alten Dorfkern führen enge Gassen zum kleinen Zentrum mit der obligatorischen Bar, die Hausaufschriften von Metzgerei und Alimentari sind längst blaß geworden, aber am Sonntag kann man hier oben trotzdem eine kulinarische Überraschung erleben:

IL VERDERAMO – Castello Cabiaglio. Wer an einem Sonntagmittag etwas früher kommt, wundert sich vielleicht: Alle Tische eingedeckt, in der Küche alle Mann an Bord, aber kein einziger Gast zu sehen. Also noch mal zwei Gassen runter an die Bar auf einen Frizzante. Ab viertel vor eins geht es dann ruck, zuck: Gäste fahren an, rangieren und parken. Manche nehmen kurz noch einen Aperitif in der Bar und gehen dann die paar Schritte hoch zum „Ristoro Casalingo". Der ist schon um eins completo. Aus gutem Grund: Drei muntere Frauen im besten Alter servieren eine solide, aufrichtige cucina casalinga. Die gemischten Antipasti gibt es in kalter und warmer Ausführung, ab 4 Personen auch als opulente Mischung von allem (p.P. 8,50 Euro). Die vier, fünf primi werden auch als halbe Portion nacheinander serviert (als „Bis di Primi" für 8, „Tris di Primi" 9 Euro), und so weiter, Lamm und Kaninchen, Braten und Filet – saubere, boden-

Die kulinarische Überraschung in Castello Cabiaglio

ständige Küche bis zu den hausgemachten Kuchen. Bemerkenswerte Weinauswahl. Betriebsame, aber angenehm gelassene Stimmung, ohne lästige Feinschmeckerallüren. Il Verderamo – gut für Gaumen und Seele.

→ *Il Verderamo*, I-21030 Castello Cabiaglio (ca. 15 km östl. Laveno-Mombello), Tel. 0039-0332-435866, RT: Montagabend und Di, unter der Woche am Mittag nur nach Voranmeldung (bis 11 Uhr, auch sonst möglichst reservieren). ♠ Zwei, drei Tische im Vorgarten. **Preise**: günstig.

Südwestlich des *Parco Naturale Campo dei Fiori* zwischen *Gemonio* und *Gavirate* (am Vareser See), fährt man durch wohlgenährtes Hügelland, noch nicht mailänder Speckgürtel, aber schon fetter als die Provinz. Man bewegt sich häufig an der Grenze zwischen alten Dorfstrukturen und neuen Pendler- oder Wochenendvierteln. Ein Netz von Nebenstraßen erschließt Villensiedlungen, Dörfer, Ortsteile und Fraktionen sonder Zahl, die Orientierung ist hier nicht ganz einfach. Zwischen den Hügeln versteckte kulinarische

Familien am langen Tisch: Agriturismo Bone', Caldana di Còcquio

Ziele lohnen aber auch mal etwas Sucherei. Zudem wäre dieses Hinterland zwischen *Laveno* und *Angera* auch mal einen Ausflug abseits der Küste wert, wegen der milden Steigungen und der vielen möglichen Nebenstrecken auch mit dem Rad.

☼ **Agriturismo BONE' – Caldana di Còcquio.** Ein leistungsfähiger Agriturismo im Hügelland über dem Lago di Varese. Schon die große überdachte Terrasse und die dicht möblierten Speiseräume zeigen, daß es hier an Wochenenden zu lukullischen Prozessionen kommt. Das Ritual ist fest einstudiert: Am Sonntagmittag zum „Menu fisso" (Festpreise unter 30 Euro) ist der große Parkplatz zwischen Stallungen und Agriturismo noch um zwölf ganz leer, wie auf ein geheimes Kommando beginnt dann ab 12.30 Uhr die Vorfahrt der Gäste und spätestes um ein Uhr ist kein Platz mehr frei. Der Umtrieb ist verständlich, es gilt zunächst mal mit sieben kleinen Vorspeisen, von eigener Salami bis

Auberginen in Minze mariniert, auf den Geschmack zu kommen. Sodann können aus den insgesamt sechs angebotenen primi drei ausgewählt werden, und wer dann noch kann: aus den sieben secondi stehen wiederum zwei zur Wahl, danach Dessert und Café, Wasser und ein Viertel Wein, alles im Preis enthalten, und alles unprätentiös, einfach und gut, wie im Agriturismo gewohnt. Ja, und wieder mal diese Frage, weshalb eigentlich nördlich der Alpen niemand auf solche Ideen kommt, man würde ja auch ein paar Taler mehr auf den Tisch legen. Allein schon der Stimmung wegen, Marke praller, satter Sonntagmittag. Aber auch wegen dem Spanferkel aus dem Ofen, dem Hahn mit Steinpilzen – und, und, und.

→ *Agriturismo Bone'*, I-21034 Caldana di Còcquio (ein Kilometer außerhalb, an der Straße nach Orino und Castello Cabiaglio), RT: Mo und Di, es gibt nur feste Menüs nach Ansage (Festpreise mit Wasser und Wein zw. 25 und 30 Euro); bei Überforderung kann die Menüfolge auch aber etwas „verkürzt" werden; Samstagabend nur ein Menü, So-mittag und an Feiertagen mittags ebenfalls Menüs zum Festpreis, das „Große" Sonntagsmenü für knapp 30 Euro (ebenfalls inkl. Getränke) und zwei kleinere (um 25 Euro), darunter jeweils auch eines mit frischer Polenta. Tel. 0039-0332-70.04.63, www.agriturismo-bone.com. ♠ Schöne, überdachte Veranda mit Blick auf den Lago Varese.

☀ Antica Osteria ITALIA – Còcquio Trevisago.

Geschmackvoll renoviert und engagiert geführt. Die alte, wiedererweckte Osteria mitten im Dorfkern von Cocquio Trevisago ist eine Mischung aus Enoteca, Bar, Speiselokal und informellem Treff. Zur Wahl stehen über 600 Weine von Grandi Classici bis Supertuscans, von „Outsider bis Cult-Wine", wie es auf der Hausmitteilung ziemlich zeitgeistig heißt. Zudem findet sich dort wieder mal der angenehme Hinweis: „Con uso di Cucina" – die freundlichen

Antica Osteria Italia, Còcquio Trevisago

und initiativen Gastgeber bieten aus kleiner Küche auch
eine kulinarische Grundlage (Antipasti, Pasta, Käse etc.), so
daß eigentlich nur die Frage bleibt, wer fährt nach Hause.
Ansprechende Räumlichkeiten, rückwärtig mit kleiner ♠
Gartenterrasse; freundliche Wirtsleute, gute Stimmung.

→ *Antica Osteria Italia dal 1918* (con uso di cucina), I-21035 Cocquio
Trevisago, Via Roma 74, RT: Montag, sonst 9.30 bis 14 Uhr und 17 bis
24 Uhr. Tel. 0039-0332-70.01.50, www.anticaosteriaitalia.it

Feines Bed&Breakfast: Mon-Bay Villa bei Monvalle

Küste zwischen Laveno und Ispra

MON-BAY VILLA (Bed & Breakfast) – Monvalle. Etwas versteckt hinter einer hohen Hecke liegt eine moderne Villa am Südhang über dem See. Die Eigentümer vermieten drei elegante Gästezimmer, die vom großzügigen Schnitt der Liegenschaft profitieren. Auf den Sonnenterrassen, erst recht am Pool – man fühlt sich privilegiert, jedenfalls alles andere als banal untergebracht. Der Blick geht über den See und die Boote im Hafen der Monvalle-Bucht. Der diskret freundliche Stil der Gastgeber paßt zur Anlage – hier muß niemand niemandem was beweisen. Ein komfortables Refugium an einer freundlichen Stelle der Ostküste.

→ B&B *Mon-bay Villa*, via Roma 8, 21020 Monvalle, Tel./Fax (+39) 0332.799 121, www.bbmonvalle.it. **Preise:** fair, Doppel mit Frühstück 80-100, Einzel 50 Euro; Fahrräder können ausgeliehen werden.

Spiaggia pubblica Arolo – nach enger Ortsdurchfahrt: direkt am Hafen ein Restaurant mit Panoramasaal, Strandkiosk.

Zwischen Ispra und Angera

International bekannt wegen des landeinwärts gelegenen *Euratom*-Forschungszentrums, liegt Ispra mit seinem
alten Ortskern erhöht und abseits der Küstenlinie. Unten
am Bootsanleger fällt ein kastenförmiger Hotelbau auf, dazu
Kiosk- und Promenierbetrieb. Zwischen Küstenlinie und hö-
hergelegenem Ortskern stehen alte Villen mit außerordent-
lich großen Parks hinter hohen, alten Mauern. Die Funktion
dieser ebenso feudalen wie abgeschiedenen Liegenschaften
erschließt sich dem Fremden nicht auf den ersten und erst
recht nicht auf weitere Blicke. Da und dort wirkt Ispra ein
wenig wie ein verträumtes Wandlitz im Süden. Zwischen
den Parks führt eine Treppe nach unten zum See. Die Küste
wird fast bis zur Punta D'Ispra mit einem selten reizvollen
Uferweg erschlossen. Auf der Promenade läßt sich der gesamte Felssporn zwischen Bootsanleger und Punta d'Ispra
umrunden – ☞ hier immer wieder kleine Badeplätze oder
auch warme Sitzecken für ein Sonnenbad im Herbst.

An der Wand lang – Uferpromenade zur Punta d' Ispra

🪶 **Baden bei Ispra:** *Gurée-Beach* (nördlich von Ispra, Höhe Monvalle, am Kreisel dem Schild »spiaggia communale« folgen). Eine verträumte ruhige Badestelle, teils mit Sandstrand und einer gut beschatteten Wiese dahinter, im See eine auffallend weite Flachwasserzone mit warmen Temperaturen. Mit Sommerkiosk, beliebter Wochenendtreff.

→ Camping *Lido Monvalle*, sympathischer Campingplatz ebenfalls direkt am See (Abzweigung am Kreisel ausgeschildert). Via Montenero, 63, I-21020 Monvalle (VA), Tel./Fax (0039)033.279.93.59, campinglidomonvalle@libero.it

→ In Ispra gleich an der Einfahrtstraße Via Piave die *Pasticceria San Gabriele*, traditionelle norditaliener Caféhausstimmung, mit kleinen Schnittchen und kleinen Gesprächen, auch feine süße Sachen, gut für einen Zwischenhalt.

→ Wenige Häuser weiter das renommierte, hochpreisige Fischrestaurant *Schumann* (Zufahrt angezeigt), gediegene Räumlichkeiten, diverse Menus in der Repräsentationsklasse, darunter ein „Gran Concerto" oder ein „Menu di Eccellenza". So geschl.

Einen Weg wert – Ranco an der Ostküste

Ranco und Angera

Zu guter Letzt eine reizvolle Halbinsel: Zwischen *Ranco* und *Angera* schiebt sich eine hügelige und nur locker besiedelte Halbinsel in den See hinein. Bei ganz klarem Wetter sind von Angera aus auch schon die Tische der Straßencafés auf der anderen Seeseite in Arona zu sehen.

Zwar ist die attraktive Halbinsel mit einer durchgehenden Uferstraße erschlossen, die zur großzügigen Seepromenade Angeras und den anschließenden Sandstränden führt, aber der meiste Verkehr bleibt doch auf der landeinwärts führenden Hauptstraße von Ispra nach Angera. So haben die drei, vier Kilometer Küstenverlauf zwischen Ranco und Arona etwas, was am unteren Seebecken eher selten ist: eine gepflegt-heitere Sommerfrischestimmung, die für ein paar Tage Strand und Landleben allemal genügt. Sicher fehlen Dramatik und landschaftliche Höhepunkte der Steilküste weiter im Norden. Die Berge halten sich hier am Übergang zur norditalienischen Ebene bescheiden im Hintergrund,

Klassischer Gourmetstil – Albergo Il Sole, Ranco

aber dafür ist Mailand keine Autostunde entfernt. Das Publikum wirkt mitunter fast international und zudem gibt es zwei zuverlässige Hoteladressen, sowie gute Einkehrmöglichkeiten im Hinterland.

Ranco mit klitzekleinem Ortskern und weitläufig in die Hügel verstreuten Villen hat eine stille Attraktivität, die sich nicht zur Schau stellen muß. Auch die Unterkunftslage ist bemerkenswert. Direkt vorne über der Küste in Paradelage ein Haus der RELAIS & CHATEAUX Gruppe: *Il Sole di Ranco*, die Küche wurde mit einem Michelin-Stern bewertet, die Atmosphäre wirkt entsprechend formal und mit Abstand nicht so vital wie im beliebten Mittelklassehaus *Belvedere* direkt gegenüber auf der anderen Straßenseite (vgl. unten).

Ruhig am nördlichen Ortsrand dann noch ein klassisches Sommer-Ferienhotel: das ehemals dominierende Dreistern-Hotel *Conca Azzurra* (Mitglied »Logis d' Italia«, vgl. unten), es hat allerdings mit dem erst 2004 eröffneten *Albergo Belvedere* Konkurrenz in hervorragender Lage bekommen.

Ein gutes Haus am richtigen Platz – Albergo Belvedere, Ranco

Albergo BELVEDERE* – Ranco.** Irgendwie hat man gleich das Gefühl, am rechten Ort zu sein. Gewirtet wird hier schon seit 150 Jahren, heute gehört die gut beschattete Terrasse über dem See zu den besten Speiseplätzen an der Ostküste, auch vom Speisesaal sattes Panorama. Die Gastgeberfamilie ist präsent und motiviert, die Karte liest sich nicht prätentiös aber beachtlich und endlich mal nicht nur übliche Antipasti und Pasta-Standards, sondern auch ein paar Klassiker, die anderswo in der Mittelklasse selten sind: Etwa ein Thunfischcarpaccio mit Salat aus grünen Taggiasca Oliven, oder Saisongemüse in agrodolce, es gibt „Ravioli di Brasato con sugo d'arrosto" und für 2 Personen wird ein „Risotto con Persico" (mit Egli) gerührt, dazu kommen stets zwei, drei frische Tagesangebote. Und alles kommt so routiniert zu Tisch wie es nur ein eingelaufener Familienbetrieb bieten kann. Seit 2004 gibt es neben dem stattlichen Ristorante ein neues Gästehaus mit allem Komfort. Den kleinen Aufschlag für die Doppelzimmer zur Seeseite sollte man sich unbedingt leisten, viel besser als hier kann man nicht

Speisesaal mit Abendsonne: Terrasse Albergo Belvedere, Ranco

aufwachen. ♠ Im Schatten einer dicht berankten Pergola: die hervorragende Terrasse mit Seepanorama. Ein Platz, der an Sommerabenden zur großen Bühne wird.

→ Ristorante/Albergo *Belvedere* (Fam. Merzagora), via Piave 11, I-21020 Ranco, Tel. 0039-0331-97.52.60, Fax 0331-97.57.73, www. hotelristorantebelvedere.it, Restaurant-RT: Mi. **Preise** im Restaurant: mittel, im Albergo: gehoben (Doppelzimmer 110-125 Euro, Singola um 80 Euro).

Der Vollständigkeit halber noch die beiden anderen Hoteladressen in Ranco:

- Ristorante Albergo *Il Sole di Ranco* ein fein-intimes RELAIS & CHATEAUX mit persönlich-familiärer Note, erhabene, parkähnliche Anlage über dem See, mit Michelin-Sternküche, Seeterrasse mit Pergola. Tel. 0039-0331-976.507, Fax: 976.620, www.ilsolediranco.it; Rest.-RT: Mo-mittag und Di.

- Hotel *Conca Azzurra****, ein funktional gehaltenes Ferienhotel im konventionellen Stil, ruhig gelegen in einer parkähnlichen Anlage am Nordrand des Ortes (Tennis, Pool, Strand): Tel. 0039-0331 976.526, Fax: 976.721, www.concazzurra.it (das Haus gehört zur „Logis d' Italia"-Gruppe, die in Frankreich unter dem grün-gelben Kaminsymbol »Logis de France« bekannt ist).

Bühne für alle: Molo 203, Ranco

MOLO 203 – zwischen Ranco und Angera: Schon die kleine Küstenstraße zwischen Ranco und Angera wäre nicht ohne Reiz, der beliebte Treff um Rancos Bootsanleger ist aber erst recht einen Abstecher wert. In wenigen Jahren hat sich der Platz am See zum ebenso vielseitigen wie beliebten Treffpunkt entwickelt. Vom kurzen Glas im Stehen bis zur einfachen, aber voll genügenden Abendspeisung bietet die Mole 203 Angebote für schier jeden Einkehrwunsch. Es gibt eine Tafel mit Tagesangeboten, dazu eine Standardkarte mit Fundamenten: Antipasti, Häppchen und Affetati, Schinken oder Käseplatte, Oliven. Das Publikum oszilliert

zwischen lokal und international, zwischen Handwerker im Overall und Damen im Kostüm. ♠ Draußen sitzt man rustikal an langen Holztischen vor großartigem Panorama, beschattet von den blauen Mammutsonnenschirmen der Allgäuer Brauerei *Zötler* (saubere Leistung des Auslandsvertriebs!). Vor Wind und Wetter schützt die rundum verglaste Bar; freie Westlage sorgt für spektakuläre Sonnenuntergänge – und warme Sommernächte. Bei Terrassenwetter eine der lässigsten Anlegestellen am See.

→ *Molo 203*, via lungolago, I-21020 Ranco, Tel. +39-0331 975190, RT: Di.

Weiter nach Süden in Richtung nach Angera beginnt dann eine schöne Küstenpassage – immer wieder Blick auf das gegenüberliegende piemonteser Ufer, am Hang verstreut ein paar Ferienhäuser, kein Massenbetrieb.

🖋 **Baden:** *Spiaggia di caravelle* (zwischen Ranco und Angera, kein Schild, den Namen kennen nur Einheimische): Unterhalb der Uferstraße ein längerer Abschnitt öffentlicher unmöblierter Strand mit ein paar Bäumen auf leicht abschüssiger Wiese (vom Hotel Belvedere aus noch gut zu Fuß erreichbar, kleine Parkbucht an der Straße).

Die lockere Villenbebauung mit einigen recht stattlichen Jugendstilhäusern erinnert daran, daß Angera bereits Anfang des 19. Jahrhunderts ein gefragtes Ausflugsziel für Milanesi war – seit 1914 besteht eine Zugverbindung mit Varese. An der Straße von Angera nach Ranco thront über dem See z.B. die *Villa Virginia* (Haus Nr. 93), das Ferienhaus von ERNESTO PIROVANO (1866-1934), einem lombardischen Jugendstilarchitekten. Erhalten aus der frühen Touristenphase auch die *Villa Bordoni* (1905) an der zentralen Piazza Garibaldi (Nr. 18) im Zentrum von Angera.

Schon vor dem eigentlichen Zentrum und der Seepromenade von Angera eine weitere lohnende Adresse:

Mit Bootssteg und Traumsicht – Hotel Lido, Angera

Hotel LIDO* – Angera.** Inhabergeführtes Mittelklassehaus in erster Lage an der Seefront, als Extra ein besonderer Garten: die terrassenartig angelegte Liegewiese reicht bis runter zur Kaimauer am See, davor ein schmaler Kiesstrand und der hoteleigene Bootssteg. Alte Bäume geben Schatten, es hat stille Winkel zum Lesen und eine lange Balustrade zum Träumen bei Sonnenuntergang. Praktisch alle Zimmer gehen zur Seeseite, die im Erdgeschoß mit Terrasse, andere im ersten und zweiten Stock mit kleinem, aber reizvollem Balkonabsatz und Traumblick. Von dort oben wird auch BLAIRE PASCALS Hinweis aus dem Hotelprospekt sinnig: „Alles Unglück der Männer kommt, weil sie nicht in einem ruhigen Raum allein sein können."

Die zweifellos erstklassige Lage des 2003 renovierten Hauses kontrastiert ein wenig mit dem legeren Betriebsablauf, oder sagen wir so: Die Inhaber sind sich der Vorteile ihrer Lage durchaus bewußt, man macht, was man kann, aber selten mehr. Der traumhafte Garten zum See kommt jedenfalls erst Mitte Sommer in Schwung. Das Restaurant mit großer Glasfront und Panoramaterrasse wird gern für Gesellschaften und Anlässe genutzt, wäre aber auch für ein stilles Abendessen zu zweit ein Platz. Die Küche ist partiell bemüht, partiell erwartbar, teils auch nur gewollt („sushi del Lago"), die Atmosphäre im Haus wirkt so italienisch, wie das karge Frühstück. Besonders wegen der ♠ Lage eine gute Wahl.

→ Hotel *Lido*, I-21021 Angera, Viale Libertà, 11. Tel. 0039-0331-93.02.32/93.06.56, Fax 0331-93.20.44, www.hotellido.it, **Preise**: mittel-gehoben (Doppelzimmer mit Frühstück um 105 Euro, Singola 80 Euro). Ganzjährig geöffnet, Restaurant-RT: Mo.

Angera – Lockt besonders wegen seiner langen, überwiegend nach Süden exponierten Seepromenade: eine fulminante Linden- und Kastanienallee, die gut mit Straßencafés bestückt ist und besonders am Wochenende zur beliebten Promeniermeile wird. Außerhalb der ärgsten Saisonzeiten aber auch hier, wie so oft an der südlichen Ostküste, angenehm-unaufgeregter Binnentourismus und wenig von der geputzten Idylle weiter oben im Norden. Die Seefront wäre auch wegen des warmen Klimas und der geschützten Lage ideal für ein paar ruhige Stunden im Café am Lungolago, oder direkt am Wasser. Zudem angenehm, daß der soziale Takt hier nicht nur vom Tourismus bestimmt wird. Man fühlt sich hier in Italien und nicht wie auf einer Italien-Ausstellung.

🖋 **Schöne Strand- und Badeabschnitte** erschließt die Nebenstraße aus Ranco kommend, noch bevor man den eigentlichen Ortskern erreicht (südlich vom empfohlenen *Hotel Lido Angera*, längs der markanten Lindenallee). Hier am Ortsrand von Angera wartet auch eine dieser Strandbuden, die man eigentlich erst weiter im Süden erwarten würde. Die schräge Bretterkonstruktion heißt *Chiosco La Noce*, auch zum Zeitunglesen ein guter Platz. Daran anschließend

Behagliche Enoteca con Cucina – Nettare di Giuggiole, Angera

wieder ein längerer öffentlicher Lido (Spiaggia pubblica *La Noce*, Parkplätze am Chiosco).

☀ **Enoteca con Cucina NETTARE DI GIUGGIOLE**. Versteckt im alten Angera, in einer rückwärtigen Gasse, die parallel zum Lungolago verläuft, eine ausgesprochen sympathische Einrichtung: Parterre mit Bar, Caffeteria und Enoteca, im ersten Stock unterm Ziegelgewölbe ein kleiner Speiseraum. Wie der Name schon andeutet, ein multifunktionaler Platz, das mögliche Spektrum reicht vom schnellen Café über ein Glas Wein mit ein paar Kleinigkeiten bis zum kompletten Abendmahl. Auffallend große Weinauswahl zu günstigen Preisen, kompakte Trattoriakarte, frisch und zuverlässig gekocht, freundlich-persönliche Stimmung, einfach mal reinschauen.

→ *Nettare di Giuggiole*, Via Maria Greppi 41 (zentral in der Altstadt hinterm Lungolago), I-21021 Angera. Tel. 0039-0331-93.20.37. Mo bis Fr 9-13 und 15-19 Uhr, Sa 9-13 Uhr.

■ **Do-Markt** auf der Piazza Garibaldi/Seepromenade (viele ambulante Händler mit großem Kleiderangebot, Wurst- und Käsestände am Ende der Promenade).

→ **Die beste Holzofenpizza** im Ort wird im Restaurant des Hotels *Pavone* serviert (ab Lungolago ausgeschildert): Rist. *Vecchia Angera*, zentral gelegen in der schmalen Via F. Borromeo, 14. Tel. 0039-0331.930224, www.hotelpavone.it. Auch das Hotel wäre eine Option (Hunde willkommen).

Grünes Angera – Agriturismo und Landpartie: Zu den touristischen Hauptattraktionen Angeras zählt die markante Palast-Festung *Rocca di Angera*. Auf dem großen Parkplatz vor dem Kassenhäuschen laufen die ersten Busse schon am Vormittag ein, Eintritt, Führungen. An der Auffahrt zur Festung auch der Abzweig zu einem nur wenige Meter entfernten Agriturismo:

Azienda Agricola LA ROCCA – Angera. Auf halber Höhe zwischen Wiesen und Ortsrand gelegen ein vergleichsweise kleiner Agriturismo. Der Familienbetrieb hat auch nichts von der bisweilen etwas rummeligen Stimmung größerer Institute. Es wartet eher so eine angenehme Landschänke, die schon am Vormittag von verheißungsvollem Küchenduft umschlichen wird. Hier wird in der Tat gekocht, dabei bleiben die Vorschläge auf der Tafel überschaubar, allerdings wird erfreulich flexibel serviert. Man wird nämlich nicht – wie oft in Agriturismi – auf ein festes Menü verpflichtet, sondern es bleibt die freie Wahl zwischen Vorspeisen (ein Teil davon als Buffet), drei Pastagängen und ebensovielen Hauptgerichten (z.B. eigener Hahn aus dem Ofen, bestens!). Die Küche ist aufrichtig rustikal wie der offene Rote, die Portionen sind so üppig, daß man ans Teilen denken sollte. Die Stimmung ist unproblematisch wie der Gesamtablauf. Auch so kann ein Essen Spaß machen, gerade so.

Vecchia Capronno, Capronno di Angera

→ *Agriturismo Azienda Agricola La Rocca*, Via Rocca Castello (an der Auffahrt zur Rocca), Tel. 0039-0331-930 338. Mittags und abends geöffnet, RT: Mi. **Preise**: günstig.

Von Angera führen nicht unbedingt alle Wege in den etwas versteckten Ortsteil **Capronno**, aber der Abstecher raus auf's Land lohnt sich. Nebenstraßen führen durch saftig, grüne Landschaft mit wenig Binnenverkehr. Nichts erinnert hier an den lebhaften Touristenbetrieb direkt am See. Die Osteria Vecchia Capronno liegt mitten im gleichnamigen kleinen Dorf, das wiederum mitten zwischen Angera und Lago di Monate liegt.

☼ VECCHIA CAPRONNO – Capronno di Angera.

Das vielversprechende Motto heißt wieder einmal „Osteria con uso di Cucina" und das bedeutet hier: keine feste Karte, dafür Tages- und Saisonspezialitäten nach Ansage der jungen, freundlichen Wirtsleute. Die Atmosphäre im kleinen, üppig mit Musikalia dekorierten Gastraum wirkt

Weine gut, Küche gut: Vecchia Capronno, Capronno di Angera

grundgemütlich. Es gibt gerade mal sechs, sieben Tische, an denen sorgt der Service für Gastlichkeit auf avanciertem (nicht krampfigen) Niveau. Geerdete Trattoriaküche, handwerklich sauber umgesetzt; kein Getingel, sondern klare Aromen, besonders bei den guten Fleischgerichten. Dazu Salat, Tomaten und Kräuter aus Mutter's Garten nebenan, der im übrigen auch einen Blick wert ist. Aber keine Angst, der Gast wird hier nicht mit geschäumten Kräutersüppchen verhöhnt. Die Zutaten werden da, wo sie hingehören, gekonnt eingesetzt, z.B. Salbei unter Ziegenkäse. So einfach kann gute Küche sein.

Der Juniorchef, selbst Sommelier, verzichtet bei der Weinauswahl auf große Namen, geboten werden Eigenentdeckungen, eine individuelle Auswahl zu fairen Preisen (Verkauf auch an Selbstabholer).

Die heimelige Atmosphäre im alten Gastraum mit seiner niederen Ziegel-Gewölbedecke lockt speziell auch bei kaltem Wetter zu einer längeren Sitzung, im Sommer mit Grillterrasse. Also einfach mal hinfahren, einsteigen und

Gästehaus La Casetta, Capronno di Angera

sich abtreiben lassen. Wer zu weit raus kommt, findet gegenüber im neuen, geschmackvoll möblierten Gästehaus einen Ankerplatz, besonders die luftigen Zimmer im ersten Stock mit Veranda sind eine Freude. ♠ Neu hinzugekommen ist eine Außenterrasse, 2006 wurde im Anschluß an das Hauptgebäude ein gedeckter Sitzplatz angelegt, mit Grill und Blick in die grüne lombardische Provinz. Ein reizvolleres Ganzjahresziel.

→ *Osteria Vecchia Capronno*, I-21021 Capronno di Angera (ca. 3 km östl. Angera), Tel. 0039-0331-95.73.13, RT: Mo, Sonn- und Feiertage ab 10 Uhr, sonst ab 18 Uhr. **Preise**: moderat.

LA CASETTA – Direkt gegenüber in gepflegter Landhausmanier das zugehörige neue Gästehaus *La Casetta*, terracottarote Hausfassade, schlicht-schön eingerichtete Zimmer mit Terracottaböden und warmen Farben, geschmackvolle Doppelzimmer zwischen 80 und 100 Euro je nach Größe und Saison. Tel. 0039-0331-95.69.51, www.locandalacasetta.it

Der Blick: Monte Rosa Massiv von Taino aus gesehen

In den Hügeln oberhalb Angera liegt das Dorf **Taino** (263 m) – zum Ziel wird der Ort bei klarem Wetter wegen seines überwältigenden Monte-Rosa-Blicks. Am schönsten vom *Parco di Taino* aus, der eigens für Panoramaspaziergänger angelegt wurde. Außerdem liegt am Rande der Altstadt ein solider Albergo mit ebensolcher Küche:

Ristorante/Albergo AGNELLO* – Taino.** Engagierter Familienbetrieb mit 20 Zimmer zum ruhigen Innenhofgarten, wo auch serviert wird. Einfache unprätentiöse Küche,

netter Service, gemütliche Osteria-Stimmung auch innen. Rundum solide. Treffpunkt für Handwerker und Geschäftsleute. Zuweilen finden auch Busgesellschaften hierher – und alles paßt zusammen.

→ Albergo *Agnello* (Sardella Silvio), Via Garibaldi, 22, I-21020 Taino (Va). www.albergoagnello.com, Tel. 0039-0331-95 65 02, Fax: 95 78 23. **Preise**: mittel.

Feine Fischküche: Ristorante la Vela, Lisanza

Von Angera am See entlang Richtung *Sesto Calende*, wo
der Lago zum Fluß Ticino wird: Der Verkehr nimmt zu, die
Romantik ab und ein Fluchtreflex stellt sich ein – Gasfuß
und durch, auf die Autobahn oder unten rum auf die andere
Seeseite nach Arona. Nur wenige hundert Meter abseits der
Nationalstraße kommt es aber wieder mal ganz anders: Der
kleine Weiler Lisanza wirkt wie eine stimmungsvolle Sommerfrische: Gassen, Ferienhäuser, kleiner Strand mit großem
Monte Rosa Blick und eines der besten Fischrestaurants am
Lago Maggiore. Ein Halt in *Lisanza di Sesto Calende* lohnt
also allemal. Mitten im alten Ortskern besagtes Restaurant,
das sicher von der Nähe zu Mailand/Varese/A 8 profitiert.

Ristorante LA VELA – Lisanza di Sesto Calende.
Gehobenes Restaurant mit privater Stimmung und
feiner Fischküche, abends wird eher länger getafelt, über
mittag auch zwei kleinere, preiswerte Lunchmenüs, die gerne angenommen werden. Schon die Karte überzeugt durch
klare Linie: kein Dings an Bums, sondern einfach *i pescati di*

Sommerterrasse – Ristorante la Vela, Lisanza

mare crudi (rohe Meeresfische) / *filetto di spigola al vapore* (gedünstetes Seebarschfilet) / *tonno al pepe nero* (Thunfisch mit schwarzem Pfeffer) etc. Hier trägt der Fisch keinen Kräutermantel, es gibt keine Brokkoliröschen, statt Sahne kommt feinstes Olivenöl bei die Fische und alles kommt frisch, ohne Warteschleifen unterm Salamander zu Tisch. Das Klickern der spaghetti alle vongole und das Kichern der Gesellschaft am Nebentisch vermischen zum Italosound und man bekommt unweigerlich den Eindruck, daß hier Profis zu Gange sind. Was für Küche, Service und Gäste gilt. Mittags stehen zwei kleine fair gepreiste Menus zur Wahl, abends wird dann à la carte und teurer serviert. (Wer auf keinen Gang verzichten möchte: man kann sich die Portionen – gegen geringen Aufschlag – auch teilen lassen). ♠ Im Innenhof eine angenehm beschattete Sommerterrasse.

→ Rist. *La Vela*, Piazza Colombo, 1, I-21018 Lisanza di Sesto Calende (von der N 629 ausgeschildert), Tel. +39-0331-974.000, Fax 977.500. Mo geschlossen. Gelassen, eleganter Innenraum. **Preise**: Gehoben, mittags auch kleinere Tagesmenüs ab 25 Euro.

Liegewiese, Lesewiese, Badestrand – die Spiaggia von Lisanza

🖋 **Vor dem Essen, nach dem Essen:** Wie praktisch, vom kleinen Dorfkern mit dem Restaurant La Vela und der *Bar* gleich nebenan führt eine schmale schattige Stichstraße runter zum See. Somit kein Durchgangsverkehr, kein Rummel, sondern ein Bade- und Liegeplatz der gepflegteren Art. Die *spiaggia pubblica* von Lisanza ist eine Mischung aus Liegewiese, Lesewiese und Strandbad; im Sommer hat zusätzlich ein kleiner Kiosk geöffnet. Mit Glück kommt ein fast unwirklich naher Monte-Rosa-Blick dazu (den es sonst nur von Taino in den Bergen gibt, vgl. dort). Gleich wie, hier wäre jedenfalls ein perfekter Platz für die Siesta nach einer Partie im la Vela.

Lago Maggiore unten rum

Südlich von Arona kommt's dick: Von der beschwingten Sommerfrischestimmung im Norden ist hier nichts mehr zu spüren. Mit jedem Kilometer in Richtung *Sesto Calende* stockt der Vorstadtbrei, ein Eindruck, der sich am unteren Seebecken bis rüber zum Abfluß des Ticino noch verstärkt.

Auf der Querspange zwischen *Arona*, *Casteletto* und *Sesto Calende* erwartet einen endgültig jene berüchtigt-monotone Vorstadtstruktur, wie sie für die Vorstädte in der Poebene typisch geworden ist. Tankstellen und Industriereste, Factory-Outlets, Möbelhäuser und Supermärkte, *Pizza a metri*. Armes Italien, reiches Italien und adieu Lago Maggiore. Unten rum wirkt der Lago Maggiore ziemlich verlottert. Die gute Nachricht: Eine interessante Einkaufsadresse, der neue, edel gestylte Fabrikverkauf der Nobelmarke Loro Piano, liegt nur ein paar Autobahnausfahrten von *Arona* entfernt (s. u.).

Im Piemonteser Kaschmir-Dreieck: bei Zegna, Trivero

Die kleine Kaschmir-Tour

Fabrikverkauf im piemonteser Kaschmir-Dreieck um Biella ist eine spezielle Angelegenheit. Eigentlich ein eigener Reisegrund: gediegene *punti vendita* statt aufgewühlter Lagerhallen, da und dort parkähnliche Zufahrten und im Frühling ist ohnehin schwer zu entscheiden, ob die Verkaufsstellen oder die Rhododendrenparks der alten Firmenpatrons die größere Attraktion sind.

Vier Firmen dominieren Italiens Markt für hochwertige Kaschmirprodukte, drei davon sitzen im südlichen Valsesia, um *Trivero* und *Biella*. Hier konnte um die Namen PIANA, ZEGNA und COLOMBO eines der größten Kaschmir-Verarbeitungszentren weltweit entstehen: Ermenegildo Zegnas Sakkos oder Loro Pianas Kaschmir-Stricksachen sind beim Herren- oder Damenausstatter ein Begriff, nur die Preise wirken bisweilen prohibitiv. Die Alternative: namhafte Hersteller haben in der *Valsesia*-Region einen Fabrikladen *(punto vendita)* – nie billig, aber preiswert(er)!

- **Öffnungszeiten der Fabrikläden** *(punti vendita):* die größeren haben ganzjährig die ganze Woche über geöffnet, auch sonntags; die kleineren Geschäfte sind montagmorgens in der Regel geschlossen. Betriebsferien meist im August.

- **Soldi:** Besonders günstige Schlußverkaufszeiten (nochmal bis 50 % und mehr auf die reduzierte Ware) jeweils im Frühjahr/Sommer und Winter. Unterschiedliche Termine je nach Firma. Genaue Termine telefonisch nachfragen.

- **Konfektionsgrößen:** Damen *ital. 42* entspricht etwa *deutsch 38* – zur Sicherheit immer anprobieren!

Nahe der Autobahn A 26 (von Gravellona Toce am Westufer des Lago Maggiore in Richtung Alessandria), Ausfahrt Romagnano Sesia, ca. 30 km südlich Arona:

Fabrik-Verkaufsstellen: Punti vendita im Sesia-Tal

LORO PIANA – Romagnano Sesia. Von Arona am Lago sind es nur drei Autobahnausfahrten Richtung Turin. Im neuen *punto vendita* von LORO PIANA wartet ein breites Angebot, nicht nur in Kaschmir, auch Anzüge und luxuriöse Sport- und Freizeitkleidung, für Damen, Herren und Kinder, außerdem Taschen, Schuhe, Ledermäntel/-jacken, eine große Auswahl an Schals, Plaids und anderes Zubehör. Neben Kaschmirgarn wird auch feine Merinowolle von neuseeländischen und tasmanischen Schafen verarbeitet *(Zelander, Tasmanian).* Die Sachen sind allesamt edel und teuer. Während der speziellen soldi im Sommer und im Winter (meist Ende Juni und im Januar/Februar) gibt es aber Nachlässe von bis zu 70 Prozent (genaue Termine tel. erfragen).

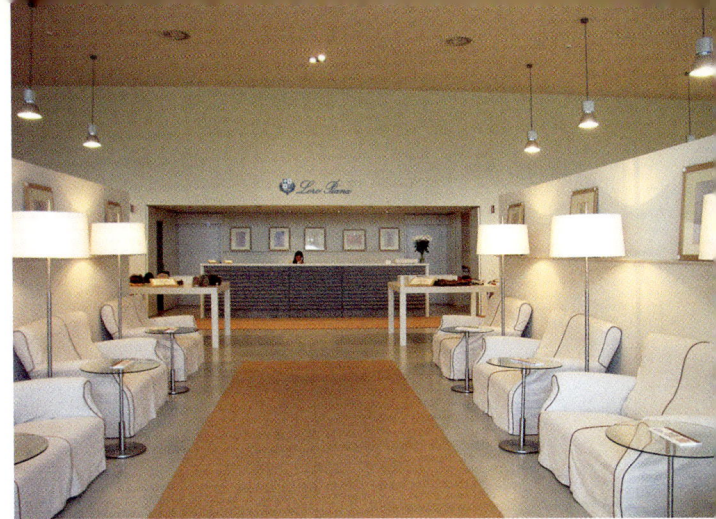

Loro Piana, Romagnano Sesia

Die Präsentation wirkt übersichtlich und edel wie das Produkt: Herren links, Damen rechts, in der Mitte die Kasse, dahinter jede Menge Aufbewahrungsfächer für die Beute der Einkaufssafari. Das hilfsbereite Personal streicht nicht nur Pullover glatt und telefoniert gelangweilt, man bekommt auch fachkundige Beratung, sogar auf Englisch! Bei Ermattung: hinten links wartet eine kleine Espresso-Bar mit Clubsesseln.

Die Produktion von Strickwaren begann bei Loro Piana übrigens schon zu Anfang des 19. Jahrhunderts – wie ERMENEGILDO ZEGNA (s.u.) in *Trivero*, dem norditalienischen Zentrum der Textilindustrie – mittlerweile gehören zu Loro Piana 78 Läden weltweit.

→ *Loro Piana,* Via per Novara 484, I-28078 Romagnano Sesia. Anfahrt: Autobahn A 26 (Mailand-Turin), Ausfahrt Romagnano Sesia, gleich nach der Ausfahrt rechts gut sichtbar das einstöckige dunkelbraune Verkaufsgebäude von Loro Piana. Tel. +39-0163-826875, ausgesprochen animierende homepage: www.loropiana.it. Täglich 10 bis 19 Uhr durchgehend. Anche domenica.

An der gleichen Straße (Via Novara 263) auf der anderen Seite noch eine altbewährte Cashmere-Adresse:

LUIGI COLOMBO – Romagnano Sesia. Seit über 30 Jahren verarbeitet die *Lanificio Luigi Colombo* Kaschmir, Angorawolle, Mohair und Kamelhaargarne zu edlem Tuch. Für uns Nichtschneider ist auch was dabei: Damen- und Herren-Strickwaren aus reinem Kaschmir und Seide, Jacken, Mäntel, Hosen, Kostüme und Röcke. Außerdem ein gut sortiertes Angebot an Herrenhemden und Accessoires wie Schals, Stolen, Decken, Plaids, Handschuhe und die sehr angenehmen traditionellen Hausschuhe (scuffoni) aus dem Sesiatal. Der gut 1000 qm große Laden wirkt neben dem von Loro Piana etwas volksnäher, ebenso die Preise. Auch hier gilt: Fabrikverkaufspreise außerhalb der Schlußverkaufszeiten sind zwar günstiger als im Laden, Schnäppchen-Preise gibt es aber nicht, aber auch keinen Ramsch. Reinschauen lohnt allein schon, weil der Laden nicht weit von Loro Piana entfernt liegt (am Kaschmirziegen-Logo leicht zu erkennen.)

→ *Lanificio Luigi Colombo*, Via Novara 263, I-28078 Romagnano Sesia. Nach der Autobahnausfahrt links, nach ca. 300 m auf der rechten Straßenseite. Tel. 0039-0163.84.2017. www.lanificiocolombo.it. Öffnungszeiten 9 bis 19 Uhr, montags ab 14.30 Uhr.

♥ Berkel: Zwischen diesen beiden Cashmere-Adressen liegt das Geschäft von *Renato* und *Luigi Carola* (Via Novara 365) – eine Reihe historischer Berkel-Schneidemaschinen (mit Fuß) stehen hier immer im Schaufenster. Innen dann weitere Trouvaillen wie historische Vespa-Modelle oder eine uralte Lambretta – non toccare! Renato zeigt sie Ihnen aber gerne. Die Geschichte zur Berkel-Schneidemaschine steht auf S. 331ff.

Weiter das Sesia-Tal hoch Richtung Varallo:

AGNONA – Borgosesia/Agnona. Die 1953 gegründete Weberei war zunächst spezialisiert auf die Herstellung feinster Stoffe aus Kaschmir, Alpaca, Kamelhaar und Vicunia, ein Begriff vor allem unter führenden Damenschneidern.

Im Tal der Weber und Stricker

Anfang der 70er spielte Agnona auch im oberen Segment der Prêt-a-Porter-Kollektion mit, 1999 übernahm dann Zegna die Lanerie Agnona Borgosesia, die bis dahin im Besitz der Gründerfamilie Ilorini Mo war. Der Verkaufsraum von Agnona in Agnona wirkt aber bis heute noch ein wenig wie ein Aschenputtel, besonders neben den eleganten Läden von Loro Piano und Ermenegildo Zegna. Es mag Einbildung sein, aber manchmal riecht es sogar hier nach Mottenkugeln. Andererseits findet man gerade hier öfter mal ein ganz besonderes Teil: Große Stoffauswahl in Alpaca, Kaschmir, double-face wools (Spezialanfertigung für Balmain und Chanel), Kaschmirdecken, -schals.

→ *Lanerie Agnona,* Punto Vendita Aziendale, 7, Via Casazza, I-13011 Borgosesia/Agnona (Vorsicht: die steile Auffahrt zur Firma am unteren Dorfende ist nur in Nord-Süd-Richtung erlaubt. Öffnungszeiten: 10-19 Uhr, Mo 15-19 Uhr. Sonderverkäufe in der Regel im März, Juli und September. Tel. 0039-0163.202111, Fax: 202.214.

- Daneben gibt es noch ein neues und verkehrsgünstig gelegenes gemeinsames Outlet von Agnona und Zegna (ohne Mottenkugelduft): „The Place", an der Strada Trossi, s.u.

Für Pflanzenfreunde interessant und sicher auch für Industriearchäologen: die Weiterfahrt über Landstraßen von Borgosesia über *Crevacuore, Pray* und *Coggiola* nach *Trivero* und *Pollone*. Textilverarbeitung gibt es in der Region bereits seit dem 17. Jahrhundert: alte Fabrikgebäude, Bewässerungskanäle zur Energiegewinnung und die Arbeiterdörfer sind entlang dieser Strecke noch gut erhalten.

Trivero, der historische Firmensitz von ERMENEGILDO ZEGNA liegt auf 739 Meter in den *Alpi Biellesi* (26 km nordöstlich Biella); im benachbarten kleinen Ort **Pollone** (6 km nordwestlich von Biella) das Stammhaus von PIACENZA. Beide Gründer-Familien hatten ein Faible für Parks und Pflanzen: nahe ihrer Textilschlösser ließen sie prächtige Parklandschaften im englischen Stil anlegen: etwa den *Parco Burcina* und die *Panoramica Zegna*.

■ Für einen Besuch unbedingt ratsam: GPS oder eine gute Karte und etwas Geduld – Pollone und Trivero, das aus verwirrend vielen kleinen Fraktionen (34! Teilorten) besteht, liegen in einem recht unübersichtlichen ländlichen Siedlungsgewirr.

Einfacher ist die Anfahrt nach Pollone und Trivero über die *Autobahn A 26 (Ausfahrt Carisio-Biella)* – mit dem Vorteil, daß direkt an der Strecke nach Biella, nicht weit von der Autobahnausfahrt bereits das neue gemeinsame outlet von Zegna und Agnona liegt:

THE PLACE / Luxury Outlet – Sandigliano. An der maximal geschäftigen Strada Trossi liegen Dutzende von Fabrikverkaufsstellen, darunter ein modernes und besonders lohnendes Outlet auf dem Gelände einer ehemaligen Weberei. Auf einer Fläche von 1.500 m² wird hier eine Auswahl an Damen- und Herrenbekleidung angeboten, dazu Schuhe und Accessoires bekannter italienischer Labels: *Ermenegildo Zegna, Agnona, Gucci, Sergio Rossi, La Perla, Vogart.* Die Kollektion vom vorigen Halbjahr gibt's jeweils mit Discount von 40 bis 70 Prozent.

→ **The Place – Luxury Outlet,** Strada Trossi (auch ‚outlet-Straße' genannt), I-13876 Sandigliano (BI), infoline: 015-2496195, www.theplaceoutlet.com. Täglich geöffnet.

PIACENZA Spa – **Pollone/Biella**. FRATELLI PIACENZA LANIFI-CIO produzieren seit 1733, Piacenza wird heute in der elften Generation geführt. Der Verkaufsladen liegt in einem lang-gestreckten einstöckigen Fabrikgebäude im Taleinschnitt. Grundsolide ist der Eindruck im Laden – keinerlei überflüs-siger Trenddekor, liebenswert understylte Verkäufer(innen). Großes „klassisches", ehcr ruhiges Angebot an Pullovern, Jacketts, Mänteln und Jacken für Damen und Herren (Kasch-mir, Alpaca, Vigogna). Termine für Sonderverkäufe per Te-lefon erfragen.

→ *Flli Piacenza*. Reg. Cisi, I-13814 Pollone (BI), etwa 6 km nord-westlich Biella. Öffnungszeiten: Mo 14-19 Uhr, Di-Sa 10-19 Uhr. Tel.: 0039-015 6191.230, Fax 015.619.1734. Ab Biella den Schildern nach Pollone und Parco Burcina folgen. www.piacenza1733.it

♠ **Parco Burcina:** Ähnlich wie die Zegnas in Trivero hat-ten auch die Mitglieder der Familie Piacenza ein Faible für Pflanzen. Von Wolleinkäufen und Messerreisen nach Eng-land brachten die Fabrikanten laufend neue Anregungen

Rhododendrenblüte Ende Mai im Burcina Park, Pollone

mit. So ließ GIOVANNI PIACENZA (1811-1883) gegen Mitte des 19. Jahrhunderts im unteren Teil des Brique Burcina Nadelbaum-Gruppen pflanzen, mit Mammutbäumen, Zedern und Strobus-Kiefern. Sohn Felice (1843-1938) erweiterte den Park, der seit 1934 zur Gemeinde Biella gehört. Die hat das Gelände mittlerweile auf 57 Hektar vergrößert – die über Höhenlagen von 570 bis 830 m reichen (also eher späte Rhododendrenblüte von Mai-Juni!). Der Park mit Bäumen und Pflanzen aus aller Welt gilt heute noch als Vorbild für moderne Gartengestaltung. Die größte – bis zu 11 m hohe – Attraktion des Parks sind die vielen Rhododendren. Die Blüte im Mai fällt leider nicht unbedingt mit den günstigsten Ausverkaufsphasen (soldi) im Outlet zusammen. Der Park ist für Fußgänger immer geöffnet, er kostet keinen Eintritt und wird von den Bewohnern aus der Umgebung in den Tagesablauf integriert, zum Joggen, für den Abendspaziergang und am Wochenende für den Familienausflug.

→ **Hinkommen**: Der Burcina Park oberhalb der Firma Piacenza ist gut ausgeschildert, mit großem Parkplatz. Hunde sind an der Leine

Zegna-Stammsitz in Trivero

erlaubt. Im Park ein Cafe mit netter Terrasse und einfachem Speise-
angebot. Wer nicht gut zu Fuß ist, kann den parkeigenen Fahrservice
in Anspruch nehmen. www.parcoburcina.piemonte.it

ERMENEGILDO ZEGNA – Trivero (739 m). ZEGNA ist in der
Hauptsache Herrenausstatter, 1999 kam zwar Damenmode
dazu (die Luxusmarke AGNONA wurde übernommen, vgl.
oben), im Outlet von Trivero wird aber nach wie vor nur Her-
renkonfektion geboten – bis auf eine kleine Pulloverauswahl
für Damen hinten rechts. Für Damen bleibt ansonsten nur
der Agnona-Fabrikverkauf im Stammhaus in Agnona oder
im neuen Edel-Outlet an der Strada Trossi, siehe oben.

Der punto vendita E. Zegna liegt gleich oberhalb der alten
Firmengebäude (ausgeschildert). Zegnas Oase beeindruckt
zunächst mit ihrem etwas verwittertem Charme, wie ihn
auch alte Wallfahrtsorte ausstrahlen. Für den Drink paßt
dazu die nostalgische Bar des nahen Hotel *Monte Rubello*
– manchmal stehen dort sogar ein paar Tische im Freien
(Übernachtung aber nur im Falle von Erschöpfung).

Am Kern der Marke: Zegna-Laden in Trivero

Aber zum Wesentlichen: Der elegante old style-Laden namens *Sadan* am Stammsitz Trivero führt die komplette Ermenegildo-Zegna-Linie. Ein Magazin mit Herrenausstatter-Charme, der Platz erinnert an jene charakterfesten Zeiten, als die Marke Zegna noch nicht internationalisiert war. Die Räumlichkeiten sind nicht so großflächig wie die bei Loro Piana oder Luigi Colombo, dafür imponiert hier seit Jahren die kundige Betreuung durch Stammpersonal. Wenn man so will, lebt hier am alten Stammsitz noch der ehemalige Markenkern von Zegna. Man bekommt Teile aus der Zeit, als es noch keine Flughafenboutiquen und Substitutenmode gab. Angenehmes Personal, nichts erinnert an jene Schnäppchen-Buden, in denen hibbelige Geizhälse drängeln.

Im linken Laden Ware mit regulären Preisen, nach rechts führt ein Durchgang (mit Krawatten- und Socken etc.) in die Abteilung mit reduzierter Ware, wobei Nachlaß und Angebotsbreite je nach Saison schwanken. Hier findet sich ein Angebot an Herren-Jackets und Anzügen, Pullover, Hemden, Jacken. Gleich wie und wann, ganz ohne Beute kommt hier

25 km Rhododendren, 27 Wanderwege: Panoramica Zegna

keiner raus. Alle Kreditkarten willkommen und erforderlich.

→ *Punto Vendita Ermenegildo Zegna*, Via Marconi, 44, I-13835 Trivero (BI), Ortsteil Lora. Tel. 0039-015.756.539, Fax 015.756.784. Die
aktuelle Zegna- und Agnona-Kollektion: www.zegna.net (allerdings
kein Wort zum Punto vendito in Trivero). Öffnungszeiten: 9.00/12.30
Uhr und 14.30/19.00 Uhr. Sonntag und Montagmorgen geschlossen.
Ferien eine Woche Mitte August.

Panoramica Zegna. Die Schilder fallen schon lange vor
dem Centro Zegna auf – die *Panoramica*, eine malerische 25
Kilometer lange Route, wurde 1939 vom Grafen ERMENEGIL-
DO ZEGNA erbaut, sie verläuft in den Berghängen oberhalb
des Centros, durch Hortensien- und Rhododendren-Wälder.
Ausgeschildert sind nicht weniger als 27 Wanderwege, von
10 Minuten bis 7 Stunden – eine ideale Frühsommertour,
unvergesslich während der Blütezeit im Mai.

→ Info zum Naturpark, Anfahrtskizze, Unterkünfte in der Umgebung,
mountainbike- und Wanderrouten etc.: www.oasizegna.it

Kunstschneidehandwerk

Italien ist Salami, Schinken- und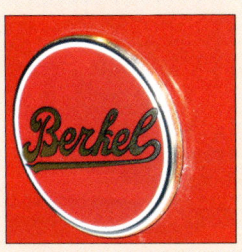
Mortadellaland, aber das berühm-
teste Werkzeug zum Aufschnitt von
Wurstwaren wurde in Holland er-
funden. Der Rotterdamer Fleischer-
meister WILHELMUS ADRIANUS VAN
BERKEL konstruierte 1880 die erste
Maschine zum präzisen, hauch-
dünnen Schnitt von Schinken und Wurst. Zuvor mußten
sich Fleischer und Gastwirte auf scharfe Messer und eine
ruhige Hand verlassen. Das BERKEL-Patent bestand darin,
einen beweglichen Schlitten zu konstruieren, der – wie das
rotierende Messer – von einem mächtigen Handschwung-
rad angetrieben mit fein definierbarem Vortrieb gegen das
Messer geführt wird. Schnitthaltigkeit, Robustheit und de-
korative Gestaltung ließen die BERKEL Schneidemaschinen
bald zum Referenzmodell in ganz Europa werden. Schönheit
und Funktionalität der Originale wurden trotz vieler Kopien
nie erreicht.

Gerade im Schinkenparadies Italien gehörte eine dun-
kelrote oder schwarz-gold lackierte BERKEL, mit einem Fuß
aus zentnerschwerem Grauguß bald zur Ausstattung vieler
besserer Salumerien.

Mit dem Aufkommen leicht zu reinigender elektrischen
Schneidemaschinen verschwanden die mechanischen
Kunstwerke dann nach und nach, oder sie verstaubten de-
fekt in der Rumpelkammer eines Alimentari. Kenner und
Freunde des dekorativen Aufschnitts haben die BERKEL al-
lerdings nie vergessen. Wer sich einmal in das geschmeidige
Gleiten des Schlittens, die pure Mechanik des Kegelradan-
triebs, das Auf und Ab der Pleuelstange oder die kunstvoll

Oldtimer Showroom bei Luigi Carola, Romagnano Sesia

integrierte Messer-Schleifeinrichtung verguckt hat, entdeckt in so einer bella Macchina mehr als ein Gerät zum Abschneiden von Wurst. Seit Jahren erleben mechanische Aufschnittmaschinen eine Renaissance, allen voran die Berkel. Selbst im sittenstrengen *Manufaktum*-Milieu werden einschlägige Nachbauten zu großzügigen Preisen (ab 2.800 Euro) mit Leidenschaft empfohlen.

Wie automobile Oldtimer werden die Aufschnitt-Veteranen mittlerweile gesucht, mehr oder auch mal minder

fachkundig restauriert. Sie finden einen Ehrenplatz überall, wo das Kulinarisches inszeniert, oft auch gepflegt wird. Wo eine BERKEL steht, da lass' dich ruhig nieder, stimmt zwar nicht immer, nach unser Erfahrung aber ziemlich oft. Auch rund um den Lago.

→ Eine stattliche Auswahl restaurierter historischer BERKEL-Macchine bei: *Renato* und *Luigi Carola,* via Novara, 365, 28078 Romagnano Sesia (zwischen den Cashmere-Outlets von Loro Piana und Luigi Colombo (s. S. 318ff), Tel./Fax 0163-833367. Bei Carola auch Verkauf moderner Schneidemaschinen, Kupfergeschirr und anderem Haushalts- bzw. Restaurantbedarf – auch So-nachmittags geöffnet.

Themen am See

Agriturismo

„Agriturismo" steht für *Landwirtschaft mit Landgasthof*, für eine einfache, im besten Fall authentische und bodenständige Bewirtung mit selbsterzeugten Regionalprodukten – einige Agriturismi bieten auch Gästezimmer an. Der Agriturismus in Italien ist eine Erfolgsgeschichte, sicher auch wegen der seit der Euroeinführung spürbar gestiegenen Gastronomie- und Pensionspreise. Meist wird ein komplettes Menü (mit vier und mehr Gängen, incl. Wasser und offenem Wein) zu Preisen ab 20, 25 Euro angeboten, ein Niveau, das am Lago kein Restaurant mehr bieten kann.

Schilder an Hauptstraßen weisen auf einen Agriturismo hin, zu beachten wäre aber: zur klassischen Agriturismo-Zeit, besonders am Sonntagmittag, sind oft alle Plätze besetzt. Mitunter wird auch nur am Wochenende gewirtet, öfter wird auch nur nach Voranmeldung gekocht; die Anfahrt auf gut Glück ist also riskant. Bei den entlegenen Berggasthöfen kann die Zufahrt selbst für Kleinwagen mitunter zur Prüfung werden! Einige besonders lohnende Agriturismi und ihre Eigenarten sind im Buch beschrieben:

Il Monterosso – **Intra-Pallanza** 208

Al Motto – **Cambiasca, Fraz. Comero** 211

Paü – **Luino** 252

Fattoria del Roccolo – **Dumenza** 256

Bone' – **Caldana di Còcquio** 289

La Rocca – **Angera** 306

Blütezeit

Jan., Febr.	*Winterkamelien, Calycanthus, Hamamelis, Winterblumen*
März	*Kamelien* und *Magnolien*
April	*Kamelien, Magnolien, Rhododendren* und *Azaleen*
Mai	Spätblühende *Magnolien, Päonien, Azaleen, Rhododendren* und *Cornus* (Blumenhartriegel)
Juni	letzte *Azaleen, Rhododendren, Cornus*
Herbst	*Herbst-* und *Winterkamelien, Zitruspflanzen, Herbstblumen*

Die vorwitzig früh blühende Kamelie ist zur Ikone südlicher Befindlichkeit geworden, besonders nach einem langen Schneewinter:

> „Die roten sind wie das laute, begehrende Ja des Tages, die weißen wie das stille fromme Amen des Abends zu schauen. Aber da ist auch das schwere, süße Düften von Mimosen über den Wegen."

Der Wahltessiner Kamelienkavalier HERMANN AELLEN hat in seinen »Tessiner Novelletten« schon 1926 die Sehnsüchte von Frostmüden üppig betextet. Hinsichtlich der touristenanziehenden Wirkung der Kamelie bestehen seither keine Zweifel.

Gärtnerei Eisenhut bei Gambarogno

Der Eisenhut-Park bei *CH-Gambarogno* ist für seine umfassende Kamelien-Sammlung mit 600 Arten international bekannt. Ebenso der *Parco Delle Camelie*. Die alljährliche Kamelienausstellung finden Ende März statt. Näheres unter: www.parcobotanico.ch bzw. www.camelia.ch

→ **Kamelienliebhaber:** Lassen Sie sich keine „winterharten" Kamelien verkaufen! Nördlich der Alpen sind Kamelien nicht winterhart. Als Zimmerpflanzen für geheizte Räume eignen sich Kamelien auch nicht, während der Blütezeit sind Temperaturen über 16 °C tabu – ideal also für ungeheizte Wintergärten.

Im Text beschriebene Parks

Parco Delle Camelie Locarno S. 123 – www.camelia.ch

Parco Botanico del Gambarogno S. 236 – www.parcobotanico.ch

Parco Burcina, Pollone S. 323 – www.parcoburcina.piemonte.it

Giardini Botanici di Villa Taranto S. 225 – www.villataranto.it

Einkaufen (Reihenfolge wie im Buch)

Caseificio del Gottardo, CH-Airolo 12

Salamitempel *Donato Mattioli,* CH-Lavorgo 30

Salumeria Frat. *Freddi*, I-Intragna 82

Casa del Gusto, CH-Ascona 127

Casera di Buratti Eros (Käsegeschäft), I-Intra 198

Pasticceria *Baudo*, I-Pallanza 213

Pasticceria *La Fugascina,* I-Mergozzo 217

Salumeria *Antonio e Maria Rosa,* I-Meina 227

L'Angolo Bontà, I-Arona 231

Formaggi di Guffanti, I-Arona 232

Pasticceria *Rota*, I-Luino 253

Agriturismo *Paü,* I-Luino 254

Macelleria *Stefanelli*, I-Laveno 275

Wochenmärkte:	Di	*Laveno, Arona* (8-12.30 Uhr)
	Mi	*Luino* (8-17 Uhr)
	Do	*Omegna* (8-15.30 Uhr)
	Fr	*Stresa, Cannero, Pallanza* (8-13 Uhr)
	Sa	*Intra* (8-17 Uhr)
	So	*Cannobio* (8-13 Uhr)

Eine Kaschmirreise im Piemont

Karten

Die Landeskarten der Schweiz – *Navi* schön und gut, unerläßlich für genußvolles Wandern sind exakte Karten. Die sind, speziell was die Schweiz angeht, in beispielhafter Qualität zu bekommen. Auch auf gut markierten Wegen und Standardrouten läuft es sich mit einer Karte einfach genußvoller: Markante Punkte nah und fern werden bestimmbar, erlebbar. Abzweige, Varianten und Abkürzungen werden deutlich und damit wählbar – man erhält eine Vorstellung von Raum, Topographie und Umgebung.

Für die gesamte Schweiz liegen die „Landeskarten des Bundesamtes für Landestopographie" in einzigartiger Qualität vor, die sogenannten *Landeskarten der Schweiz*. Fast alle Karten im gebräuchlichen Maßstab 1:50 000 sind auch mit Spezialsignaturen erhältlich: hier besonders die (gelben) Karten mit rot eingezeichneten Wanderwegen, sowie die (blauen) Karten mit Routen für Skitouren, beide mit Wegkommentaren auf der Rückseite der Karte.

Allen Karten gleich ist das klare Kartenbild, die plastische Wiedergabe der Landschaftsform und die bestechende Detailgenauigkeit, die weltweit beispielhaft ist. Wer auf die Begleitung solcher Freunde verzichtet, hat selbst schuld.

Wanderkarten wichtig für dieses Buch:

- 1:50 000 Blatt 266 **T** *Valle Leventina* (gelb mit Wanderrouten); Blatt 276 **T** Val Verzasca (gelb, mit Wanderrouten, der Schnitt endet aber in Bignasco).
- Für die Region *Locarno-Lugano* gibt es eine nützliche Zusammensetzung der Schweizer Landeskarten 1:50 000, Blatt 5007.
- 1:25 000, Blatt 1292 Maggia.

Weitere Wanderkarten:

Von KÜMMERLY+FREY (www.swisstravelcenter.ch) gibt es nun zwei Wanderkarten, die praktisch das gesamte Tessin und weite Teile der italienischen Lago Maggiore-/Lago di Lugano-Region abdecken (mit Autobuslinien, Haltestellen, Unterkünften):

- 1:60 000 *Tessin-Sottoceneri/Lugano-Lago Maggiore*
- 1:60 000 *Tessin-Sopraceneri/Valle Maggia-Leventina*

Nützlich auch für den südlichen Teil vom Lago Maggiore (Angera-Arona) von KOMPASS (www.kompass.at):

- 1:50.000 Blatt 90 *Lago Maggiore/Lago di Varese*

■ **Kartenverkauf der CH-Landeskarten** in allen Schweizer Buchhandlungen, vor Ort in Kiosken und Läden. In Deutschland in wenigen, gut sortierten (süd-)deutschen Buchhandlungen). Meist auch an Bahnhofs-Kiosken und Läden direkt vor Ort. Z.B. gibt es in Airolo-Bahnhof und in Brissago einen gut sortierten Kiosk, der die relevanten Karten der Region führt (Brissago: Foto-Tabacceria *Kuchler* an der Durchgangsstraße neben dem empfehlenswerten Café Zanzottera).

Lesen

Tessin, *Hermann Hesse*. INSEL-Taschenbuch, it 1494.
Hesses Tessiner Arbeiten, eingestreut farbige Aquarelle des Autors, allein die sind den Kauf des Bandes wert. Hesses Texte müßten für manchen Tintenfinger von heute eigentlich ein Grund zur Verzweiflung sein. „Durch gläserne, lautlose Flügeltüren floß man sanft in eine riesige Halle wie in ein luxuriöses Aquarium" (über Grand Hotels in Lugano). Ideale Verandenlektüre. Mit einem erhellenden Nachwort.

Bücher aus dem ROTPUNKT Verlag Zürich: Die Wander- und Rumtreibbücher aus dem Rotpunkt Verlag gehören zu den anregenderen ihrer Klasse. Keine drögen „nach 50 m links ab"-Beschreibungen, sondern eine Mischung aus Information, Hintergrund und persönlicher Sicht der Dinge. Ideal zu Anregung, Vertiefung und Lehnstuhlreise. Es gibt mittlerweile mehrere Titel, die als Ergänzung, bzw. Vertiefung zu hier vorgestellten Regionen (nur CH) in Frage kommen, eine Übersicht.

- *Gipfelziele im Tessin*. 66 Touren zwischen Gotthard und Chiasso. Von Daniel Anker.
- *Grenzschlängeln*. Routen, Pässe und Geschichten. Ursula Bauer/Jürg Frischknecht.
- *Bäderfahrten*. Wandern und baden, kuren und sich laben. Ursula Bauer/Jürg Frischknecht
- *Das Klappern der Zoccoli*. Literarische Wanderungen im Tessin. Hrsg. Beat Hächler.

Die Rotpunkt-Autoren *Bauer/Frischknecht* betreuen die informative Internetseite www.wanderweb.ch, dort findet man auch Aktualisierungen ihrer Bücher. Weitere Informationen zum Rotpunkt-Programm: www.rotpunktverlag.ch

Hotels und Restaurants

Das Gefühl, zur rechten Zeit am richtigen Ort anzukommen, ist nicht zu kaufen. Herbergsglück ist und bleibt eine zarte, oft unkalkulierbare Erscheinung. Mit unserer Auswahl an Herbergen möchten wir Anregungen der zuverlässigen und herzlichen Art geben. Lage und Atmosphäre rangieren dabei stets vor kaltem Luxus. Unser Interesse gilt deshalb besonders jenen Häusern, die ein Nachtlager zum menschenfreundlichen Tarif von 80 bis 130 Euro richten (je Doppelzimmer, inklusive Frühstück). Die üblichen Luxushäuser sind schließlich hinlänglich abgefeiert.

Die Preiskategorien bei den Adressen sind lediglich zur ersten Orientierung gedacht, sie unterliegen z.T. kräftigen Saisonschwankungen (Zimmerpreise mit Frühstück):

Dennoch – zwischen ordentlich und glücklich unterkommen liegen Welten, die kein Buch richten kann. Die laute Reisegruppe, die Launen des Wetters, überarbeitetes Personal, eine unglückliche Wirtin – schon sieht alles anders aus als beim letzten Mal.

Entscheidend für die Auswahl unserer Oasen waren:

- **Persönliche Atmosphäre statt bemühtem Frömmeln.**
- **Reizvolle Lage statt angeschraubtem Luxus.**
- **Solide Speisen statt teurer Imageprodukte.**

Besondere Oasen sind im Text durch ein Symbol markiert. Die Auswahl der Adressen ist weder systematisch, noch vollständig – aber auch nicht zufällig. Diese Liste ist zur ersten Orientierung gedacht. Ein Einstieg, stellvertretend für den Charakter aller im Buch empfohlenen Adressen (Reihenfolge ohne Wertung, entsprechend der Position im Buch).

Hotels und Restaurants

Westküste

Casa Ambica, CH-Gordevio 59

Ca' Serafina, CH-Lodano 62

Osteria Chiara, CH-Locarno-Muralto 117

Villa India, CH-Locarno 131

B & B Casa Locarno, CH-Locarno 132

Pensione Eden Giardino, CH-Ronco 135

Ostküste

Orte

Hotels und Restaurants

Mergozzo

Lesestücke

Fotos

Wolfgang Grabherr 44,45,46,145

Friedrich Kluge 50, 240

Alle anderen Oase Verlag, Wolfgang Abel und Jacky Salamander

"Vergessen Sie alles
über Reiseführer, diese hier sind anders."

<small>Buch-Journal</small>

Wolfgang Abel
Oasen am Oberrhein
43 Reisen in die Nähe
zwischen Schwarzwald und Alpen

Kaiserstuhl
Touren • Wein • Gastronomie

Wolfgang Abel

Freiburg Breisgau
Markgräflerland
Gastronomie • Wein • Landschaft

Wolfgang Abel

Südschwarzwald
Gastronomie • Touren • Landschaft

Wolfgang Abel

Elsass & Sundgau
Einkaufen • Rumtreiben • Einkehren

Jacky Salamander • Wolfgang Abel

Badische Küchenkunde
Einkaufen • Küchenwissen • Rezepte

Wolfgang Abel

Alle Oase Bücher zwischen 260 und 408 Seiten,
reich illustriert und gut gebunden. Preise zwischen 19 und 24,80 Euro
Aktuelles Programm: www.oaseverlag.de

„Nicht umsonst heißt der Verlag Oase –
eine Oase in der deutschen Reiseführerlandschaft.“

TAGES ANZEIGER, Zürich.

In Vorbereitung

© 5. Auflage 2008
Oase Verlag
D-79410 Badenweiler
Tel. 07632-7460
Fax: 07632-5098
www.oaseverlag.de

Herstellung: fgb, Freiburger Graphische Betriebe

ISBN 978-3-88922-050-9   Alle Angaben ohne Gewähr